中公新書 2464

倉本一宏著

藤原氏——権力中枢の一族

中央公論新社刊

はじめに——藤原氏とは何か

藤原《ふじわら》氏こそ、日本の歴史を動かしてきた主役である。

この列島に国家が形成される過程の七世紀後半から、八世紀の古代国家の成熟過程、十世紀に王朝国家《おうちょうこっか》という新しい支配体制に転換する過程、そして十一世紀の摂関政治《せっかんせいじ》という政治体制から院政《いんせい》への流れにおいて、藤原氏はつねにその権力の中枢に位置していた。

それどころか、日本が中世の武家社会を迎えてもなお、藤原氏から分立した諸家は重要な位置を占め続けて、「明治維新《めいじいしん》」に至った。そして近代でも、しばしばその顔を覗《のぞ》かせる。

また、地方に地盤を作った藤原氏の中には、武士化して地方の支配者になった家も数多く見られる。現在の日本人には、かなりの割合で藤原氏の血を引いている人々が存在すると言えるのではなかろうか。

この本では、主に古代国家の成立過程から院政期、そして中世の成立までを舞台として、この藤原氏がいかにして権力をつかみ、それを形を変えながらも後世にまで伝えていったかを描いていきたい。

その様相の中に、日本という国家の権力や政治、そして社会や文化の構造を解明するための手がかりが潜んでいるはずである。たとえば、日本型の王権《おうけん》や権力中枢の問題、政治システムや政治意思決定、官僚《かんりょう》制の問題、氏や家といった社会構造の問題、日本文化の問題、そして何より、天皇《てんのう》と臣下との関わりなどである。天皇という君主が武家政権成立後も日本に存在し続けたという歴史事実の謎《なぞ》を解く鍵が、藤原氏の皇位継承構想や政権戦略の中に隠されているように考えられるのである。

まず序章「鎌足《かまたり》の「功業《こうぎょう》」と藤原氏の成立」では、皇極《こうぎょく》四年（六四五）に起こった乙巳《いっし》の変における中臣鎌子《なかとみのかまこ》（後の鎌足）の役割と、その後の「大化改新《たいかのかいしん》」に果たした鎌足の「功業」の実像について考え、藤原氏が成立したとされる意義について述べる。

次いで第一章「不比等《ふひと》の覇権と律令《りつりょう》体制」からは、いよいよ藤原氏について論じる。まずは文武《もんむ》二年（六九八）に中臣氏と訣別《けつべつ》して藤原氏を確立させた不比等の思惑を推定する。また不比等と持統《じとう》天皇によって完成された律令国家の権力中枢を推定し、その中における藤原氏の役割を推測する。そのうえで、不比等の権力行使の様相を説明していきたい。

春日大社中門・藤の木

第二章「奈良《なら》朝の政変劇」では、不比等亡き後の南家《なんけ》・北家《ほっけ》・式家《しきけ》・京家《きょうけ》といった四家の分立を見通し、光明皇后《こうみょうこうごう》と結んだ南家の仲麻《なかま》呂《ろ》の専権を考える。また、仲麻呂が滅んだ後の奈良朝末期の政変劇における藤原氏諸家の動きを概観したい。

第三章「藤原北家と政権抗争」では、まずは弘仁《こうにん》元年（八一〇）に起こった薬子《くすこ》の変（平城《へいぜい》上皇《じょうこう》の変）の収束による平安京《へいあんきょう》の確立と、藤原北家の権力掌握について述べる。また「前期摂関政治」と呼ばれる政治体制を考えていく。はじめて摂政《せっしょう》の地位に就いた良房《よしふさ》と、はじめて関白《かんぱく》の座に就いた基経《もとつね》について、その権力を皇位継承とからめて述べる。さらに、主流となった北家以外の門流《もんりゅう》のその後の歩みについて、簡単に触れたい。

第四章「摂関政治の時代」では、摂政・関白が常置されるようになった十世紀から十一世紀にかけての政権抗争をたどり、政権が道長《みちなが》に収斂《しゅうれん》されていく過程を描く。そして藤原氏がもっとも強力な権力を手に入れた道長時代の権力の源泉を考えてみたい。さらには、道長を受け継いだ頼通《よりみち》政権の成果を、政治・経済・文化の側面から考察する。

第五章「摂関家《せっかんけ》の成立と院政」では、まずは十一世紀に形成された「家」と家格《かかく》という問題について説明する。そしてその中の一つである摂関家（御堂流《みどうりゅう》）が院政という新しい政治体制にどのように対処し、転機を迎えたかをたどっていく。その様相こそが、中世以降に生き残り続けた藤原氏の方策であったことを明らかにしたい。また、主流から外れた諸家について、いくつかの事例を紹介し、藤原氏の群像の一端とする。

第六章「武家政権の成立と五摂家《ごせっけ》の分立」では、十二世紀末の鎌倉幕府《かまくらばくふ》の成立に際して摂関家がとった対応を説明し、彼らの生き残りの様相を解説する。その一環として、近衛《このえ》・九条《くじょう》・鷹司《たかつかさ》・一条《いちじょう》・二条《にじょう》の五摂家に分立していった摂関家について眺めていく。さらに、武家として各地で活躍した藤原氏の諸家について、そのおおよそを簡単に紹介したい。

最後に、「おわりに――日本史と藤原氏」では、摂関家やそれ以外の諸家の藤原氏の中世以降の活動を略述し、後世にまで生き続けた彼らの姿を追っていくとともに、もう一度、日本の歴史における藤原氏の存在意義を考えてみたい。

冒頭で述べたように、藤原氏を全時代的に解明することは、日本という国家の権力や政治、社会や文化を解明することに直接的につながるものである。私には、全時代的に、またすべての分野に関わる追究を行なうための能力は、とうてい備わっていないのではあるが、藤原氏という魅力的な素材を前にして、でき得る限りの力を注ぎ、「日本」の解明に近付くこととしたい。

すでにお気付きのことと思うが、本書は前作『蘇我氏　古代豪族の興亡』の後を承けたものである。続けて読むことで、古代日本史についての理解が深まるのではないかと考えている。両書を併せてお読みいただければ幸いである。

なお、引用する史料は原則として現代語訳したものを掲げる。また、大王《おおきみ》や天皇の漢風諡《かんふうし》号《ごう》（贈り名）は、奈良時代後期になってから付けられたものであるが、この本では便宜上、即位以降には漢風諡号によって呼称することとする。平安時代以降の天皇の諡号・院号《いんごう》についても同様である。

また、平安時代以降は、女性名は基本的には音読みのルビを付すこととする。

目次

写　真　著者撮影
DTP　市川真樹子

飛鳥略図

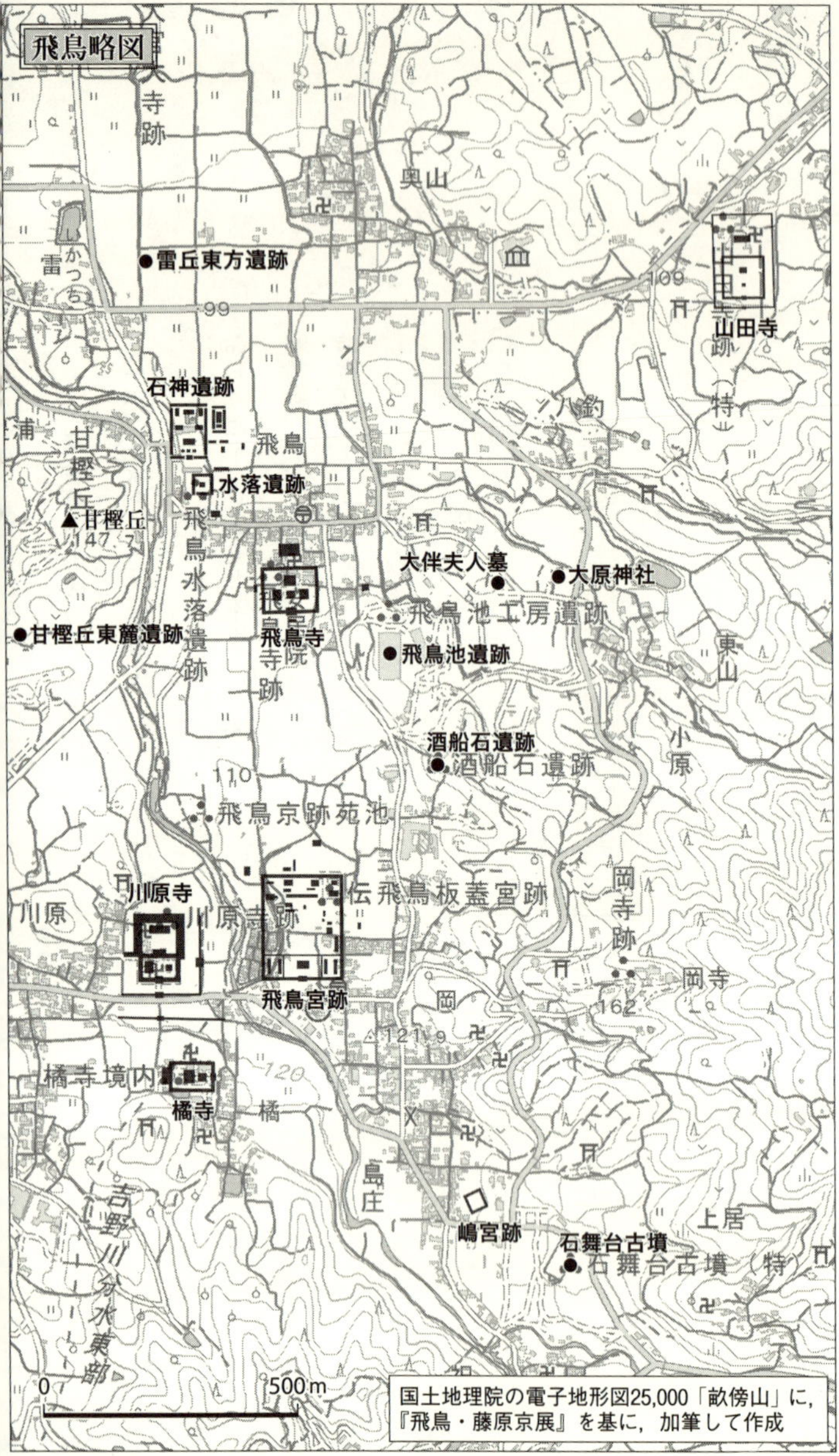

国土地理院の電子地形図25,000「畝傍山」に，『飛鳥・藤原京展』を基に，加筆して作成

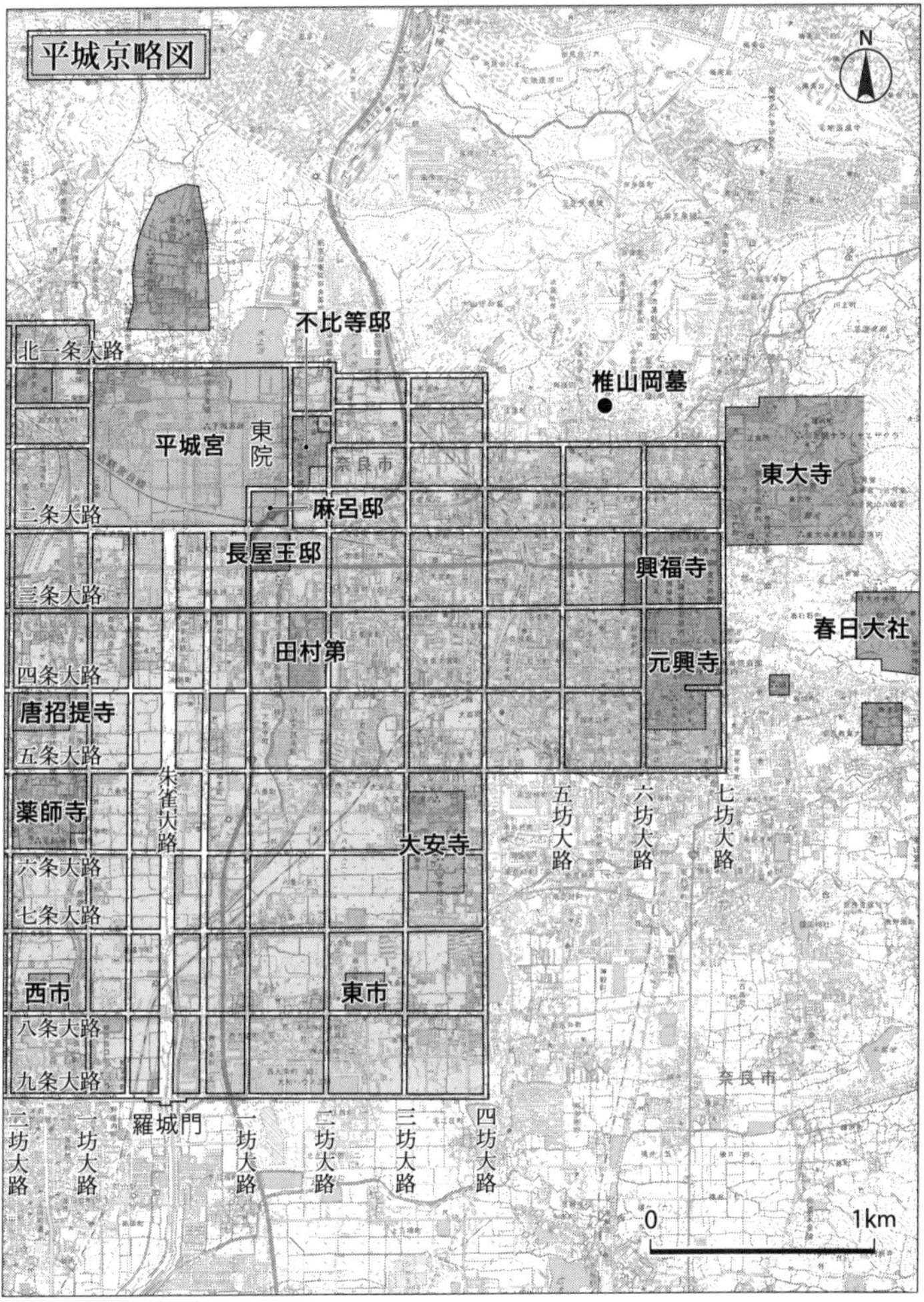

国土地理院の電子地形図25,000「奈良」「大和郡山」に，『「平城京展」図録』を基に，加筆して作成

1 大内裏
a 内裏
b 朝堂院
c 豊楽院

【右京】
2 西三条第（良相）
3 朱雀院
4 西宮（源高明）
5 西市
6 西寺

【左京】
7 一条院（師輔→伊尹・為光→詮子）
8 一条第（道長）
9 正親町第（季実）
10 土御門亭（勲子）
11 染殿（良房→基経→忠平→師輔）
12 高倉殿（道長→頼通→基実）
13 鷹司殿（源倫子）
14 土御門殿（道長→彰子）
15 近衛殿（忠通→基実→基通→家実）
16 枇杷殿（基経→仲平→道長→妍子）
17 勘解由小路烏丸第（忠通）
18 小一条院（冬嗣→良房→敦明親王）
19 花山院（良房→忠平→師輔→花山上皇）
20 本院（時平）
21（家成→成親）
22 中御門北亭（宗忠）
23 高陽院（頼通→師実）
24 松殿（基房）
25 大炊御門第（隆家→実資→基家・信隆）
26 大炊御門高倉亭（頼長）
27 冷泉院
28 陽成院
29 大炊殿（師実→忠通）
30 小野宮（実頼→実資）
31 町尻殿（道兼→家実）
32 小二条殿（実資→道長→威子）
33 二条高倉第（通季）
34 二条富小路殿（璋子）
35 神泉苑
36 堀河院（基経→兼通→顕光）
37 閑院（冬嗣→基経→公季）
38 東三条院（忠平→兼家→道長）
39 二条第（道隆・伊周）
40 小二条殿（高子→師尹→教通）
41 蚊松殿（師房→師実）
42 姉小路西洞院第（通憲）
43 高松殿（源高明→顕季）
44 鴨院（師実→忠実）
45 二条殿（道家→良実）
46 勧学院
47 三条大宮宅（信長→基隆）
48 三条第（行成）
49 三条殿（頼忠→顕隆）
50 二条烏丸第（実行→顕頼）
51 三条万里小路第（公教）
52 桟敷殿（家成）
53（実行→公教）
54 三条京極第（家保）
55 四条坊門宅（実季）
56（家成・隆季）
57 錦小路大宮第（基房）
58 四条宮（頼忠→公任→頼通）
59 西五条第（忠平）
60 五条高倉宅（顕隆→実長）
61 五条坊城亭（家成）
62 六条殿（師実→師通）
63 河原院（源融）
64 六条堀川殿（基通）
65 六条第（顕季→実行）
66 東市
67 八条町尻第（顕隆→顕能）
68 八条院（顕季→長実→暲子）
69 東寺
70 九条第（忠通→兼実）
71 九条殿（基経→師輔→能長）
72 九条亭（信長）
73 九条第（宗通→伊通）

『よみがえる平安京』を基に，加筆して作成

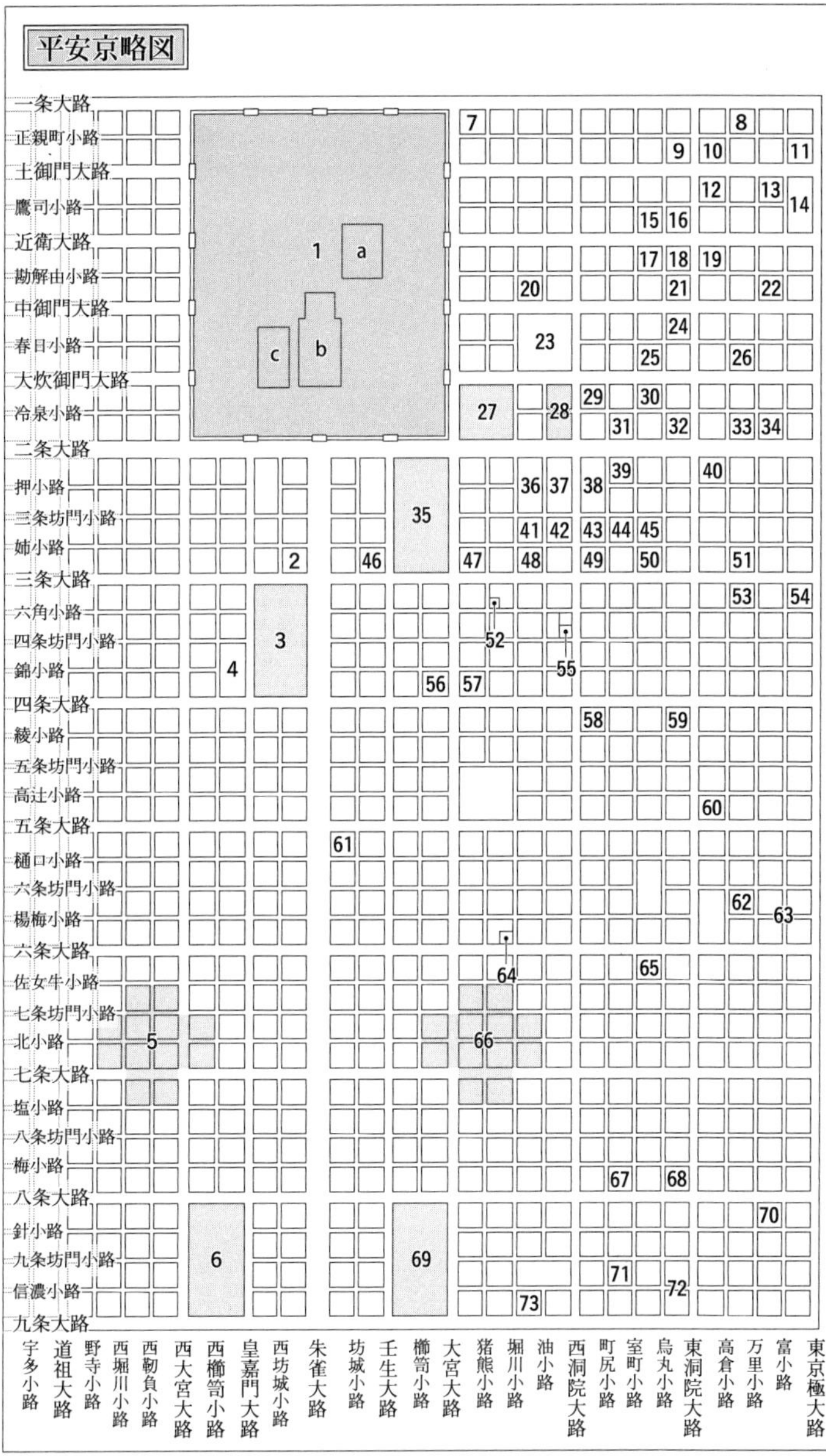
平安京略図
一条大路
正親町小路
土御門大路
鷹司小路
近衛大路
勘解由小路
中御門大路
春日小路
大炊御門大路
冷泉小路
二条大路
押小路
三条坊門小路
姉小路
三条大路
六角小路
四条坊門小路
錦小路
四条大路
綾小路
五条坊門小路
高辻小路
五条大路
樋口小路
六条坊門小路
楊梅小路
六条大路
佐女牛小路
七条坊門小路
北小路
七条大路
塩小路
八条坊門小路
梅小路
八条大路
針小路
九条坊門小路
信濃小路
九条大路
宇多小路
道祖大路
野寺小路
西堀川小路
西靭負小路
西大宮大路
西櫛笥小路
皇嘉門大路
西坊城小路
朱雀大路
坊城小路
壬生大路
櫛笥小路
大宮大路
猪熊小路
堀川小路
油小路
西洞院大路
町尻小路
室町小路
烏丸小路
東洞院大路
高倉小路
万里小路
富小路
東京極大路
1
a
b
c
2
3
4
5
6
7
8
9
10
11
12
13
14
15
16
17
18
19
20
21
22
23
24
25
26
27
28
29
30
31
32
33
34
35
36
37
38
39
40
41
42
43
44
45
46
47
48
49
50
51
52
53
54
55
56
57
58
59
60
61
62
63
64
65
66
67
68
69
70
71
72
73

藤原氏略系図

＊□は議政官、□は大臣に上った者、数字は氏上〈氏長者〉継承順

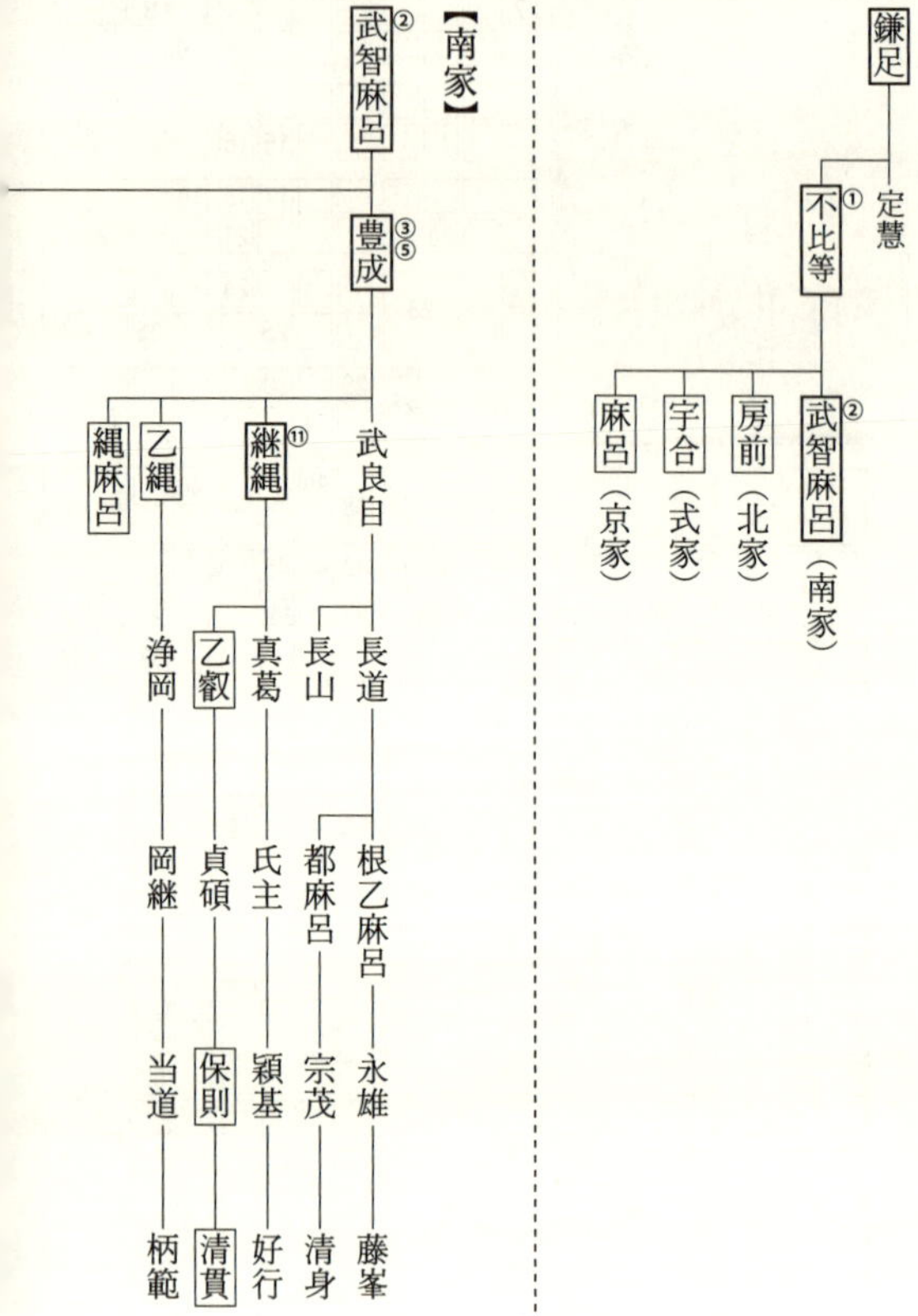

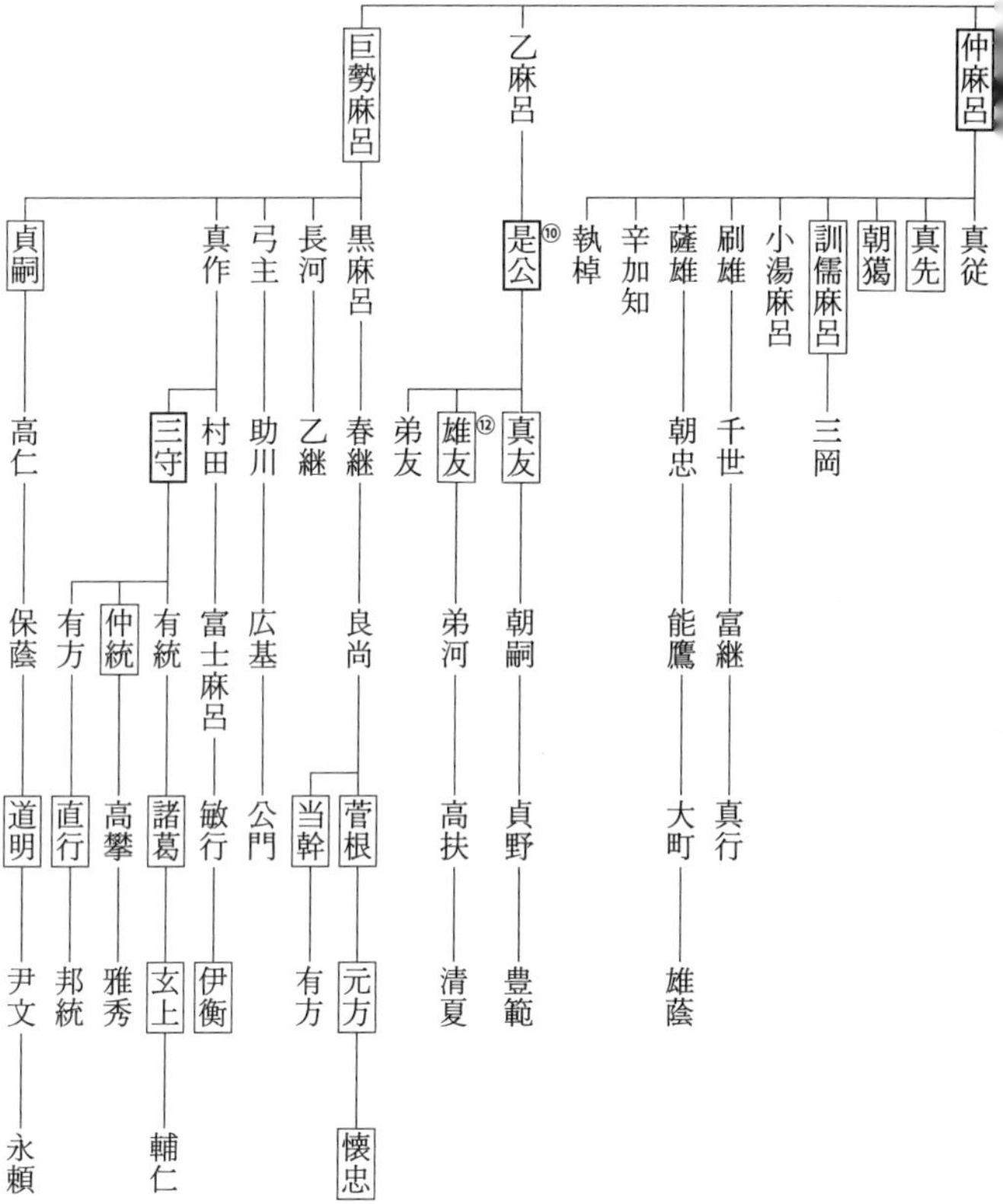
仲麻呂
乙麻呂
巨勢麻呂
真従
真先
朝獦
訓儒麻呂
三岡
小湯麻呂
刷雄
千世
富継
真行
薩雄
朝忠
能鷹
大町
雄蔭
辛加知
執棹
是公⑩
真友
朝嗣
貞野
豊範
雄友⑫
弟河
高扶
清夏
弟友
黒麻呂
春継
良尚
菅根
元方
懐忠
当幹
有方
長河
乙継
弓主
助川
広基
公門
真作
村田
富士麻呂
敏行
伊衡
三守
有統
諸葛
玄上
輔仁
仲統
高攀
雅秀
有方
直行
邦統
貞嗣
高仁
保蔭
道明
尹文
永頼

【北家】

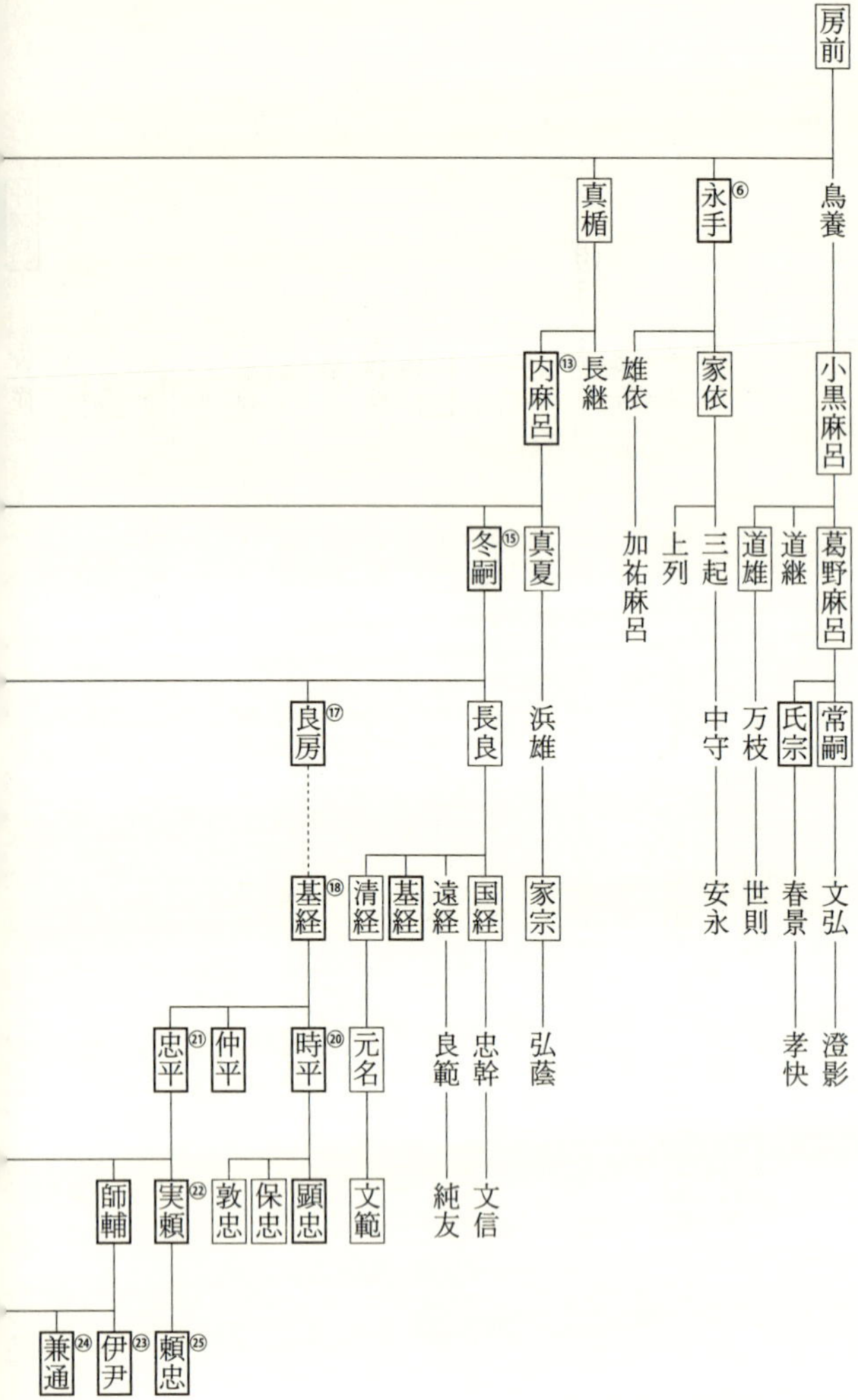
房前
鳥養
小黒麻呂
葛野麻呂
常嗣
文弘
澄影
氏宗
春景
孝快
道継
道雄
万枝
世則
永手
⑥
家依
三起
中守
安永
上列
雄依
加祐麻呂
真楯
長継
内麻呂
⑬
真夏
浜雄
家宗
弘蔭
冬嗣
⑮
長良
国経
忠幹
文信
遠経
良範
純友
基経
清経
元名
文範
良房
⑰
基経
⑱
時平
⑳
顕忠
保忠
敦忠
仲平
忠平
㉑
実頼
㉒
頼忠
㉕
師輔
伊尹
㉓
兼通
㉔

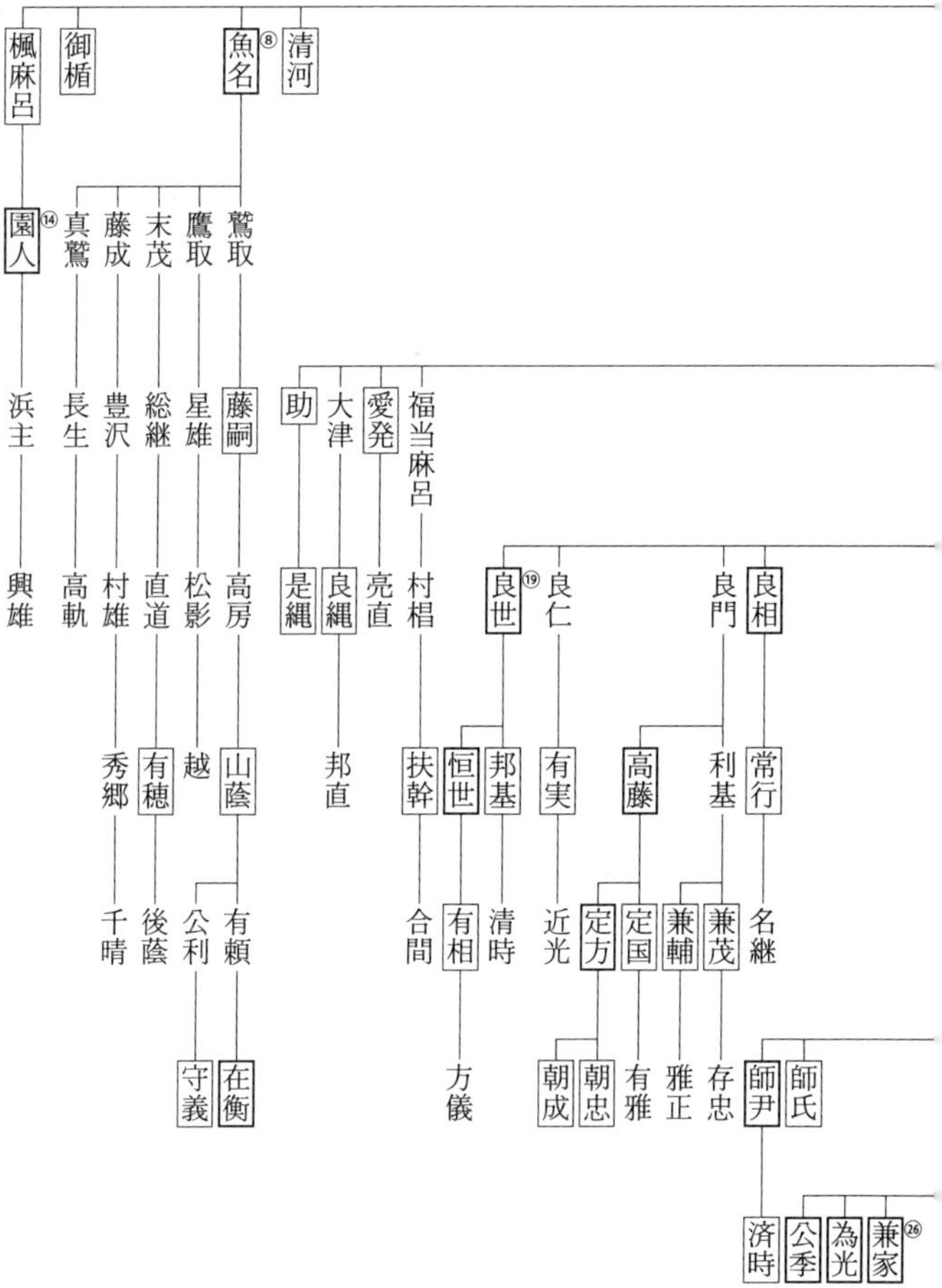

清河
魚名⑧
御楯
楓麻呂
鷲取
鷹取
末茂
藤成
真鷲
園人⑭
藤嗣
星雄
総継
豊沢
長生
浜主
高房
松影
直道
村雄
高軌
興雄
山蔭
越
有穂
秀郷
有頼
公利
後蔭
千晴
在衡
守義
福当麻呂
愛発
大津
助
村椙
亮直
良縄
是縄
扶幹
邦直
合間
良相
良門
良仁
良世⑲
常行
利基
高藤
有実
邦基
恒世
名継
兼茂
兼輔
定国
定方
近光
清時
有相
存忠
雅正
有雅
朝忠
朝成
方儀
師氏
師尹
済時
兼家㉖
為光
公季

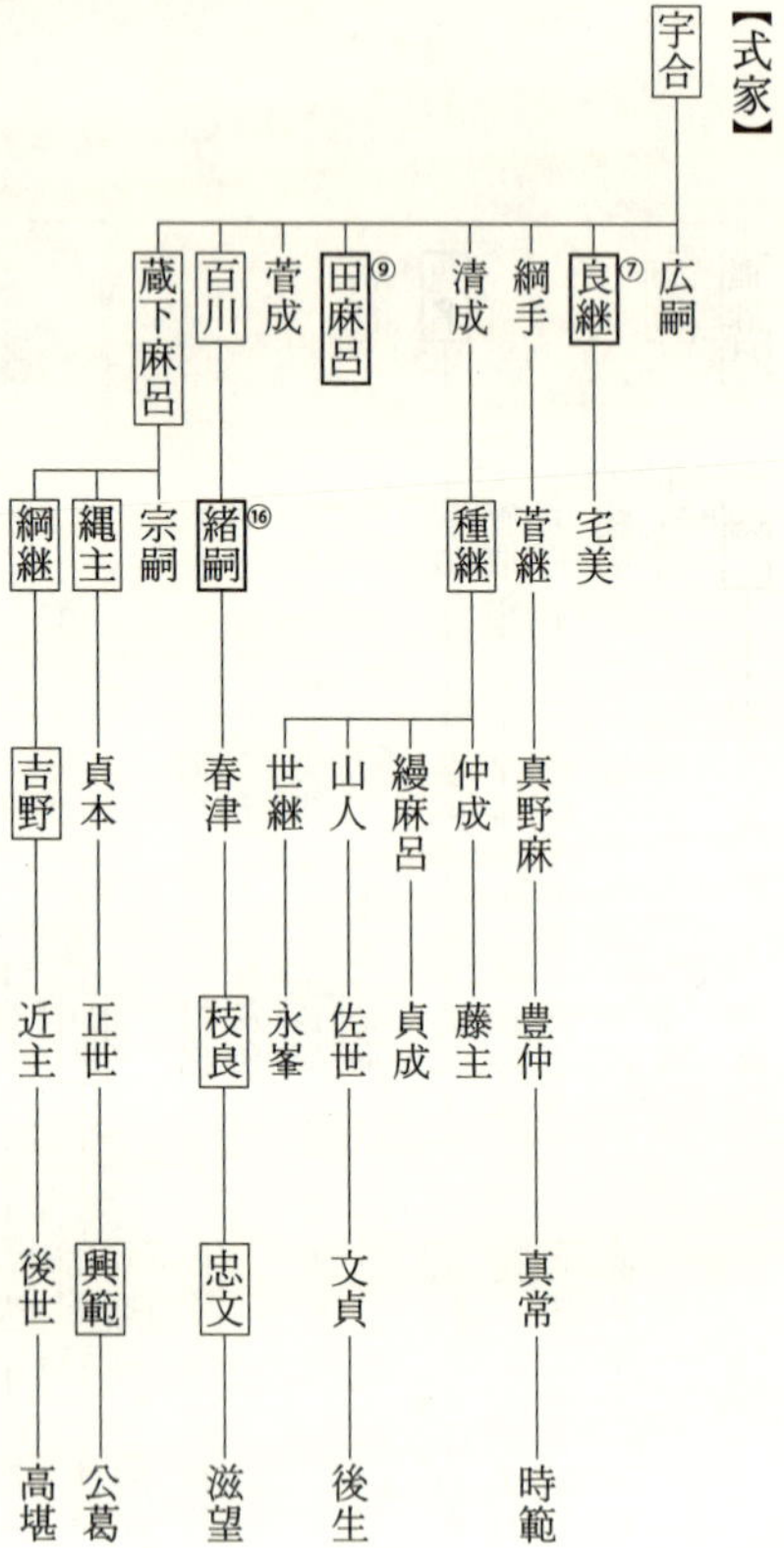
【式家】
宇合
広嗣
良継⑦
宅美
綱手
菅継
真野麻
豊仲
真常
時範
清成
種継
仲成
藤主
縵麻呂
貞成
山人
佐世
文貞
後生
世継
永峯
田麻呂⑨
菅成
百川
緒嗣⑯
春津
枝良
忠文
滋望
蔵下麻呂
宗嗣
縄主
貞本
正世
興範
公葛
綱継
吉野
近主
後世
高堪

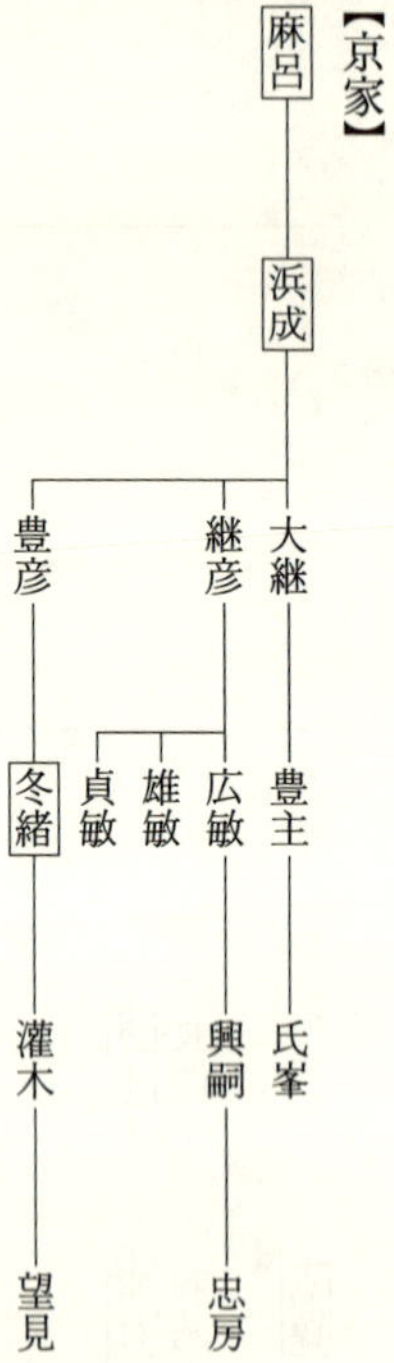
【京家】
麻呂
浜成
大継
豊主
氏峯
継彦
広敏
興嗣
忠房
雄敏
貞敏
豊彦
冬緒
灌木
望見

藤原氏——権力中枢の一族

序章　鎌足の「功業」と藤原氏の成立

皇極《こうぎょく》四年（六四五）六月に乙巳の変で蘇我《そが》氏本宗家《ほんそうけ》の入鹿《いるか》と蝦夷《えみし》を倒した改新政府は、功臣中臣鎌子《なかとみのかまこ》（鎌足《かまたり》）を「内臣（ウチツマヘツキミ）」に任じたという。左大臣（ヒダリノオホマヘツキミ）・右大臣（ミギノオホマヘツキミ）といった、畿内有力豪族層の代表とは異なる系列で中大兄王子《なかのおおえのみこ》と直接結び付くことによって、権臣《ごんしん》としての実質的権力を掌握したというのである。それはまさに「内つ臣」の官名に相応《ふさわ》しい。この地位によって、鎌足は「大化改新」の諸改革を推進していったことになっている。

時は降って天智《てんじ》八年（六六九）十月、臨終の鎌足邸に大海人《おおしあま》王子を遣わした大王天智は、鎌足に最高位である大織冠《だいしょくかん》と「大臣位《おほまへつきみのくらい》」を授け、藤原姓《ふじわらのうじ》を賜わったとされる。ここにおいて、豪族層の代表という地位と伝統を有していなかった鎌足が、大王との個人的結び付きによって大臣の地位に上ることになり、藤原氏という、天皇家とのミウチ的結合を基本戦略に置いた氏族が成立したことになっているのである。

まずは中臣鎌子の登場以来、彼が「内大臣大織冠藤原鎌足」となるまでの歩みをたどっていくことにしよう。

一、北東アジア情勢と乙巳の変

激動の北東アジア国際情勢

乙巳の変前夜の北東アジア世界では、六一八年に勃《おこ》った唐《とう》が、翌年に隋《ずい》を滅ぼし、六二八年に中国を統一して、周辺諸国を圧迫していた。唐は六三〇年に東突厥《ひがしとっけつ》を支配下に置き、六四〇年に高昌《こうしょう》を滅亡させ、次には隋がなし得なかった高句麗《こうくり》征討を目標に定めた。

北東アジア諸国では、この唐の圧迫に対処するための権力集中が政治の眼目とされた。百済《ひゃくさい》では六四一年、義慈《ぎじ》王がクーデターによって専制権力を掌握し、六四二年以降、新羅《しんら》領に侵攻して旧加耶《かや》地域を奪回した（『三国史記《さんごくしき》』百済本紀）。高句麗では六四二年、宰相の泉蓋蘇文《せんがいそぶん》が国王と大臣以下の貴族を惨殺して独裁権力を握り、百済と結んで新羅領に迫った。

新羅は唐に救援を求めたが、唐による善徳《ぜんとく》女王交代の提案の採否をめぐって、六四七年に内乱状態となった。金春秋《こんしゅんじゅう》（後の武烈《ぶれつ》王）は六四八年に唐に赴き、協力を求めた。唐の太宗《たいそう》は、六四五年から高句麗征討に乗り出す（石母田正『日本の古代国家』）。

このような激動の北東アジア国際情勢は、いち早く倭《わ》国にもたらされた。倭国からも三国に使者が派遣され、情勢の把握に努めた。

倭国においても早急な権力集中の要に迫られたのは、当然のことである。当時、大臣（オホマヘツキミ）蘇我蝦夷の嫡男である入鹿が父を凌《しの》ぐ勢威を振るっていたが、入鹿は権臣個人が傀儡《かいらい》王を立てて独裁権力を振るうという、高句麗と同じ方式の権力集中を目指していた。すでに権力の座にあった入鹿としては、自分自身の権力で激動の北東アジア国際情勢に対処しようとしたのであろう（倉本一宏『戦争の日本古代史』）。

蝦夷から紫冠《しかん》を授けられて大臣位を継承したばかりの入鹿は、皇極《こうぎょく》二年（六四三）十一月に上宮王家《じょうぐうおうけ》（蘇我系王統傍流《ぼうりゅう》）を討滅した。これが近い将来の古人大兄王子《ふるひとのおおえ》（蘇我系王統嫡流《ちゃくりゅう》）の擁立への階梯《かいてい》であることは明らかであった。そしてその次の段階で邪魔となるのが非蘇我系王統嫡流の葛城《かずらき》王子（中大兄王子《なかのおおえ》）であることも、誰の目にも明らかとなったのである。

一方、隋唐革命を経験して帰国した留学《るがく》生《しょう》や学問僧から最新の統治技術や王朝交替の実態を学んだ者の中からは、国家体制を整備することによって、官僚制的な中央集権国家を建設し、権力集中をはかろうとする動きが興った。有力王族が権力を掌握し、それを権臣が補佐するという方式は、新羅と共通するものであった。

中臣鎌子の野望

恵美押勝《えみのおしかつ》（藤原仲麻呂《なかまろ》）によって天平宝字《てんぴょうほうじ》四年（七六〇）に編まれた藤原氏の家伝である『藤氏家伝《とうしかでん》』上巻は、まず鎌足という諱《いみな》と仲郎《ちゅうろう》という字《あざな》、父が『中臣氏新撰氏族本系帳《なかとみししんせんしぞくほんけいちょう》』に「小徳冠前事奏官兼祭官《しょうとくかんぜんじそうかんさいかん》」とある中臣美気祜《みけこ》（御食子）、母が大伴夫人《おおともふじん》（大伴囓《くい》〔咋子《くいこ》〕の女《むすめ》の智仙娘《ちせんのいらつめ》）という系譜、推古《すいこ》三十四年（六二六）の出生、それに仁孝にして聡明叡哲《そうめいえいてつ》な人となりと風姿と偉容を語っている。

なお、鎌足の没年は五十六歳とされており、逆算すると生年は推古二十二年（六一四）となる。鎌子（後の鎌足）の出生地の「藤原之第」は、『多武峯縁起《とうのみねえんぎ》』によれば大和《やまと》国高市《たかいち》郡大原《おおはら》にあったとされる。蘇我氏の勢力圏内である飛鳥寺《あすかでら》の至近である。現在の奈良県高市郡明日香村小原に大原神社が鎮座し、鎌足出生の地と伝えている。

先祖を天児屋根命《あめのこやねのみこと》とする氏族伝承がどの時点で形成されたのかは詳《つまび》らかではないが、おそらくは記紀《きき》神話、特に天孫降臨《てんそんこうりん》神話の形成と軌を一にして成立したものと思われ、あまり

大原神社（「鎌足生誕の地」）

古い時期ではなかったことが推定できる。

次いで鎌子の精神と見識が優れているという文脈の中で、『藤氏家伝』は「宗我太郎《そがのたいろう》」入鹿（鞍作《くらつくり》）の能力にも言及している。旻《みん》法師の学堂に出入りする者の中で入鹿がもっとも優れているが、鎌子はそれに勝っているという、鎌子を賞揚する文脈である。

その鎌子は、『日本書紀《にほんしょき》』によれば皇極三年（六四四）、『藤氏家伝』によれば「崗本《おかもと》天皇（舒明《じょめい》）の御宇《みよ》の初め（おおむね六三〇年代か）」、「良家《たかきいえ》の子（マヘツキミ層のことか）を簡《えら》んで錦《きん》冠《かん》（令制の四、五位相応）を授け、宗業《そうぎょう》（鎌子の場合は神祇《じんぎ》）を嗣《つ》がせた」として、「神祇伯《じんぎのかみ》」（神祇を分掌《ぶんしょう》するマヘツキミ）に任じられようとしたものの病を称してこれを固辞し、摂津《せっつ》国三《み》島《しま》郡の別業《べつぎょう》に帰去したとある。実際には『藤

三島別業故地（佐和良義神社）

氏家伝』が語るように舒明朝のことと考えるべきであろう。なお、三島別業は、阪急南茨木駅から東側一帯の東奈良《ひがしなら》遺跡が比定《ひてい》されている。佐和良義《さわらぎ》神社という式内社《しきないしゃ》も鎮座する地である。

神祇の分掌などという「宗業」を分掌していたのでは、倭国全体を自分の思うように動かすことはできない。かといって、入鹿と協力するとなると、その下風に立たなければならない。鎌子の選んだ道は、すでに大臣位を継いで権力を掌握している入鹿とは、必然的にその方向を異にするものとなったのである。

諸王子への接近

はじめ、鎌子は軽王《かるのみこ》（後の大王孝徳《こうとく》）に接近した。『日本書紀』では、鎌子が以前から軽王と親交があり、軽王も鎌子の心ばえが優れており、立ち居振舞いの犯しがたいことをよく知っていたと、二人の好誼《こうぎ》を記している。鎌子が宮に参上するや、軽王が寵妃《ちょうひ》阿倍《あべ》氏（小足媛《おたらしひめ》）に給仕させるなどのもてなしを行ない、鎌子がそれに感激して、「軽王が天下の王となられるのに、いったい誰が逆らえようか」と軽王の舎人《とねり》に語り、それを知った軽王が喜んだということになっている。

一方、『藤氏家伝』では、軽王から優遇を受け、「どうして軽王を帝皇《ていこう》としないことがあろうか」と語り、それを知った軽王が喜んだところまでは『日本書紀』と同じなのであるが、最後に軽王の器量がともに大事を謀るに足らないことを語っている。もちろん、乙巳の変の後に軽王を即位させたこと、そして次に登場する乙巳の変の真の主役である葛城王子を引き出すための文脈であろう。

ここで『藤氏家伝』『日本書紀』ともに、鎌子と葛城王子との出会いを語り、二人が胸襟《きょうきん》を開いたことを続ける。『藤氏家伝』では蹴鞠《けまり》の場で葛城王子の皮鞋《かわぐつ》が落ちたことを語るほか、簡略な記述であるのに対し、『日本書紀』では二人が出会った場所を法興寺《ほうこうじ》（飛鳥寺）の槻樹《つきのき》の下と明示しており、葛城王子が興じていたのは蹴鞠ではなく打毬《だきゅう》（ポロ）と、異なる設定となっている。二人が相談したのも南淵《みなぶちの》請安《しょうあん》の学堂《がくどう》への往還の途上としている。

鎌子が葛城王子と策を謀った理由として、『日本書紀』は「蘇我臣入鹿が、君臣長幼の序を破り、国家を我がものにする野望を懐《いだ》いていることを憤った」としているのに対し、『藤氏家伝』では「王室が衰微《すいび》し、政が君によらなくなった。大臣（鎌子）は窃《ひそ》かに慷慨《こうがい》した」ということになっている。いずれにせよ、入鹿が専横《せんおう》であって、大王の権力を奪おうとしていることに帰している。クーデターを正当化するには、これがもっとも説得力を持ったのであろう。

なお、『藤氏家伝』では、葛城王子の方から鎌子に「奇策」の進言を持ちかけ、鎌子が「乱を収め反を正す謀」を述べると、葛城王子が喜んだという文脈となっている。鎌子主導の乙巳の変を強調するというのが、『藤氏家伝』の主題なのであろう。

実際には、ともに唐の最新統治技術を学んでいた入鹿と葛城王子、それに鎌子は、いずれが主導権を握って国際社会に乗り出すかで、抜き差しならない対立関係に踏み込んでしまっていたのである。そして鎌子が選んだのは、葛城王子および官僚制的中央集権国家の方であったことになる。

蘇我石川麻呂との連携

次いで二人は、蘇我倉氏《そがのくら》の蘇我倉山田石川麻呂《くらやまだいしかわまろ》を仲間に引き入れた。『日本書紀』では、「大事を謀るのに、助けはある方がよろしい」と単純な理由になっているが、『藤氏家伝』では、「勢門《せいもん》の佐《たす》け」を求めようとしたこと、石川麻呂が「桉作《くらつくり》（入鹿）と相忌《にく》むことを知った」ということ、石川麻呂の人物が「剛毅《ごうき》にして果敢で、威望もまた高い」という記述を加えている。後に中大兄王子が石川麻呂を無実の罪で死なせてしまったこと、『日本書紀』が石川麻呂の孫にあたる持統《じとう》（鸕野王女《うののひめみこ》）や元明《げんめい》（阿陪《あべ》王女）の主導で編纂《へんさん》されていることが影響しているのであろう。

それに対し、『藤氏家伝』は蘇我氏内部における本宗家と他の氏との対立につけ込んだという文脈となっており、こちらが実際の状況に近いのであろう。鎌子は、蘇我氏内部において、蝦夷から入鹿への大臣の直系継承を快く思っていない勢力が存在することを、鋭く見抜いていたのである（倉本一宏『蘇我氏　古代豪族の興亡』）。

鎌子は石川麻呂の長女を葛城王子の妃《ひ》として両者を結び付けようとし、葛城王子もこれに同意した。『日本書紀』によると、鎌子が自ら赴いて仲人《なこうど》となって婚約を取り決めたとある。ところが、その長女は婚姻の日に「族《やから》」（石川麻呂の弟の日向《ひむか》〔身刺《むざし》〕）に偸《ぬす》まれてしまった。結局、次女の遠智娘《おちのいらつめ》が葛城王子の妃となり、後に大田《おおた》王女・鸕野王女（後の持統天皇）・建《たける》王子の三人を産むことになる。

なお、この婚姻は『日本書紀』の語る皇極三年（六四四）よりも数年前のことであったと考えられ、そうすると鎌足の動きは、上宮王家討滅以前からすでに始まっていたことになる。

また、軽王の妃は筆頭マヘツキミである阿倍内麻呂《うちまろ》の女の小足媛であった。軽王を味方に付けることによって、内麻呂を通して多くのマヘツキミ層を自己の陣営に引き込むことができたものと思われる。

乙巳のクーデター

ここで鎌子は入鹿暗殺の実行者として、佐伯子麻呂《さえきのこまろ》と葛城稚犬養網田《かずらきのわかいぬかいのあみた》を葛城王子に推挙した。佐伯氏は大伴氏の同族で、軍事で王権に仕えた氏族、稚犬養氏はもともとは犬の資養で王権に仕え、内蔵《うちつくら》の管理にもあたった氏族である。

いずれの氏族も、後の宮城十二門の守衛にあたる門号《もんごう》氏族であり、『日本書紀』で宮城門を封鎖したとあるのも、これらの氏族の協力あってのことであろう。

この後に、有名な皇極四年（六四五）六月に起こった入鹿討滅のクーデターが続く。しかし、これらは『日本書紀』と『藤氏家伝』それぞれに、数々の漢籍《かんせき》による修飾が散りばめられた名場面が描かれている。もちろん、これらはとても史実とは思えない物語である。

以下、これらの文飾を取り除いたうえで、クーデターの経緯をたどってみよう。六月十二日、「三韓進調《さんかんしんちょう》」（『藤氏家伝』では「三韓上表」）という儀が、『日本書紀』によると「大極殿《だいごくでん》」（現明日香村大字岡の飛鳥宮《あすかのみや》跡内郭中層の第Ⅱ期遺構正殿〈未検出〉）で行なわれた（『藤氏家伝』には場所の記載はない）。入鹿が殺害されたのは、その前庭でのことであった。古人大兄王子も皇極の傍らに伺候《しこう》していたというが、むしろこちらが主要な標的として呼び寄せられたのかもしれない。

石川麻呂が上表文《じょうひょうぶん》を読み上げ終わりかけていた頃、長槍を持って隠れていた中大兄王子が入鹿に突進し、剣で頭と肩を斬《き》り割いた。入鹿が立ち上がると、子麻呂が片脚を斬った。『日本書紀』も『藤氏家伝』も、この後、入鹿が皇極の座に転がり就いて、自分が何の罪で誅《ころ》されるのかを聞いたことになっている。『藤氏家伝』では「自分に何の罪があるのか、審察してほしい」と請うているのに対し、『日本書紀』は、これに余計な作文を加えている。「皇位に坐すべきは天の御子です」などといきなり訴えるというのは、およそあり得る話ではなく、『日本書紀』の作為が甚しいと称すべきであろう。

これに対し、皇極の下問を承けた葛城王子が、「鞍作（入鹿）は天宗（王族）を滅ぼし尽くし、皇位を絶とうとしております。鞍作のために天孫《てんそん》（天照大神《あまてらすおおみかみ》の子孫、すなわち大王家）が滅びるということがあってよいものでしょうか」と語ったというのも、『日本書紀』『藤氏家伝』両者ともに作文の甚しいものである。

皇極が宮殿の中に入った後、子麻呂と網田が入鹿を斬り殺したと続く。入鹿の屍《かばね》は雨で水浸しになった前庭に置かれ、席《むしろ》（敷物）や障子《しとみ》（屏風《びょうぶ》）で覆われたとある。

有名なこの場面は、『日本書紀』や『藤氏家伝』の原史料の段階で作られた創作であろう。

ではない。

「天宗を滅ぼし尽くす」というのは山背大兄王《やましろのおおえ》や上宮王家の討滅を指すのであろうが、それと自らが天孫と替わろうという野望を懐いていたと短絡させるのは、どう考えても論理的ではない。

『日本書紀』において、斬られた入鹿が開口一番、「皇位にあられるべきお方は、天の御子でございます」などと訴えるのも変な話で、要するに「皇位簒奪《さんだつ》を企てた逆臣《ぎゃくしん》蘇我氏」と、「それを誅殺《ちゅうさつ》した偉大な中大兄王子と、それを助けた忠臣《ちゅうしん》中臣鎌足」という図式で、このクーデターを描こうとしているのである。

入鹿としてみれば、権力を自己に集中させ、飛鳥の防衛に腐心して激動の北東アジア国際情勢に乗り出そうとしていた矢先に、いきなり斬り殺されてしまったことになる。斬られた後に叫んだという、「私が何の罪を犯したというのでございましょう」という言葉も、本当に発したものとは思えないが、まさに入鹿の思いを象徴したものであろう。

それにしても、この時、鎌子はどこで何をしていたのであろうか。『日本書紀』も『藤氏家伝』も、弓矢を持って葛城王子を衛《まも》っていたとあるが、具体的な動きとして登場するのは、刺客《しかく》の二人を、「油断するな。不意を突いて斬れ」と激励していること、次いで二人が水で飯を流し込んでも緊張で嘔吐《おうと》してしまった際に、責めて励ましたという場面である。しかし、これから暗殺を行なおうという時に飯を食う人間がいるとは思えず、これらはすべて後世の作文であろう。

要するに、鎌子はこのクーデターの現場においては、何ら具体的な行動を起こしてはおらず、作戦の立案を行なった後は、その実行を距離を置いて見守っていたのであろう。それはまさに、策士《さくし》としての面目躍如といったところである。もしもクーデターが失敗に終わっていたならば、鎌子はその後にどのような行動をとったのであろうか、気になるところである。

さて、古人大兄王子はこの惨劇《さんげき》を見て現場を脱出し、私邸に走り帰ったことが、『日本書紀』のみに見える。葛城王子が入鹿の殺害にことのほか手間取ってしまったことで、取り逃がしてしまったものであろう。

いずれにしても、たとえ傀儡であるにせよ自分を大王位に即《つ》けてくれるはずの入鹿が滅びてしまった以上、古人大兄王子の命運は尽きてしまった。自分がクーデターの標的であったことも、すぐに直感したことであろう。また、この現場で取り逃がしたとはいっても、葛城王子が古人大兄王子を放っておくはずはなかった。

蘇我本宗家の滅亡

葛城王子たちは蘇我氏の氏寺《うじでら》であった飛鳥寺に入り、砦《とりで》として準備すると、『藤氏家伝』では「公卿大夫《まへつきみたち》」、『日本書紀』では「諸皇子・諸王・諸卿大夫・臣・連・伴造《とものみやつこ》・国造《くにのみやつこ》」

がことごとく付き従ったとある。蝦夷も甘樫丘《あまかしのおか》の「上の宮門《みかど》」から、この様子を望見していたことであろう。これはひとえに、入鹿の志向した権力集中が、支配者層内部において広範な支持を得られるような性格のものではなかったことによるものである。

葛城王子が入鹿の屍を蝦夷に引き渡すと、東漢《やまとのあや》氏が族党をみな集め、武装して陣を張ろうとした。葛城王子は将軍の巨勢徳陀《こせのとこだ》（徳太）を蝦夷邸に遣わし、東漢氏を説得させた。『日本書紀』によると、「天地開闢《てんちかいびゃく》の初めから君臣の区別があることを賊党に説明させた」、『藤氏家伝』によると、「吾が国家の事は汝《なんじ》らに関わりない。どうして天に違って抵抗し、自らの族が滅びることを選ぶのか」というものである。天地開闢以来の君臣秩序を説く『日本書紀』よりも『藤氏家伝』の言葉の方が、実際にこの時に語られたものに近いのであろう。

すると蝦夷の陣営の中にいた高向国押《たかむこのくにおし》（河内《かわち》に地盤を有する有力蘇我氏同族氏族）も、東漢氏を説諭した。「我らは君太郎（入鹿）のためにきっと殺されるであろう。大臣（蝦夷）も今日明日のうちに、直ちに誅殺されることは必定《ひつじょう》である。それではいったい誰のために空《むな》しい戦いをして、みな処刑されるのか」と言って剣を解き弓を投げて去ると、東漢氏たちもこれに従って逃げ散った。

これで本宗家の命運は尽きた。蝦夷の最期は、『藤氏家伝』に十三日のこととして、「豊浦《とゆら》大臣蝦夷は、自らその第で死んだ」と見える。「乱れが濯《そそ》ぎ払われ、狼はいなくなった。

人々は喜び躍り、皆、万歳《ばんせい》を称《とな》えた」と続く。これによると蝦夷は自尽《じじん》したことになるが、『日本書紀』にはこのことは見えず、「蘇我臣蝦夷らは誅殺されるにあたって、天皇記《すめらみことのふみ》・国記《くにつふみ》・珍宝《たからもの》をすべて焼いた」という独自の記事が載せられている。

この「天皇記・国記」は、推古二十八年（六二〇）に蘇我馬子《うまこ》と厩戸《うまやと》王子が録したとある国史《こくし》のことであるとされている。船恵尺《ふねのえさか》が、焼かれている国記を取り出して葛城王子に献上したとあるが、これが史実であったとしても、後年に完成した『日本書紀』との関連は、明らかではない。

ただ、馬子や蘇我系の厩戸王子によって撰修《せんしゅう》されていた国史が、蘇我氏を中心としたものであったであろうことは言うまでもないし、それが廃棄されて、今度は藤原氏中心の国史が『日本書紀』として完成されたであろうことを考え併せると、まさに「歴史は勝者によって作られる」という金言《きんげん》を象徴する出来事であった。

この後、『藤氏家伝』には葛城王子と鎌子の言葉が記されている。まず葛城王子が、「絶えようとしていた綱紀《こうき》を振興《しんこう》し、衰頽《すいたい》していた国運を復興したのは、実に公（鎌子）の力によるものである」と、その功業を賞揚すると、鎌子がそれに応えて、「功が成ったのは葛城王子のおかげであって、臣（鎌子）の功績ではない」と、謙譲の美徳を示している。もちろんこれは、中国古代の『史記《しき》』甘茂《かんぼう》伝や『戦国策《せんごくさく》』秦策《しんさく》を基にした作文であるが、『藤氏家伝』という書の主張を表わすものでもある。

ともあれこのクーデターの成功によって、神祇を管掌する中臣氏の鎌子は、単なる宗教官人から脱皮し、国家の中枢へと、その歩みを始めた。鎌足という名も、それと軌を一にして称し始めたのであろう（葛城王子もこの頃から、「中大兄王子」と称されたはずである）。ただし、鎌子が藤原氏へと昇華するまでには、激動の北東アジア情勢をはじめとする幾多の困難が待ち受けていた。それらを一つ一つ切り拓《ひら》いていって、はじめて「藤原鎌足」が誕生することになるのである。

二、「大化改新」と鎌足の「功業」

「改新政府」の発足

クーデターの結果、史上初の「譲位《じょうい》」が行なわれ、その後に大王に擁立されたのは、非蘇我系王統庶流の軽王であった（孝徳）。『日本書紀』も『藤氏家伝』も、皇極が中大兄王子（葛城王子）に大王位を伝えようと思ったものの、中大兄王子は鎌足に相談し、鎌足が軽王の即位を勧めたことを伝えている。

『日本書紀』では、軽王がこれを固辞して古人大兄王子に譲ろうとしたものの、古人大兄王子はこれを辞して出家し、吉野に入ったとあるが、これが事実かどうかはわからない。

軽王がどれほどの主体性でもってこれらの政変に参画したかは不明であるが、軽王というのは、父も祖父も即位したわけではない三世王に過ぎない。この点、前大后《おおきさき》として即位し得た皇極とは、同母弟《どうぼてい》とはいっても同列に論じるわけにはいかないのである。

やはりこれまでの大王位継承の流れから見ていく限りにおいては、主導権は中大兄王子と、その背後にある鎌足が握っていたと考えるべきであろう。当時の慣例として、いまだ二十歳に過ぎない中大兄王子が即位するわけにはいかず、また古人大兄王子が存在する中での世代交代を避けたものと考えられよう。

その後、『日本書紀』も『藤氏家伝』も、中大兄王子を皇太子《こうたいし》としたと語る。皇太子の地位がこの時期に成立していたとは考えられず、文飾であろう。

また、『日本書紀』では、筆頭マヘツキミの阿倍内麻呂を左大臣に、乙巳の変に功績を挙げ、蘇我氏の氏上《うじのかみ》を継いだ蘇我倉山田石川麻呂を右大臣に、鎌足を内臣に、それぞれ任じたと見える。鎌足は、左大臣・右大臣といった、畿内有力豪族層の代表とは異なる系列で中大兄王子と直接結び付くことによって、権臣としての実質的権力を掌握したことになっている。それはまさに「内ツ臣（ウチツマヘツキミ）」の職位《しょくい》（ツカサ）名に相応しいものである。

『日本書紀』は鎌足の地位について、「大錦冠《だいきんかん》を授けて内臣とし、封を若干戸増やした。鎌子連は忠誠心があり、宰臣《さいしん》としての威勢によって官司の上に立った。ために進退存廃の計は支持され、事は成った」と、『魏志《ぎし》』武帝《ぶてい》紀の文を引いて説明している。

『藤氏家伝』では、「国家が安きを獲《え》たのは、まことに公（鎌足）の力に頼ったものである。集権国家が実現したのも、またこの挙にある。そこで大錦冠に拝して内臣を授け、二千戸を封した。軍国《ぐんこく》の機要《きよう》は、公の処分に任せよう」という孝徳の詔《しょう》を載せている。激動の北東アジア情勢に対して、鎌足の輔政《ほせい》によって乗り出そうという意欲の現われであろう。ただ、これらの文章は、後世の藤原氏の主張に基づくものである可能性も高い。

「大化改新」と鎌足

この後のいわゆる「大化改新」の諸政策、たとえば大化《たいか》元年（六四五）八月の東国国司《とうごくこくし》発遣、鍾匱《しょうひつ》の制、男女の法、僧尼の統制、九月の古人大兄王子「謀反《むへん》」の討滅、十二月の難《なに》波遷都《わせんと》、大化二年（六四六）正月の「改新詔」、三月の旧俗改正詔、八月の品部《しなべ》の廃止、大化三年（六四七）の新冠位《かんい》制の制定、大化五年（六四九）の冠位制改正や「天下立評《てんかりっぴょう》」、三月の石川麻呂の「謀反」、白雉《はくち》四年（六五三）五月の遣唐使《けんとうし》発遣などに鎌足が関与したことは、『日本書紀』にも『藤氏家伝』にも見えない。

もちろん、それぞれに鎌足は主体的に関与していたのかもしれないが、史料の前面に登場しないというのは、まさに「内つ臣」に相応しい姿であると言えよう。

鎌足が史料に姿を現わすのは、孝徳の最後の年である白雉五年（六五四）のことである。『日本書紀』には白雉五年正月のこととして、鎌足に紫冠を授け、封若干戸を増したと記している。『藤氏家伝』では白鳳《はくほう》五年八月という年紀《ねんき》を用いて、鎌足の功績が建内宿禰《たけしうちのすくね》（武内宿禰）に比肩するというので、紫冠に拝し、封八千戸を増したと記している。

紫冠というのは令制の三位に相応する冠位であったが、ここで鎌足は上級官人としての地位に上ったことになっている。また、建内宿禰が登場するのは重要である。実際には建内宿禰の方が鎌足や蘇我馬子をモデルとして造作《ぞうさく》された伝説上の人物であると見られているが、ここでも鎌足と建内宿禰との関連が語られているのである。

この後、孝徳が死去し、皇極が重祚《ちょうそ》するが（斉明《さいめい》）、その時のこととして、『藤氏家伝』には、斉明が中大兄王子に庶務を委《ゆだ》ねたこと、朝鮮諸国から「朝貢《ちょうこう》」が絶えなかったこと、百姓《ひゃくせい》が太平を謳歌《おうか》したことによって、鎌足を大紫冠《だいしかん》に遷し、公の爵位《しゃくい》に進め、封五千戸を増したという記事がある。

百済滅亡と国際情勢

斉明六年（六六〇）、百済が滅亡した。百済遺臣の鬼室福信《きしつふくしん》の要請に応えて、「海表の政」つまり百済復興軍の派遣へとつながるのであるが、『日本書紀』『藤氏家伝』ともに、鎌足の関与は語られていない。

斉明は斉明七年（六六一）に死去し、中大兄王子が称制《しょうせい》（大王位に即かないまま政事《せいじ》を聴くこと）を行なうが、それに続けて『藤氏家伝』に、中大兄王子が鎌足について、次のように侍臣《じしん》に語ったという記事がある。唐には魏徴《ぎちょう》、高句麗には蓋金《がいきん》（泉蓋蘇文）、百済には善仲《ぜんちゅう》（鬼室福信）、新羅には庾淳《ゆじゅん》（金庾信《きんゆしん》）という名臣がいるが、それらも鎌足には遠く及ばないというのである。こうなると父祖の賞揚を越えて、どうしても夜郎自大《やろうじだい》に見えてしまう。

さて、中大兄王子の治世では、『藤氏家伝』に鎌足との関係が語られている。二人は仲がよく、義においては君臣であるが、礼においては師友《しゆう》つまり互いに先生のように尊敬し合う友人であり、出ては同車し入っては敷物を接し膝《ひざ》を付き合わせる。政事は寛大で慈しみ恵み、徳を天下に拡《ひろ》げ、海外を手懐《てなず》ける。朝鮮諸国は懐き、百姓は安寧《あんねい》である、というものである。実際には天智二年（六六三）に白村江《はくそんこう》で大敗を喫していたのであるが、ここではそれにはまったく触れていない。

また、高句麗王（宝蔵王《ほうぞう》か）から鎌足に宛てて書状が贈られたことを語る。内容は、鎌足の仁による徳化《とくか》が遠方まで及んでおり、国の棟梁《とうりょう》としての鎌足の存在をはるかに聞いて、喜んでいるというもので、とても本当にあった話とは思えない。ただ、「東大寺献物帳《とうだいじけんもつちょう》」（国家珍宝帳《こっかちんぽうちょう》）に見える「赤漆欟木厨子《あかうるしつきのきのずし》一口《く》」（現存せず）は百済の義慈王が鎌足に進上したものとされており、これも鎌足の全方位外交を反映した記事なのであろう。

『日本書紀』では天智三年（六六四）十月のこととして、唐の百済鎮将《ちんしょう》劉仁願《りゅうじんがん》が筑紫《つくし》に遣わし、文書《もんじょ》をもたらした郭務悰《かくむそう》に対して、鎌足が沙門《しゃもん》智祥《ちじょう》を遣わして物を賜わったという記事がある。対新羅戦争への協力を迫る唐に対して、曖昧《あいまい》な返答を行なったものの、新羅寄りの外交姿勢を明確にすることを恐れた鎌足が、両面外交を模索している姿が読み取れよう。

この年から、防人《さきもり》と烽《とぶひ》の設置、水城《みずき》や古代山城《さんじょう》の構築と、中大兄王子と鎌足は、倭国防衛体制を強化しながら、甲子《かっし》の宣に代表される国制改革を断行していた。

そして天智七年（六六八）正月、中大兄王子は近江大津宮《おうみおおつのみや》で即位した（天智）。『藤氏家伝』では、「朝廷には事も無く、遊覧を好んだ。人には菜色《さいしょく》（飢えている様）が無く、家には余蓄《よちく》が有る。民は太平の代を称えた」と、その即位を寿《ことほ》いでいる。この「遊覧」は、『日本書紀』に見える、鎌足も参加した蒲生野《がもうの》の薬猟《やくりょう》の記事に引かれたものかもしれないが、当時の情勢はそれほど平穏なものではなかった。

気になるのは、その年の『日本書紀』七月の記事に、宴の記事の後、「時の人」が、「天命《てんめい》（天皇の世）が終わろうとしているのであろうか」と言ったという記事である。天智は即位の直後に、王統交代を噂《うわさ》されていたということになる。これに関連して、『藤氏家伝』は、天智即位直後のこととして、「浜楼《はまのろう》」の「置酒《ちしゅ》」において大海人《おおしあま》王子が長槍で敷板を刺し貫き、天智が大海人王子を殺そうとしたが、鎌足が固く諫《いさ》めたので、天智がこれを止めたというやりとりを語っている（実際にあったことかどうかはわからないが）。

この記事は、後年の壬申《じんしん》の乱を引き出す記事として、ここに置かれたものであろうが、それをさて措《お》いても、この時期の国際情勢は、高句麗滅亡後の唐と新羅の対立をめぐって、またもや風雲急を告げていた。

この同じ天智七年九月に、十二年ぶりに新羅から倭国へ使節がやってきた。新羅としては、唐と険悪な関係となっているこの時期、背後の倭国と友好関係を結ぶことは、国際戦略上、不可欠であったに違いない。鎌足から新羅の功臣《こうしん》金庾信へ、天智から文武《ぶんぶ》王へ、それぞれ船が贈られていることは、中大兄王子と鎌足が新羅との友好関係も築こうとしていたことを示している。

『藤氏家伝』では、それに続けて、鎌足が「旧章《きゅうしょう》を損益《そんえき》」して律令を刊定《かんてい》したことを語っている。これをいわゆる「近江令《おうみりょう》」の制定と解釈する説も、かつては存在したが、現在では体系的な法令としての近江令の存在を否定する説が有力である。律令という法典が、「周《しゅう》の三典《さんてん》」や「漢《かん》の九篇《きゅうへん》」など中国の古典を損益して編纂できるものではないことを、この文章は無視している。いかにも中国かぶれの仲麻呂らしい作文である。

鎌足の病悩と藤原氏の成立

天智八年（六六九）五月、この年も鎌足も参加して、山科野《やましなの》で薬猟が行なわれた。鎌足はこの時には病が重くはなかったようであるが、その年の秋のこととして、鎌足の家に落雷があったという記事が見える。やがて鎌足が病悩し、死去することの前兆記事であろう。

　鎌足がいつ、病に倒れたかは史料に見えない。『藤氏家伝』は冬十月とだけ記して、鎌足が危篤《きとく》になったことを伝える。そして、天智が私第に見舞いに訪れ、天帝《てんてい》に命乞いを行なったことを記している。『日本書紀』では、十月十日に訪れたことになっている。続けて、憔《しょう》悴《すい》した鎌足に、天智が望みを申すよう、命じている。ここに語られている「積善余慶《せきぜんよけい》」というのは中国南北朝時代の『文選《もんぜん》』に見える句であるが、これがはるか後年まで藤原氏が使用する句となるのである。一方、『藤氏家伝』では、天智が下問したのは翌日のこととなっている。これでは、天智は二日続けて鎌足邸を訪れたことになる。

　鎌足の報答は、『日本書紀』『藤氏家伝』とも、ほぼ同文に薄葬《はくそう》を求めている。いずれにも、「軍国に務無し」「軍国に益無し」と、「軍国」という語が用いられている。これも『文選』に見える語であるが、百済救援以来の国際情勢を踏まえた表現であろうことは、容易に想像できる。

さて、五日後の十月十五日、天智は大海人王子を鎌足の許《もと》に遣わした。『藤氏家伝』では、その際、「前代以来の執政《しっせい》の臣で、功労・才能の点で鎌足に比肩する者はいない。自分（天智）だけではなく、未来の天皇も鎌足の子孫を恵もう、鎌足を本来就くべき官職に任じよう」という恩詔《おんしょう》を伝えさせたことになっている。

もちろん、これは、後世の藤原氏の特権的な地位を、その成立にまで遡《さかのぼ》らせて天智に語らせた、仲麻呂の主張である。後世、「策書《さくしょ》」や「しのびごと（誄）の書」なども作られ、藤原氏の栄達の根拠として主張されていくことになる。ただ、不比等《ふひと》以降の藤原氏も、実際にはそのようになっていたのであるから、あながち荒唐無稽《こうとうむけい》な主張でもなかったことになる。『藤氏家伝』ではこれに続けて、鎌足に織冠《しょくかん》を授け、太政大臣《だいじょうだいじん》に任じ、改姓して藤原朝臣《あそん》としたとある。これだと、鎌足が就いたのは太政大臣ということになる。

この『藤氏家伝』が編まれた天平宝字四年（七六〇）の正月に、仲麻呂が大師《だいし》（太政大臣）に任じられていることを勘案すると、仲麻呂が自己の大師任命の根拠として、この文章を造作したと考えられる。それは同じ天平宝字四年八月に、すでに太政大臣が贈られていた不比等を、太政大臣では不足だというので淡海公《たんかいこう》に封じ、武智麻呂《むちまろ》・房前《ふささき》にも太政大臣を贈っていることと軌を一にしたものであろう。

『日本書紀』の方は、鎌足家に遣わされた大海人王子が、最高位である大織冠と「大臣位」を授け、藤原姓を賜わったとある。ここにおいて、内大臣という職位名がはじめて登場したのである。豪族層の代表という地位と伝統とを有していなかった鎌足が、大王との個人的結び付きによって大臣（オホマヘツキミ）に上ったということになる。ここに藤原氏という、天皇家とのミウチ的結合を基本戦略に置いた氏族が成立したとされることの意義は大きい。その意味では、「内大臣」という、天皇権力と密接に結合した地位と、王権と密着した「藤原氏」とが同時に成立したとされることは、その後の日本政治史を考えると、まことに象徴的である。

ただし、本当にこの時、氏族としての藤原氏が成立したのか、それとも鎌足に対する褒賞的な称号が贈られたのか、はたまたすべてが後世の藤原氏の主張に基づく文飾なのか、慎重に考えなければならない問題である。史実として本当に鎌足が「大臣」に上ったのか、また大織冠が令制の正一位に相応するものなのかも、大いに疑問である。「内臣」に「大臣の位」を授けたことによって、自動的に「内大臣」という職名で通称された、というのも、変な話である（倉本一宏「内大臣沿革考」）。ここには、鎌足の地位を、現実的な自らの地位の上昇に最大限に利用しようとした藤原氏の後世の主張が反映されているのは確実なのである。

「藤原」というウヂ名は飛鳥北方の地名に基づくものと考える説が有力であるが、他の木にまとわりついてその養分を吸い取り、自らを繁茂させていく「藤」をその名とするというのは、後世の藤原氏の存在形態を考えると、まことに象徴的な名であった。

鎌足薨去

翌十六日、鎌足は自邸で死去した。『日本書紀』は、墓に碑が建てられ、十九日に天智が鎌足邸に行幸し、蘇我赤兄《あかえ》に恩詔を宣させて、金の香鑪《こうろ》を下賜したとある。

『藤氏家伝』の方は、五十六歳という薨年《こうねん》と天智の慟哭《どうこく》、そして廃朝《はいちょう》を語り、同じく十九日に天智が宗我舎人《そがのとねり》を鎌足邸に遣わして恩詔を長々と宣させている。次いで公卿百官の嘆く様子と、葬送《そうそう》の有り様、薄葬の遺言を語る。そして翌年の閏《うるう》九月六日に行なわれた火葬《かそう》の様子と、その際の奇瑞《きずい》が語られている。しかし、道昭《どうしょう》や持統の火葬よりも三十年以上も前のこの年に、本当に火葬が行なわれたとは考えがたい。『藤氏家伝』は最後に、鎌足が仏教を崇《たっと》んでいたこと、維摩《ゆいま》会を創始したこと、元興寺《がんごうじ》に寄進《きしん》を行なったこと、百済の沙宅紹明《さたくじょうみょう》が碑文を作ったこと、を語って終わる。

なお、天智が即位した際の「浜楼の置酒」の後に、後日譚《ごじつたん》が語られている。大海人王子が、はじめ鎌足の処遇が高いことを以て親しく思っていなかったものの、これ以降は親しんだ。そして壬申の乱の勃発《ぼっぱつ》に際して、鎌足の不在を嘆いたというのである。これも実際にあったことかどうかはともかく、鎌足が生きていれば壬申の乱は起こらずにすんだというのは、当時の支配者層に共通する想いだったのであろう（『藤氏家伝』の主張なのかもしれないが）。

山階精舎と鎌足の墓

付け加えておくと、鎌足が蘇我氏討滅にあたって発願《ほつがん》した釈迦三尊像《しゃかさんぞんぞう》・四天王像《してんのうぞう》を、夫人である鏡女王《かがみのひめみこ》が鎌足の「山階陶原家《やましなのすえはらのいえ》」に持仏堂《じぶつどう》を建てて山階精舎《やましなしょうじゃ》としたと伝えられている。

なお、王族の女性を室としていたことからも、采女《うねめ》を天智から賜わったと伝えられる（『万葉集《まんようしゅう》』）ことと併せ、天智からの信任ぶりが窺《うかが》える。

山階精舎故地

その山階精舎の場所に関連して、『安祥寺伽藍縁起資財帳《あんしょうじがらんえんぎしざいちょう》』に見える「興福寺地《こうふくじち》」を興福寺領宇治荘《うじのしょう》に比定することができ、それは大槻里《おおつきのさと》のことであったとされる（吉川真司「安祥寺以前」）。現在のJR山科駅西南西、近世の東海道に沿った地ということになる。

阿武山古墳

なお、都が飛鳥に戻った後、山階精舎は厩《うまや》坂寺《さかでら》として移築され、平城遷都《へいじょうせんと》後は興福寺となった。それでもなお、興福寺のことを「山階寺《やましなでら》」と記録する例が多いことは、いかに山科の地と山階精舎が藤原氏にとって記憶すべき歴史と認識されていたかを示すものである。

さて、鎌足の墓は、阿武山《あぶやま》古墳と考える説が有力である。現在、大阪府高槻市奈佐原・茨木市安威にある七世紀の古墳である。岩盤を掘削《くっさく》した三メートルの墓壙《ぼこう》を設けて横口式石槨《よこぐちしきせっかく》の埋葬施設を構築し、その中に漆《うるし》で布を何層にも固めて作られた夾紵棺《きょうちょかん》を安置している。埋葬施設の完成後、円丘状に盛土を施して表面に長方形の塼《せん》を葺《ふ》いているという、きわめて珍しい墳丘のない「地下式」の古墳である（今西康宏「実録・阿武山古墳」）。

この古墳は一九三四年（昭和九）、京都帝国大学の地震観測施設の建設中、偶然に発見された。棺の中には六十歳前後の男性の、肉や毛髪、衣装も残存した状態のミイラ化した遺骨がほぼ完全に残っており、ガラス玉を編んで作った玉枕《たままくら》や、胸から顔面、頭にかけて金糸《きんし》がたくさん散らばっていたことから、「鎌足の墓」として世間の関心を集めたが、X線写真撮影を行なった後、再び埋め戻された。一九八二年（昭和五十七）、X線写真の原板が地震観測所から見つかり、一九八七年（昭和六十二）に分析が行なわれた。

その結果、被葬者は腰椎《ようつい》などを骨折する大けがをし、治療されてしばらくは生きていたものの、寝たきり状態のまま二次的な合併症で死亡したこと、金糸の分布状態からこれが冠の刺繡糸《ししゅういと》だったことが判明し、この冠が当時の最高冠位である織冠であることから、被葬者は藤原鎌足に違いないという論調が大勢となったのである（猪熊兼勝「阿武山古墳は鎌足墓」）。

しかし、被葬者がかなりの有力者であることは確実ながら、それが鎌足であると断定することは、はたして万全なのであろうか。だいたい、この冠が織冠であると、どうして言えるのであろう。鎌足が落馬して骨折したという史料は、どこに存在するのであろう。大海人王子と額田《ぬかた》女王の逢瀬《おうせ》を目撃した鎌足がそれを諫めようと急いで馬を走らせたら落馬した、などという「学説」を拝読すると、以て瞑《めい》すべしと称するほかはない。

なお、『延喜式《えんぎしき》』諸陵寮《しょりょうりょう》には、鎌足の墓に関する記載がない。

多武岑墓《とうのみねのはか》　贈太政大臣正一位淡海公《たんかいこう》藤原朝臣、大和国十市《とおち》郡に在り。兆域《ちょういき》東西十二町、南北十二町、守戸《しゅこ》は無い。

というのが、淡海公に追封《ついふう》された不比等のことを指すのか、鎌足の誤記なのか、不明である。傍注《ぼうちゅう》には、「国史並びに貞観式《じょうがんしき》に云うには、「大織冠の墓」と云うことだ。今、文はすでに式に違《たが》い、誤りである」とあって、これは鎌足の墓の記載であるとする。たしかに、鎌足を贈太政大臣とする史料もあり、大織冠を正一位と解すると、辻褄《つじつま》は合うのであるが、今度は不比等の墓の記載がなくなってしまう。

後世の史料が語るように、いずれかの時期に、鎌足の墓が多武峰《とうのみね》に改葬《かいそう》されたのかもしれないが、それでも不比等の墓についての言及はないし、そもそも阿武山古墳の遺骨は、誰のものだったのであろうか。

鎌足の「功業」

以上の鎌足の「功業」は、その実体としては不明な箇所が多い。多分に子孫によって架《か》上《じょう》された功績も存在すると思われるのである。それはあたかも、天智（中大兄王子）の影の存在としての鎌足の存在感ということになろう。

ただし、律令制下の藤原氏が自己の栄達の根拠として、鎌足の「功業」を最大限に利用したことは確かである。鎌足が死の直前に賜わったとする大織冠を正一位と解釈し、その蔭位《おんい》を最大限に利用するような蔭位制を創出して、その後の藤原氏の高位につなげたことも、確実なところである。いつの間にか、鎌足を贈太政大臣と替えてしまったことも推測できる。

逆に言えば、律令制下の不比等以下の藤原氏の側から、自己の政治的地位の根拠として、「大化改新」前後の鎌足の「功業」が創作され、偉大な藤原氏創始者として鎌足像が形成されたとも考えられるのである。言うなれば、藤原鎌足像というのは藤原氏の偉大な祖先伝承というわけである。

第一章　不比等の覇権と律令体制

鎌足後の中臣氏

鎌足《かまたり》が死去した後、藤原氏を継いだ官人は、しばらく現われなかった。鎌足長子の真人《まひと》（道教《どうきょう》に由来する真人という名を長子に付けたのも、神祇を脱するという鎌足の思いなのであろうか）は出家して定慧《じょうえ》（貞恵）となり、白雉四年（六五三）に入唐《にっとう》し、すでに帰国直後の天智《てんじ》四年（六六五）に死去していたし、次子の史《ふひと》（後の不比等）は鎌足が死去した時点でいまだ十一歳に過ぎなかった。

せっかく鎌足の賜わった「藤原氏」も、一代限りの名誉称号として消えていく可能性も十分にあったのである。

中臣《なかとみ》氏の官人としては、中臣金《かね》がその氏上を継いだが、彼は中臣氏の伝統的な宗業である神祇にも従事しており、大友《おおとも》王子を首班《しゅはん》とする「天智十年体制」で右大臣に任じられたとはいえ（『日本書紀』）、政事と神事《しんじ》を兼ねる立場で王権に仕奉《しほう》していたものと考えられる。

この時の政権は、蘇我《そが》氏二人と中臣・巨勢《こせ》・紀《き》氏の五人で大友王子を補佐するものであった。天智としては、これまで数々の陰謀で手足となって働いてきた蘇我氏と、鎌足以来の忠

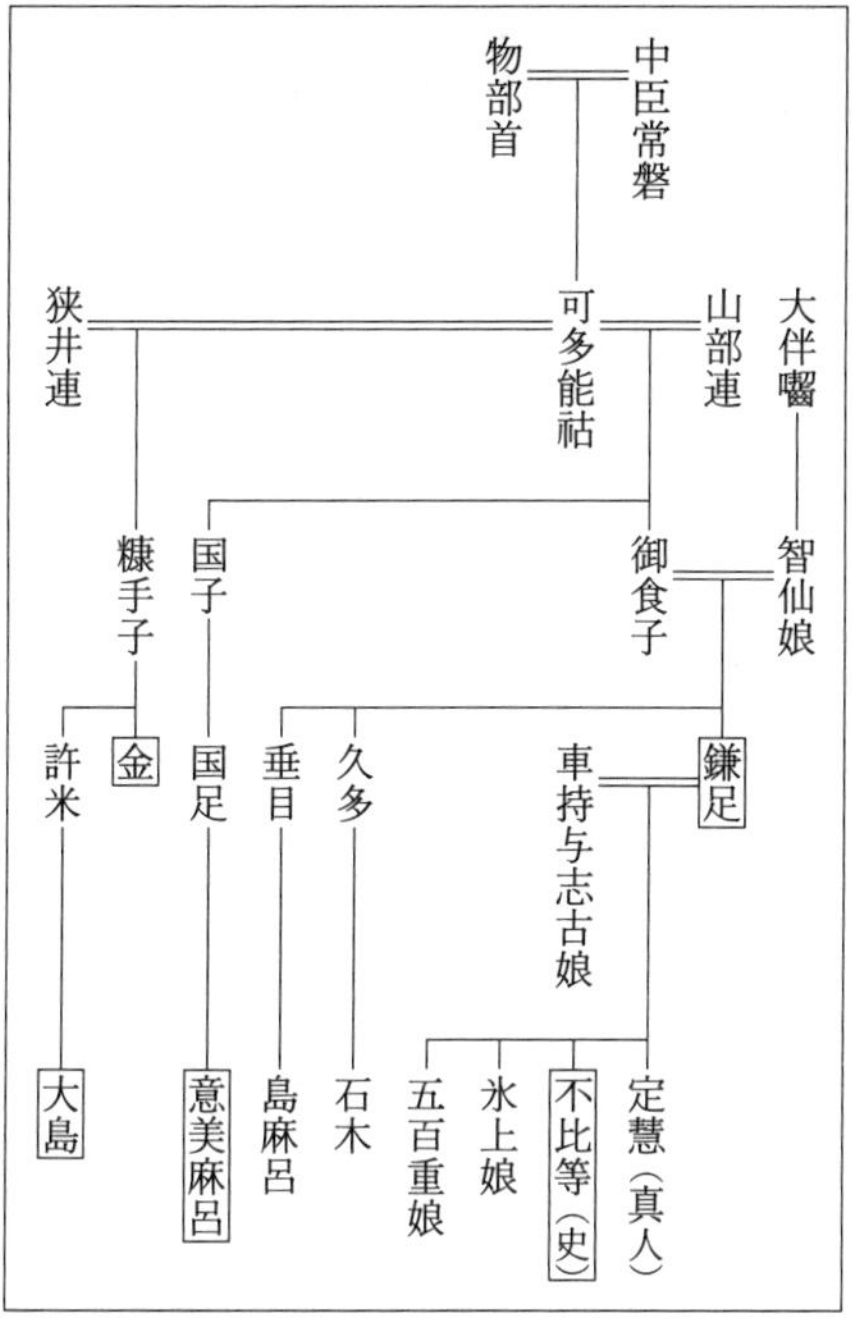

誠心を発揮してくれそうな中臣氏を中心として、大友王子の支持勢力としたのである。

ただ、この「五大官」も、天智に仕える気持はあったであろうが、地方出身の卑母《ひぼ》を持つ大友王子にどれだけの忠誠心を持っていたかは、きわめて疑問である。そして十二月三日、天智は近江大津宮《おうみおおつのみや》で死去した（『日本書紀』）。

半年後の天武《てんむ》元年（六七二）六月二十四日、大海人《おおしあま》王子と鸕野《うの》王女、そして草壁《くさかべ》王は吉野《よしの》を進発した。壬申の乱の勃発である。大海人王子たちは、各国の拠点に集結していた、対新羅《しんら》戦用に大友王子が徴発した農民兵を接収し、鈴鹿山道《すずかのやまみち》・不破道《ふわのみち》を閉塞《へいそく》することによって近江朝廷と東国《とうごく》を遮断し、三方面軍を大津宮に進撃させた。そして七月二十二日の瀬田橋《せたばし》の戦によって、近江朝廷は壊滅し、大友王子は二十三日に山前《やまさき》で自経《じけい》した（倉本一宏『壬申の乱』）。

八月二十五日に至り、大海人王子は高市《たけち》王に命じて、「近江の群臣の犯状」を宣告させた。近江朝廷の五大官では右大臣中臣金のみが斬刑に処されている。あるいは大海人王子と鸕野王女の吉野進発を知った際に、大友王子に追撃を進言したことによるものであろうか。

不比等の前半生

この間、鎌足嫡男の史（不比等）は、田辺史大隅《たなべのふひとおおすみ》の家に身を寄せていたとされる。『尊《そん》

卑分脈《ぴぶんみゃく》』摂家相続孫所引「不比等伝」には、

> 内大臣鎌足の第二子である。一名は史。斉明《さいめい》天皇五年に生まれた。公は避ける所が有って、まずは山科《やましな》の田辺史大隅等の家で養なわれた。それで史と名付けられた。母は車《くるま》持国子《もちのくにこ》君の女で、与志古娘《よしこのいらつめ》である。

とある。この伝のとおり、史（不比等）が斉明五年（六五九）の生まれであるとすると、鎌足が死去した年には十一歳、壬申の乱の際には十四歳であったことになる。

史（不比等）がこのまま、天武朝を不遇のうちに過ごしたという考えには賛同できないが、少なくとも、鎌足が死去した直後に出仕できるような年齢ではなく、しばらくは田辺氏の庇《ひ》護《ご》下にあったのであろう。史（不比等）が百済《ひゃくさい》系渡来人《とらいじん》のフミヒトである田辺氏の許で幼少期を送ったということは、後に律令や国史に深く関わる機縁となったものと思われる。

なお、壬申の乱において近江朝廷側の別将として倉歴《くらふ》と莿萩野《たらの》で戦った田辺史小隅《おすみ》という人物がいる。おそらく彼は田辺大隅の近親、たぶん弟であろうと思われるが、乱の終結後、実戦部隊指導者として処刑されたのであろう。

『興福寺縁起流記資財帳《こうふくじえんぎるきしざいちょう》』に「田辺村地〔北〕」が見えるが、田辺史氏が集住していたとさ

田辺村故地

れ、史（不比等）が養育された「山科田辺史大隅家」も田辺村あたりに想定する考えもある（吉川真司「安祥寺以前」）。JR山科駅の北あたりに相当しよう。

天武即位後、『日本書紀』は天武の后妃《こうひ》を列挙しているが、そのなかで鎌足女《むすめ》の氷上娘《ひかみのいらつめ》と五百重娘《いおえのいらつめ》の姉妹が、天武の夫人《ぶにん》となっている。壬申の乱を経てもなお、藤原氏の地位が揺らぐことはなかったのである。

結婚といえばもう一つ、画期的な婚姻が成立した。史（不比等）がその嫡妻《ちゃくさい》として、斉明朝から天智朝初年にかけての大臣（オホマヘツキミ）蘇我連子《むらじこ》の女である娼子《しょうし》（媼子）を迎えたのである。娼子（媼子）は天武九年（六八〇）に武智麻呂《むちまろ》、同十年に房前《ふささき》、持統《じとう》八年（六九四）に宇合《うまかい》を、それぞれ産んでいるから（宇合の生母については不審な点も残る）、二人の結婚は天武七、八年（六七八～六七九）のことと思われる。ちなみに史（不比等）は、天武七年には二十歳であった。

この婚姻によって、史（不比等）は大臣家としての蘇我氏の尊貴性を自己の子孫の中に取り入れることができた。藤原氏は氏として成立したばかりであるにもかかわらず、蘇我氏の高い地位を受け継ぐ氏であることを支配者層に示すことができたのである。

付け加えるならば、渡来人を配下に置くことによって手に入れた最新統治技術の独占（倉本一宏『蘇我氏　古代豪族の興亡』）もまた、藤原氏の時代には、律令という法体系となったという違いはあるものの、蘇我氏と藤原氏に共通するものである。

また、官人としての実績がまったくない史（不比等）が、大臣連子の女を娶《めと》ることができたということは、天武朝においては、すでに若年時から史（不比等）が次代のホープと見なされていたことを示している。

史（不比等）は蘇我氏の尊貴性を自己の中に取り入れたのみならず、蘇我氏が六世紀以来行なってきた天皇家との姻戚《いんせき》関係の構築によるミウチ氏族化という政略も同時に取り入れることができ、それは七世紀末以降、藤原氏の基本的政略として受け継がれることとなった。

また、八世紀の天皇家は藤原氏と幾重もの姻戚関係を持ったが、史（不比等）の息男である武智麻呂と房前、宇合が蘇我氏の血を濃く持っていたということは、八世紀の藤原氏と天皇家とは、蘇我氏を通してもミウチ関係にあったことになる。これによって、八世紀前半の律令国家の中枢部分は、あたかも天智・天武兄弟と、蘇我氏と、藤原不比等の三者の血によって構成されていたかの観を呈することになったのである。

なお、史（不比等）はその後、賀茂比売《かものひめ》との間に一女の宮子《みやこ》、二女の長娥子《ながこ》を儲《もう》けている。賀茂（鴨）朝臣は壬申の乱の功臣である鴨蝦夷《えみし》を出した氏で、大神《おおみわ》氏の同族とされるが、「賀茂神社を斎き奉る」とあり（『新撰姓氏録《しんせんしょうじろく》』）、これは『延喜式』に見える「葛木鴨社《かずらきのかもしゃ》二座」（現奈良県御所市御所宮前町）のことであるから、不比等は五世紀に大王家に后妃を出したという伝承を持つ葛城《かずらき》集団の地盤である葛城地域とも縁を結んだことになる。

一、中臣氏との訣別

氏上中臣大島

史（不比等）が藤原氏の中心に立つ以前、中臣氏の官人には、大島《おおしま》、次いで意美麻呂《おみまろ》がいた。いずれも同じ常磐《ときわ》系に属する中臣氏であったが、大島は糠手子《ぬかてこ》の孫で金の甥《おい》、意美麻呂は国子《くにこ》の孫であり、鎌足―史（不比等）の御食子《みけこ》系とは少し離れた系統である。

まず天武十年（六八一）三月、「帝紀《ていき》及び上古《じょうこ》の諸事」を記定《きてい》させる、いわゆる国史の編纂が開始されたが、そのメンバーに中臣大島が加えられている。大島は平群子首《へぐりのこびと》とともに「親《みずか》ら筆を執って録《しる》す」とされており（『日本書紀』）、編纂の実務を担う中心メンバーであった。この国史編纂が後に『日本書紀』につながるのであるが、不比等以前に大島によって、中臣（藤原）氏の国史への関与があったのである。

大島はその年の十二月、小錦下《しょうきんげ》（令制の従五位下に相応）に昇叙《しょうじょ》され、上級官人への歩みを始めた。天武十二年（六八三）十二月には、大島は判官《はんがん》・録史《ふびと》・工匠者《たくみ》を率いて、天下を巡行《じゅんこう》し、諸国の境界《きょうかい》を限分《げんぶん》するために派遣されている（『日本書紀』）。この使節は諸国の境界を画定し、畿内《きない》・七道制《しちどうせい》を創設するための準備作業を行なうために派遣されたもので、律令制的な領域支配への志向という意味において、画期的な意義を持つものであった。

そして天武十三年（六八四）十一月、いわゆる「八色《やくさ》の姓《かばね》」の制定に際して、中臣連《むらじ》は、阿倍《あべ》臣・巨勢臣・紀臣・平群臣など五十二氏の一つとして、朝臣姓を賜わった。朝臣姓はほとんどの場合、臣《おみ》姓氏族が賜わるのが通例であり、連姓氏族が賜わったのは、物部《もののべ》連と中臣連の二氏のみであった（『日本書紀』）。ここに中臣氏は、祭祀《さいし》を宗業とする伴造《とものみやつこ》氏族から、政事に関わる氏族へと、一歩を踏み出したことになる。

藤原大島

なお、それと関連するのであろう。これ以降、中臣氏の官人は、中臣の名を避け、藤原氏を称することが多くなった。壬申の乱において近江朝廷の最高首脳であったという記憶の残る中臣というウヂ名よりも、鎌足の「功業」を継承している氏族としての性格を前面に押し出してきたのであろう。

天武十四年（六八五）九月には、天武が王卿を殿前に召して博戯《はくぎ》を行なわせ、十人に自らの衣と袴《はかま》を下賜している（『日本書紀』）。この十人は天武の側近《そっきん》層とも言われ、宮廷で重要な位置を占めていたことが想定できるが、「藤原朝臣大島」もその中に含まれている。

朱鳥《しゅちょう》元年（六八六）正月には新羅使の金智祥《こんちじょう》を饗《きょう》するため、浄御原令《きよみはらりょう》制の新冠位直大肆《じきだいし》（従五位上に相応）を冠した藤原大島が筑紫《つくし》に遣わされている（『日本書紀』）。この年の九月に天武は死去したが、その殯宮《もがりのみや》において奉献された誄《しのびごと》では、藤原大島は兵政官事《へいせいかんのこと》の誄を奉っている（『日本書紀』）。兵政官は令制の兵部省《ひょうぶしょう》の前身になる官司であろうが、大島が天武朝の宮廷において、後に大臣となる布勢御主人《ふせのみぬし》や石上麻呂《いそのかみのまろ》、納言《なごん》となる大三輪高市麻呂《おおみわのたけちまろ》・大伴安麻呂《おおとものやすまろ》と同格の高い地位にあったことは確実であろう。それは大化前代《たいかぜんだい》の中臣氏の伝統に基づくものではなく、鎌足の「功業」を継ぐことによるものだったのであろうと思われる。

ところが、その藤原（中臣）氏の地位に水を差す事件が出来《しゅったい》した。天武殯宮において大津《おおつの》皇子《みこ》の「謀反」が発覚し、大津に欺《あざむ》かれた者として、大舎人《おおとねり》中臣臣麻呂《おみまろ》（意美麻呂）ら三十余人が逮捕されたのである（『日本書紀』）。ここで臣麻呂が藤原ではなく中臣と記されていることは興味深いが、臣麻呂は史（不比等）の又従兄弟にあたる人物である。

ただ、臣麻呂は三年後の持統三年（六八九）二月に史（不比等）とともに判事《はんじ》に任じられているから（『日本書紀』）、大津に死を賜わった直後に赦《ゆる》されていた。かえって持統にとっては、大津を罪に陥れるために、その側近に侍していたことは功績となったかもしれない。

大島の方は、大津の事件はその地位に影響を与えるものではなかったようで、持統二年（六八八）三月に天武殯宮に花縵《はなかづら》を進上して誄を奉ったりしている（『日本書紀』）。この持統朝になってから誄奉献を行なった人物は、いずれも太政官《だいじょうかん》首脳の納言であったことが推定され、誄の順番や後の地位を勘案すると、大島は多治比麻呂《たじひのまろ》、布勢御主人・大伴御行《みゆき》、多治比島《しま》・大伴安麻呂に次ぐ地位の納言であったと推測できる（倉本一宏「天武天皇殯宮に誄した官人」）。

不比等の任官

そして天武の葬礼も終わり、浄御原令の施行も迫った持統三年（六八九）二月、「藤原朝臣史」と「中臣朝臣臣麻呂」が判事に任じられた（『日本書紀』）。この判事は大宝令制の刑部《ぎょう ぶ》省所属《しょう》の判事と同じ性格の官であったというよりは、さらに広範な、法令全般に関わる職掌《しょくしょう》を持つ官であった可能性も考えられる。ともあれ、ここに史（不比等）は、三十一歳で正式な官に就いたということになる（それ以前は大舎人として官に就くのを待っていたのであろう）。

なお、史（不比等）がそれまで、草壁皇子の舎人であったという論考は、草壁が死去時に「黒作懸佩刀《くろづくりのかけはきのたち》一口」を史（不比等）に下賜したという「東大寺献物帳」の記載が根拠となっているようであるが、そもそもその話が事実であったという確証はなく（後の附会《ふかい》であった可能性も高い）、しかもそれが舎人であることの徴証《ちょうしょう》とは見なしがたい。

ところが、その二箇月後の四月、草壁が死去してしまった。せっかく大津を葬ってまで実現しようとした鸕野の皇位継承構想は、完全に破綻《はたん》してしまったのである。この時点の天武皇子のうちで即位の資格を有していたのは、天智皇女から生まれた舎人《とねり》皇子・長《なが》皇子・弓削《ゆげ》皇子、蘇我氏から生まれた穂積《ほづみ》皇子、藤原氏から生まれた新田部《にいたべ》皇子の五人であった。これらは、あと数年で成人し、さらに数年後には即位を主張できる立場に立つ。その際には、草壁が死去した時点で七歳に過ぎなかった、しかも天武二世王に過ぎない草壁の子である珂瑠《かる》（軽）王よりも、血縁的には優位に立つことになる。

ということで、残された天武の皇子たちを飛び越えて次の世代に草壁皇子の後継者を降ろすことに決めた鸕野皇后は、自分の血が入っており、母の阿陪皇女《あべのひめみこ》（後の元明《げんめい》天皇）も蘇我石川麻呂《いしかわまろ》系であった珂瑠（軽）王を後継者と定め、珂瑠（軽）王が成人するまで、自身が即位することとした（倉本一宏『持統女帝と皇位継承』）。

持統四年（六九〇）に行なわれた持統女帝の即位式《そくいしき》で天神寿詞《あまつかみのよごと》を読んだ大島は、「中臣大島朝臣」と、旧来のウヂ名で記載されている（『日本書紀』）。「神祇伯（神官頭《しんかんのかみ》か）」としての宗業に基づく、名負氏《なおいのうじ》としてのものであろう。翌持統五年（六九一）十一月に行なわれた大嘗会《だいじょうえ》で大島が天神寿詞を読んだ際も同様である。

持統四年七月、高市《たけち》皇子を太政大臣、多治比島を右大臣とする、浄御原令制太政官が発足した。「八省百寮は、皆、遷任《せんにん》した」とあるから、他の官司でも遷任が行なわれたはずである。あるいはこの時、史（不比等）は判事から中納言《ちゅうなごん》に上った可能性も考えられる。

さて、天武朝末年から造営が進められていた藤原宮《ふじわらのみや》の地を、この年の十月に至って、高市皇子が「公卿百寮」を従えて観察している。やがて遷都する宮であるが、この宮が「藤原宮」と称されたことの意味は、どのあたりにあるのであろう。この点については、『扶桑略記《ふそうりゃっき》』の所伝で、持統が即位して「大和《やまと》国高市《たかいち》郡明日香浄御原宮《あすかきよみはらのみや》から藤原宮に都した」とあることに注目し、「藤原宮の宮名は、持統天皇が即位した時の飛鳥《あすか》の『藤原宅』に基づくものである」と解釈した考え（土橋寛『持統天皇と藤原不比等』）や、藤原宮の宮名は「藤原氏とのつながりにおいて命名されたもの」とされた考え（上田正昭『藤原不比等』）が注目される。

廐坂寺故地

なお、藤原宮には持統八年（六九四）十二月に遷御している。山階精舎も廐坂寺として移築された。近鉄橿原神宮前駅の東にある丈六交差点北東の土盛りが金堂《こんどう》跡と見られている。

翌持統五年八月、大三輪・雀部《ささきべ》・石上・藤原・石川《いしかわ》・巨勢・膳部《かしわで》・春日《かすが》・上毛野《かみつけの》・大伴・紀伊《き》・平群・羽田《はた》・阿倍・佐伯《さえき》・采女《うねめ》・穂積《ほづみ》・阿曇《あづみ》といった十八氏に詔して、「其の祖等の墓記《おくつきのふみ》」の上進《じょうしん》が命じられた（『日本書紀』）。この命によって上進された氏族伝承が、『日本書紀』の主要な原史料となったことは、言うまでもない。

藤原氏は、中臣氏に関わる祭祀関係の祖先伝承に加えて、始祖である鎌足の「功業」を語る「乙巳の変物語」も創作して、上進したことであろう。この「其の祖等の墓記」が何年頃に上進されたのかは不明であるが、『日本書紀』では中臣氏が蘇我氏に対抗して仏教受容に反対したと描かれていることから、後に藤原氏と中臣氏が分離して以降に上進されたと考えるべきであろう。

持統七年（六九三）三月、「葛原《ふじわら》朝臣大島」が死去した。すでに藤原（中臣）氏の氏上は史

（不比等）に移動していたものと思われるが、年長の大島が死去したことによって、藤原（中臣）氏の官人は史（不比等）と臣麻呂（意美麻呂）が存在することとなった。

なお、先の大島もこの臣麻呂（意美麻呂）も、この時期、『日本書紀』には「葛原朝臣」と記載されている点が気にかかる。あるいはすでに、史（不比等）系と他の系統との間に差異を設けようという意図があったものとも考えられよう。

持統八年には三男の宇合が、持統九年（六九五）には四男の麻呂《まろ》が生まれている。宇合の生母が武智麻呂・房前と同じ石川娼子（媼子）なのか、はたまた別の女性なのかは、不明というほかはないが、麻呂の生母は天武の夫人として新田部皇子を産んだ五百重娘である（『尊卑分脈』）。当時、天皇のキサキであった女性の再婚がどれくらい許容されていたかは不明であるが、異母妹《いぼまい》との結婚（もしくは密通《みっつう》）が許されたのも、背後に持統の認可、もしかすると後押しがあったのではないかとさえ思えてくるのである。

持統十年（六九六）七月、太政大臣の高市皇子が死去した。それを承けて、残った太政官首脳部に対して、十月に資人《しじん》が下賜された（『日本書紀』）。そこには明記されてはいないが、石上麻呂と藤原史（不比等）は中納言の地位にあったものと思われる。

珂瑠（軽）王立太子

そしてこの後、『懐風藻《かいふうそう》』葛野《かどの》王伝に記述されている有名な皇嗣《こうし》決定会議が開かれた。天武皇子がいまだ六人も存命しているという情況であったにもかかわらず、持統は、史（不比等）と葛野王を協力者として、珂瑠（軽）王の立太子《りったいし》を強行した。自身の寿命も考えると、珂瑠（軽）王を残して死去してしまうという事態だけは避けたかったのであろう。

持統は「王公卿士」、つまり皇子・諸王・公卿（マヘツキミ層）を宮中に招いて、皇嗣決定会議を開催した。この会議において、兄弟相承を斥《しりぞ》け、嫡系相承を主張して珂瑠（軽）王の立太子を正当化した葛野王の行為に対して、持統が「国を定めた」と認識したことは重要である。皇統《こうとう》が自己の子孫である珂瑠（軽）王によって継承されることが決定したということは、持統にとってはまさに国が定まったと感じられたのであろう。

ここに持統と史（不比等）、およびそれぞれの子孫が皇統と輔政を継承することが決定した時点で、律令国家の政権構造は確定したのである。こうして持統十一年（六九七）八月、執政経験のない十五歳の珂瑠（軽）王が即位し（文武《もんむ》天皇）、持統は唐制に前例のない太上《だいじょう》天皇《てんのう》の地位に上ったのである。その背後に史（不比等）の協力が存在したという推定は、おそらくは正鵠《せいこく》を射ているものと思われる。

即位の直後、

藤原朝臣宮子娘を夫人とし、紀朝臣竈門娘《かまどのいらつめ》と石川朝臣刀子娘《とねのいらつめ》を妃《ひ》とする。

と見え、藤原宮子を夫人、紀竈門娘と石川刀子娘を嬪《ひん》（「妃」は「嬪」の誤り）とすると定められたとある（『続日本紀《しょくにほんぎ》』）。

これらのうち、宮子は当時中納言であったと思われる史（不比等）の女、竈門娘は同じく中納言と思われる紀麻呂の近親の者であろう。刀子娘は名門蘇我氏（当時は石川氏）の一員で、斉明・天智朝の大臣蘇我連子の末裔《まつえい》と思われる。また彼女は、石川娼子（媼子）を通じて不比等や武智麻呂・房前・宇合ともミウチ関係にあった。

この三人のなかで、本来もっとも格の高かったのは、六世紀以来七世紀末まで引き続いて大王家の姻戚氏族であった蘇我氏の末裔である石川刀子娘であったはずである。にもかかわらず、藤原宮子がもっとも高い地位であるかのように『続日本紀』に記されたのは、持統太上天皇と結んだ史（不比等）の勢威と、その室で後宮《こうきゅう》に大きな勢力を持っていた県犬養《あがたのいぬかいの》三千代《みちよ》の発言力によるものであろう。

藤原氏の確立

その史（不比等）は、大宝令《たいほうりょう》による蔭位制が成立する三年前の文武二年（六九八）八月に、

詔して曰ったことには、「藤原朝臣（鎌足）が賜わった姓は、宜《よろ》しく其の子の不比等が継承せよ。但し意美麻呂等は神事を供しているので、宜しく旧姓に復すように」と。

という詔を得た。これ以降、史（不比等）の家のみが「藤原朝臣」、意美麻呂（臣麻呂）たち他の家は神事に関わるというので、旧姓の「中臣朝臣」に戻せというのである。

これは藤原氏が政事、中臣氏が神事という分掌を意味しており、大宝令官制で太政官と神《じん》祇官《ぎかん》が二官として並び立つことになったことに対応するものである。ここに史（不比等）とその子孫のみが王権の輔政にあたることを宣言したことになる。なお、この頃から、「史」（書記に関わる名）から「不比等」（等しく比べるもののないという最高の名）という表記に変えられたのではないであろうか。

後に触れるが、大宝元年（七〇一）にスタートする蔭位制は、鎌足の大織冠を正一位と解釈し、その蔭《おん》は孫に至るまで、高い蔭階《おんかい》を約束するものであった。ここに鎌足の蔭の及ぶ範囲が不比等の家のみに限定されたこと、蔭位制が成立した大宝元年が嫡子《ちゃくし》である武智麻呂

の出身すべき年にあたっていたことにも注目すべきであろう。

本来、律令氏族というものは、自己の氏から数多くの高位者を出した方が有利なわけであり、このように高位が及ぶ範囲がきわめて狭い範囲に限定されるということは、通常では氏族にとってはきわめて不利な条件であったはずである。

にもかかわらず、不比等がこの決定を主導したということは、やがて始動する蔭位制の運用に関し、自己の家のみが有利になることについて、よほどの自信を持っており、この条件を中臣氏の他の官人たちからは切り離したいという欲望の現われと考えるべきであろう（倉本一宏「議政官組織の構成原理」）。

大宝律令体制完成の前夜、「皇親政治《こうしんせいじ》」の雄として筑紫大宰《つくしのだざい》に下っていた美努《みぬ》王を捨てた県犬養三千代と、大臣蘇我連子の女娼子（媼子）をすでに喪《うしな》っていた不比等とが結ばれた。つねに新しい権力の中枢を志向するこの二人が、皇親と蘇我氏という、古い権力の象徴であった以前の配偶者を克服して結合したということは、律令制成立後の権力の様相を考えるうえで象徴的である。この結婚の背後に持統がいたと想定するのは、自然なことであろう。

やがて美努王と三千代との間に生まれていた葛城《かずらき》王は高級官人を目指すために王名を捨てて臣籍《しんせき》に降下し（橘 諸兄《たちばなのもろえ》）、不比等と三千代との間に奇《く》しくも大宝元年に生まれた安宿《あすかべ》媛《ひめ》（光明子《こうみょうし》）は、これも同年に生まれた皇太子首《おびと》皇子（後の聖武《しょうむ》天皇）の妃に入ることになる。

二、律令国家の権力中枢

律令国家権力中枢の構造

ここで律令国家の権力中枢の構造について、簡単に見ていくこととしたい。かつて戦後の古代史学界は、日本律令国家の権力構造に関して、律令国家における天皇を古代的専制君主《せんせいくんしゅ》であると考え、天皇絶対権力の拡大、機構化されたものとして律令制を理解する見解と、天皇を専制君主とは見なさず、律令制の実態を君主制的形態を採った貴族制的支配、あるいは「貴族勢力」による貴族共和制《きょうわせい》と理解する見解という二つの間を彷徨《ほうこう》してきた。

一方では「貴族勢力」の代表として藤原氏が想定され、「藤原的」な氏族と「大伴的」な氏族を対比していた時代もあったが(竹内理三「八世紀に於ける大伴的と藤原的」)、「貴族勢力」の代表である藤原氏が天皇権力と対抗していたとでもいうのであろうか。

近年では、「貴族勢力」や「皇親勢力」などというまとまった政治勢力や、天皇と諸氏族層との対抗関係の存在を否定し、両者の相互依存関係を重視する見解が主流になっている。

それでは、律令国家の政権の中枢に位置し、当該期の政治を領導《りょうどう》していたのは、いかなる政治勢力だったのであろうか。私見によれば、ミウチ的結合によって結ばれた天皇家と藤原氏とが、相互に補完、後見《こうけん》し合って、律令国家の支配者層のさらに中枢部分を形成したと考えている（倉本一宏「律令国家の権力中枢」）。

藤原氏は、天皇家と相互に姻戚関係を結ぶことによって王権とのミウチ的結合を強化し、王権の側からも准皇親《じゅんこうしん》化を認められていた（岸俊男『藤原仲麻呂』）。その結果、律令官制に拘束されない立場で王権と結び付いて内外の輔政にあたった権臣を輩出したのである。

彼らの実質的な祖である藤原不比等は、後に述べるような大宝律令の制定や平城京《へいじょうきょう》の造営といった功績、宮子・光明子を通じての天皇家との姻戚関係によって、権臣としての地位を確立したのであったが、その地位がまた、藤原氏と天皇家との新たなミウチ関係を生み出し、次の世代の藤原氏官人に高い地位を約束する根拠とされたのである。

議政官組織の構成原理

ここでは、藤原氏が高い地位に就いたメカニズムのうち、もっとも根本的な根拠として、議政官《ぎせいかん》組織の構成原理と蔭位制について触れておく。

議政官というのは、律令国家において議定《ぎじょう》に参加できた官人のことで、左右大臣と大納《だいな》言《ごん》によって構成されていたが、後に参議《さんぎ》と、中納言、そして内大臣が加わった。かつては同一氏族から一人が議政官に送りこまれていたと考えられていたこともあった（阿部武彦「古代族長継承の問題について」）。

しかしながら、「旧豪族それぞれから一人ずつの議政官」という原則は、律令国家における議政官組織構成原理とは認められないことは明らかである。位階《いかい》の昇進が氏族制原理《しぞくせい》から官人個人の功績に移ってしまっている律令制下においては、議政官、特に参議に任じられるための要件は、議政官を出し得る「格」の一定範囲の氏族（主に真人《まひと》・朝臣・宿禰《すくね》姓）の官人のうち、おおむね正四位以上の高位を帯し、国政運営上重要な官職（主に八省の卿《かみ》や左右大《だい》弁《べん》）に就いていた官人であった（倉本一宏「議政官組織の構成原理」）。

蔭位制と藤原氏

それでは、正四位以上の高位者を満たすための条件について考えてみたい。高位を得るために決定的に有利な条件は、高い蔭階を得て出身することによって若年の内に従五位下に到達するということ、そして天皇が自己に有利な勅裁《ちょくさい》を下してくれることを期待できるような個人的、あるいは氏族的関係を王権と結んでいることであった。

藤原氏のように、祖父に正一位の官人を持ち、高い蔭階を得て若年の内から上級官人としての歩みを始めることのできた氏族の官人は、本人も高位にまで到達して議政官となり、その世代の後にも連続して高位者、したがって議政官を出すことができたということ、一方、祖父や父が高位を得られなかったり、本人が高位に至るまでに多年の年月を要したり、死後に高い贈位《ぞうい》を得ることができなかったりした氏族にあっては、子孫は高い蔭階で出身することができず、高位に到達することが困難となり、議政官を出すことが難しくなった。

蔭位制が貴族制の維持に対して十全のはたらきをするものではなく、むしろ有力貴族の地位を次第に低下させる方向にはたらいたということは、すでに指摘されているが（長山泰孝「古代貴族の終焉」）、このことは藤原氏以外の氏族について正しかったわけである。

ここで日本蔭位制の特質を三点挙げておく。第一に、唐制と日本制では蔭階の下限はそれぞれ従八品下、従八位下と同じだったのであるが、上限は唐制が正七品であったのに対し、日本制では従五位下と七階も引き上げられ、最高位の蔭階を受けて出身した官人は、貴族としての特権が与えられる五位から官人としての歩みを始めることができた。

また、第二に、唐制では蔭階が嫡長子《ちゃくちょうし》系列にしか及ばなかったと推定されているのに対し、日本制では蔭階が庶子《しょし》・庶孫《しょそん》といきわめて広い範囲にまで及び、しかも嫡子と庶子、嫡孫と庶孫、嫡子と嫡孫《ちゃくそん》、庶子と庶孫の蔭階の間にはそれぞれ一階の差しか設けられていなかった。この特質は、律令制定者が、一氏族の内に一個の嫡流が形成されてその系統のみから議政官が出るという事態を望まず、氏をほぼ同じ格のいくつもの家に分割し、蔭位制を有利に利用し得る氏族にとっては、いずれの家からも高位者（したがって議政官）が出るという事態を望んだことを示している。

そして、第三に、三位以上、特に正一位の官人を父祖に持っていれば、その氏族の官人は蔭位制を有利に利用することができたのであるが、蔭位制が成立した大宝元年（七〇一）の時点において、このような高位の父祖は、藤原氏における鎌足が存在するのみであった。天武朝においては、諸臣の冠位は低く抑えられていたのである。

したがって、藤原不比等の四人の子息がすべて、はじめから鎌足の大織冠の蔭を受けて正六位という高い蔭階で出身することができたのに対し、他氏族の官人は、天武朝において低位に抑えられていた父祖（ほとんどが父）の蔭を受けて従八位程度で出身せざるを得なかったのであり、蔭位制が成立した時点で、蔭位制を有利に利用できることを約束されていた藤原氏と、蔭位制が逆に氏としての地位の低下に作用することが決定していた他氏族との格差は歴然としていたのである。

これらの点を、藤原氏が蔭位制をその成立当初から自己に有利なように利用したと解釈すべきなのであろうか。私にはむしろ、日本蔭位制そのものが、藤原氏にとって有利な条件となるように唐制を改変して制定されたと考えられるのである。

そして、その際、日本蔭位制を作った律令制定主体者として、鎌足の大織冠を利用することによって自己の子孫すべて（そして中臣氏の中で自己の子孫のみ）の発展をはかった藤原不比等と、不比等およびその幾流もの子孫を確実に高位（＝議政官）に上らせて文武天皇や首皇子の、より確固たる後見とする必要を感じた持統太上天皇とを想定することは、きわめて自然なことと考えるべきであろう。

太上天皇、知太政官事、藤原氏の大臣・内臣

以下に律令国家の政権中枢の本質に関わると思われる事実を挙げる。それは、太上天皇、知太政官事《ちだいじょうかんじ》、藤原氏の大臣・内臣《ないしん》という四つの地位の置かれた時期には、次のような関連性が存在したものと推察できるということである（倉本一宏「律令国家の権力中枢」）。

第一に、奈良《なら》時代前半には、ほぼ間断なく太上天皇が存在し、天皇を後見した。ある天皇が退位して太上天皇となった時期も、その前の太上天皇が死去した直後であることが多く、奈良時代前半においては、太上天皇は常時一人は必要であると認識されていたようである。

第二に、奈良時代前半における知太政官事と藤原氏の大臣との関連に注目すると、ある知太政官事が死去した時点で藤原氏の大臣がいない場合には、天皇系皇親の中から次の知太政官事が選ばれたが、藤原氏の大臣がいる場合には、その大臣の在任中には知太政官事の任命

は行なわれていない。

逆に、奈良時代前半に藤原氏の大臣が死去した場合には、藤原氏に大臣に適当な高位者がいなかったことから、その直後に知太政官事と藤原氏の内臣の任命が行なわれている。知太政官事の任命が絶えた時期も、天皇家の側から見ると天武系の有力皇親がいなくなった時期であるが、藤原氏の側から見ると、藤原氏が第四世代を迎え、連続して大臣を出し得るほどの高位者を多数擁するようになった時期と解することができる。

第三に、奈良時代後半には、藤原氏の大臣は間隔を置かずに一人ずつ存在した。ただし、前任者が死去した時点で位階的に適任者がいない場合、誰かが内臣という地位に就き、位階が上るのを待って大臣に任じられている。

これらの関係は、ミウチ的結合によって結ばれた天皇家と藤原氏とが相互に補完、後見し合って、律令国家の支配者層のさらに中枢部分を形成し、その構成員が、奈良時代前半には、

太上天皇　＋　天皇　＋　知太政官事
もしくは
藤原氏の大臣、または内臣

という形で、後半には、

天皇　＋　藤原氏の大臣、または内臣

という形で、それぞれ「太政」を領導していたと解釈すべきなのであろう。

その背景には、第一に、相互の姻戚関係による王権と藤原氏とのミウチ的結合の強化、第二に、王権の側から認めた藤原氏の准皇親化、第三に、律令官制に拘束されない立場で王権と結び付いて内外の輔政にあたった権臣、などが存在するのであろう。

日本古代社会においては、ある個人は父方・母方を通して同時に複数の氏の成員であり得るという「両属性《りょうぞくせい》」を有していたとされる（義江明子「古代の氏と家について」）。この「ある個人」を天皇に置換《ちかん》した場合にも、同列に考えることができる。天皇は外戚《がいせき》たる藤原氏をまさにミウチと認識していたのであり、その結果、輔政にあたる権臣を次々と生み出すことになったのである。

また、日本古代の王権は、天皇個人のみに集約されず、天皇、それに親権《しんけん》を及ぼす太上天皇、天皇生母、天皇生母の近親者（外戚）などから構成され、「天皇家の長」の主導の下、それらによる共同統治が行なわれていた。

律令制成立期における「皇親政治」とは、国家機構の未成熟な当時に、畿内や地方の首《しゅ》長《ちょう》層に律令国家建設の緊急性を主張するために、天武のカリスマを父方の血縁集団である皇親に分与し、官司・使節の統括者とすることによって現出した「非常時」の政治体制であった（倉本一宏「律令制成立期の「皇親政治」」）。

しかし、大宝律令体制が完成すると、当時天皇家の長たる立場にあった持統にとっては、皇位継承権を持った危険な存在である皇親をそれまでどおり国政の中枢に置いておくことは、自己の皇統の存続に対して危険な要因が内在してしまうことを意味した。その結果、皇親は徐々に国政の中枢からは遠ざけられ、代わって、皇位継承権のない、安全な母方のミウチとしての藤原氏が王権の輔政にあたり、持統系皇統の後見者とされたのである。

三、不比等の覇権

大宝律令体制の完成

ここで再び、文武朝初年の政治動向に目を向けてみよう。不比等は文武朝初年から律令の撰定《せんてい》を主導していたが、文武四年（七〇〇）六月、ほぼ完成したとして、撰定者に対する賜《し》禄《ろく》が行なわれた（『続日本紀』）。実務官人の中には、二人の田辺史の者が含まれている。半数を占める渡来系氏族出身者も含め、このあたりが律令撰定の第一線に立ったのであろう。

不比等の位階は直広壱《じきこういち》に上っている。大宝令制の正四位下に相応する高位である。不比等が単なる名誉職ではなく、自らも実務にあたっていたことは、律令施行後に令の条文解釈の問答に「令官《りょうかん》藤原卿」として見えることからも明らかである（『法曹類林《ほっそうるいりん》』所引「令問答」）。

翌大宝元年（七〇一）三月、新令による官名・位号の改制が行なわれ、中納言・直広壱の不比等は正三位に上り、大納言に任じられた。この議政官構成の中では、不比等のみが壮年《そうねん》であり、なおかつ律令に通暁《つうぎょう》していたと言える。来たるべき新時代に乗り出す主体としては、不比等しかいなかったというのが、日本律令国家の実状だったのであろう。

武智麻呂の出仕

大宝元年（七〇一）六月に、上級官人候補者としての内舎人《うどねり》の制度がスタートしたが、『藤氏家伝』下巻によると、不比等長子の武智麻呂も内舎人として、官人としての歩みを始めた。その際、文武からは、「お前の家は帝室を救い、勲功は策書に載せている。この爵は栄誉なものではないが、今、新たに律令を制し、国や人を斉整しようとしている。律令の条章によって、この爵を賜うのである」と格別な詔を賜わり、家令《かれい》（不比等の家政機関の長官）

が「この家の嫡子が、どうしてこの爵なのか」と憤ると、不比等は、「今、国家は新たに法令を制したので、この爵をこの児に賜わったのだ。どうして恥じることがあろうか」と言って諫めたとある。まさに新時代に立ち向かう藤原氏の姿を象徴したやりとりである。

先に述べたように、律令蔭位制は藤原氏に有利なように唐制を改変して制定された。『藤氏家伝』にある「三公の子（鎌足の子孫）として別勅《べっちょく》によって正六位上に叙された」というのが、蔭位制の適用に相当するが、三位である不比等の嫡子だと従六位上になるのに対し、一位である鎌足の嫡孫となると正六位上となる。ここで「別勅によって」とあるのは、鎌足の大織冠が正一位に相応するという、「別勅」による解釈なのかもしれない。

また、鎌足の「勲功が策書に載せられている」とあるのは、後に述べる「しのびごと（誄）の書」にも関わる、藤原氏の特権に関する王命を記した書（本当に存在したかどうかは定かでない）のことなのであろう。

太上天皇制

さらには、大宝令制では太上天皇を法制化したことも、見逃すことのできない措置である。すでに文武が即位して以来、文武の若年と経験不足ゆえ、日本古代の王権は、天皇個人のみに権力を集約させず、天皇、それに親権を及ぼす太上天皇、天皇生母、天皇生母の近親者

（外戚）などから構成させることとし、それらによる共同統治を行なっていた。

太上天皇という制度は、天皇と同格の君主として扱われ、天皇大権を行使することとなる、法制化された地位であった（養老《ようろう》儀制令《ぎせいりょう》・天子条。大宝儀制令でも同文であった）。

これは中国の太上皇《たいじょうこう》・太上皇帝《たいじょうこうてい》とは異なる、日本独自の制度である（春名宏昭「太上天皇制の成立」）。持統と文武との共同統治は、元明即位宣命《げんめいそくいせんみょう》に、「藤原宮に御宇された倭根子《やまとねこ》天皇（持統）が、丁酉の八月に、この食国天下《おすくにあめのした》の業を日並所知《ひなみしの》皇太子（草壁皇子）の嫡子、今御宇される天皇（文武）に授け賜いて、並び坐《いま》して此の天下を治め賜い調え賜った」と語られているが（『続日本紀』）、太上天皇制創始の目的が、持統の親権（と天皇としての経験）によって文武を後見し、ともに政治にあたることであったことは疑いのないところであろう。

なお、法制上は天皇と太上天皇とが同格とはいっても、太上天皇が天皇に対する親権行使者である場合（つまり、直系の尊属《そんぞく》である場合）、太上天皇の方が天皇よりも強い発言権を持つのは自然なことだったであろう（特に持統と文武では、祖母と孫である）。

持統と高天原

大宝二年（七〇二）十一月二十五日に東国行幸《とうごくぎょうこう》から還御《かんぎょ》した持統は、十二月十三日に不《ふ》予《よ》となり、十二月二十二日、ついにそのまま波瀾万丈《はらんばんじょう》の生涯を五十八歳で閉じた。前年に

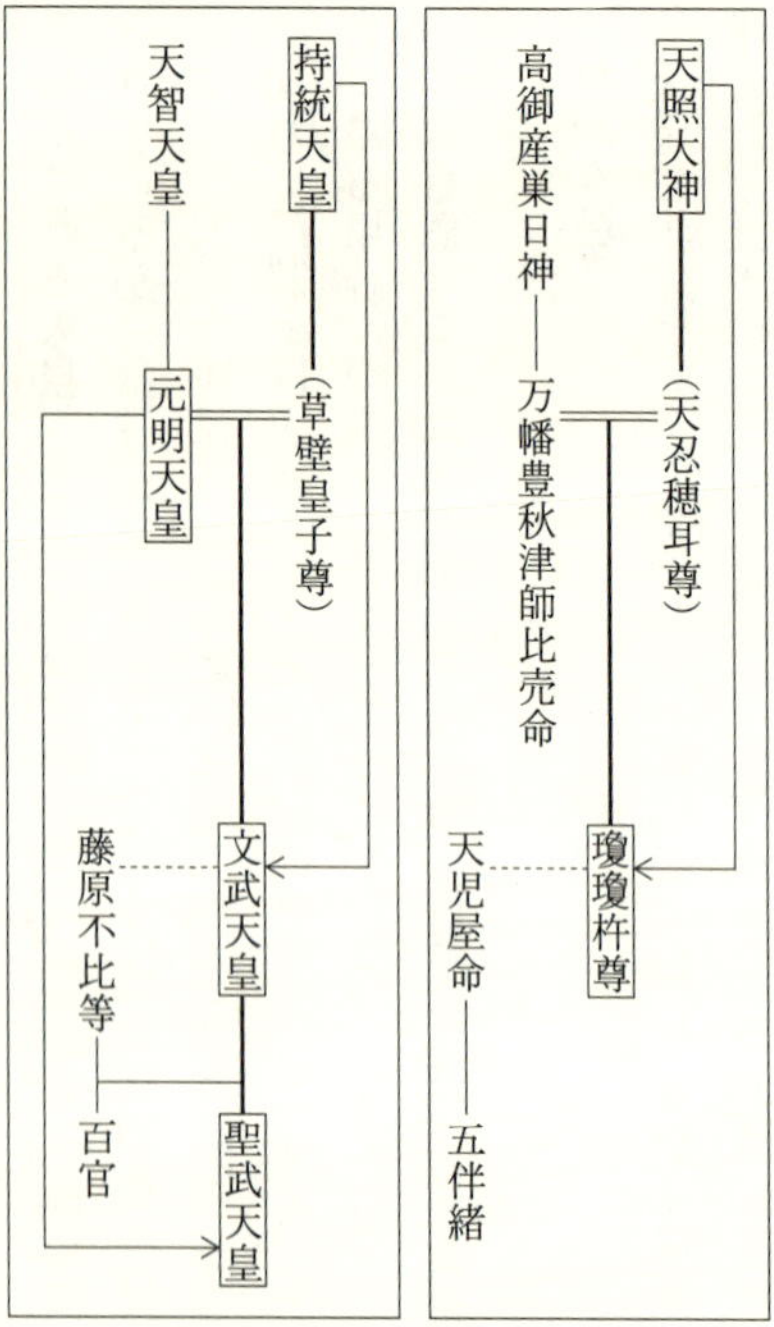

宮子が文武皇子の首（後の聖武天皇）、県犬養三千代が不比等との間に安宿媛（後の光明子）を産み、大宝律令が諸国に頒下《はんか》されるのを見届けての最期であった。

大宝三年（七〇三）十二月、大倭根子天之広野日女尊《やまとねこあまのひろのひめのみこと》（大倭の国の中心となって支える広野姫尊）という和風諡号《わふうしごう》が贈られた。その日、飛鳥の岡において火葬に付され、遺骨は天武の「大内山陵《おおうちのみささぎ》」（現明日香村野口の野口王墓《のぐちおうぼ》）に合葬された。

ところが、持統の和風諡号は、かなり早い時期に改変された。『日本書紀』や『続日本紀』巻第一の文武天皇即位前紀には、「高天原広《たかまのはらひろ》野《の》姫《ひめ》天皇」と見えるのである。

問題は、「大倭根子」から改変された、「高天原」という語である（なお、「広野」の方は、「鸕野」または「讃良」という諱に由来するとされる）。この頃、高天原神話が成立したと考えれば、持統をその中心の天照大神《あまてらすおおみかみ》に擬そうという動きがあったものかとも考えられよう。天照大神が、子の天忍《あまのおし》穂《ほ》耳尊《みみのみこと》を地上に降臨《こうりん》させようとしたものの、その拒否によって果たせず、天忍穂耳尊と万幡豊秋《よろずはたとよあき》津《づ》師《し》比売命《ひめのみこと》との間に生まれた天孫《てんそん》の瓊《に》瓊《に》杵尊《ぎのみこと》を降臨させ、それを天《あめの》児《こ》屋命《やねのみこと》が五伴《いつともの》緒《お》を率いて随伴《ずいはん》するという構造は、持統が、子の草壁皇子尊を即位させようとしたものの、その夭折《ようせつ》によって果たせず、草壁皇子と阿《あ》陪皇女《べのひめみこ》（後の元明《げんめい》天皇）との間に生まれた孫の文武を即位させ、それを藤原不比等が百官を率いて輔弼《ほひつ》するという構造と同じものである（遠山美都男『古代の皇位継承』）。

さらに言えば、文武の夭折を承けて、自らの孫である首皇子を即位させようとする元明天皇にも重なるものであり、『日本書紀』が完成したのが元明の時代であることを思うとき、これは単なる偶然ではすまされない問題であろうと思われるのである。そして聖武以降には、宮子と光明子を通じて、天皇家には藤原氏の血が入り込んできている。藤原氏はすでに、王権に随伴するだけの立場にとどまらず、王権の中に入り込んだ氏族という構造となっているのである。

律令国家の危機

慶雲《けいうん》二年（七〇五）五月、不比等は病悩したようである（『公卿補任《くぎょうぶにん》』）。この慶雲二年十月に「宮城の東第」において、鎌足の始めた山階寺の維摩会を復興したと伝えられるのも（『政事要略《せいじようりゃく》』『類聚三代格《るいじゅうさんだいきゃく》』）、この病悩と関係があるのかもしれない。

それに加えて、文武朝に頻発した旱魃《かんばつ》・霖雨《りんう》、飢饉《ききん》・疫癘《えきれい》、台風・大潮、そして蝗害《こうがい》により、律令制の運用は早くも大きな岐路を迎えていた。もともと、律令体制の建設自体が、激動の北東アジア世界に対応するための軍事国家を作るための権力集中の一環だったわけであるが、当時の倭国《わ》（および日本）の国力や社会の成熟度から考えると、無理のある制度であった。しかも、それが完成した大宝元年にはすでに戦争の危機は消滅していたのであるから、もっと身の丈に合った国家を作ればよさそうなものであったが、それはできなかった。

この国家危機に対応するために律令国家が講じた方策は、平城京への遷都であった。慶雲四年（七〇七）二月、文武は王臣五位以上を集め、遷都について議させている（『続日本紀』）。もちろん、慶雲三年十一月から病床にあった文武の背後に不比等の意思が存在したであろうことは、古くから説かれているとおりであろう。後の平城遷都詔で、元明が、「衆議《しゅうぎ》が忍び難い」と言っているが（『続日本紀』）、「衆議」とは不比等主導のものだったのであろう。

四月、不比等は莫大《ばくだい》な量の封戸《ふこ》を賜わった。『続日本紀』に載せる恩詔は、不比等が仕奉してきたのは天武・持統朝以来のことで、また父鎌足が仕奉した様子は建内宿禰《たけしうちのすくね》と同じであるということで、食封五千戸を賜う、というものである。不比等はこれを辞し、三千戸を減じて二千戸を賜わり、うち一千戸は子孫に伝えることを許された。

『尊卑分脈』には、この慶雲四年、文武が不比等を太政大臣に任じようとしたが、不比等は固辞して受けなかった、という伝が見える。その史実性は明らかではないが、死の床にあった文武が、首皇子の後見として、大納言の不比等をさらに高い地位（右大臣くらいか）に就けるという意思を示したことは、あり得ない話ではない。

先にも触れた、「黒作懸佩刀一口」についての「東大寺献物帳」の記載であるが、草壁が死去時に刀を史（不比等）に下賜し、史（不比等）が珂瑠（軽）王（文武）の即位時に文武に献上し、文武が死去時に不比等に下賜し、不比等が死去時に首皇子（聖武）に献上したという話のうち、もしも事実を伝えている部分があるとすると、文武が死去時に不比等に下賜したというところから、実際には始まったものかもしれない。

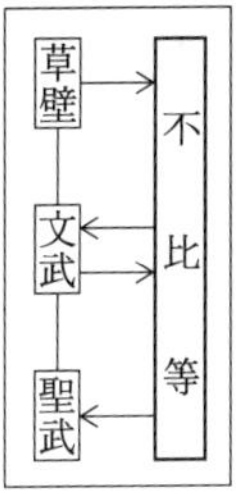

元明即位

文武は二箇月後の六月に二十五歳で死去し、七月に生母の阿陪皇女が即位した（元明天皇）。和銅《わどう》元年（七〇八）正月の和銅改元《かいげん》の後、不比等は正二位に叙され、二月の平城遷都の詔を経て、三月に右大臣に任じられた。上位に六十九歳の左大臣石上麻呂が存在したものの、これで五十歳の不比等は実質的に太政官を制覇したことになる。

藤原氏の大臣は、死去直前の鎌足の「内大臣」を除けば、実質的にはこれがはじめてで、中臣氏を加えても、天智十年体制の右大臣中臣金以来、二人目のことであった。なお、この日、（元）同族の中臣意美麻呂が中納言に任じられている。

右大臣としての不比等が史料に現われるのは、和銅二年五月に新羅使《しんらし》を弁官庁《べんかんちょう》内で引見《いんけん》した際のものである。「未だ曾《かつ》て執政の大臣が新羅国使と談話したことはない」いう不比等の言葉に対し、新羅使は座を降って拝礼《はいらい》し、その喜びを答えたと、『続日本紀』は記す。

この間、不比等長子の武智麻呂は、『藤氏家伝』によれば、中判事《ちゅうはんじ》をはじめとして大学助《だいがくのすけ》・大学頭《だいがくのかみ》・図書頭《ずしょのかみ》・侍従《じじゅう》といった文官《ぶんかん》を歴任していたが、次子の房前は、大宝三年（七〇三）に東海道巡察使《とうかいどうじゅんさつし》として派遣されたほか、和銅二年にも東海・東山道に派遣されて三関の検察《けんさつ》にあたるなど、正官には就かずに独自の歩みを始めている（『続日本紀』）。

なお、慶雲元年（七〇四）に武智麻呂の長子豊成《とよなり》、慶雲三年に次子仲麻呂《なかまろ》が生まれている。

房前にも慶雲初年に長子鳥養《とりかい》が生まれているのである。藤原氏も第四世代が誕生してきている。なお、房前は牟漏《むろ》女王（橘三千代所生）も妻にしている。牟漏女王は父系では美努王の女ということになり、大王敏達《びだつ》の四世王に過ぎないものの、四世王皇親の女性と諸臣との婚姻は禁止されており（養老継嗣令《けいしりょう》・王娶親王条）、ここに藤原氏が特別な氏族であることが示されたことになる。

平城遷都

そして和銅三年（七一〇）三月、平城京への遷都が行なわれた。左大臣石上麻呂を留守《るす》として藤原の地に残してのことであった。この平城京は、大宝の遣唐使が見聞した唐の長安《ちょうあん》にならったものであるが、私にはむしろ、平城宮《へいじょうきゅう》の東張出部分《ひがしはりだし》と、平城京の東張出部分にこそ、不比等の主導によって造営された平城京の眼目が存在すると思われるのである。

平城宮の東張出部分は『続日本紀』に見える「東宮《とうぐう》」「東院《とういん》」であるが、その南半には皇太子の宮殿が造営された。もちろん、首皇子のために不比等が設けたものである。そしてその東端に隣接して、不比等邸が造営された。後に光明子に相続され、法華寺《ほっけじ》となる地である。不比等邸と東宮とは門で行き来ができるように造られており、両者の密接な関係が窺える。

ただ、すでに藤原京でも、藤原宮跡東面北門から「右大殿《みぎのおとど》」と記された木簡《もっかん》が出土しており、不比等の「城東第《じょうとうてい》」（『扶桑略記』）も藤原宮の東隣に存在した可能性もある。
一方、平城京の東張出部分は、一般には「外京《げきょう》」と称されるが（私は「東京《とうきょう》」と称している）、この部分に造営された主要な施設は、和銅三年に厩坂寺を移築して造られた興福寺である（『政事要略』所引「興福寺縁起」）。それは平城宮の地よりも高い位置にあり、平城宮を見下ろす場にあったのである。不比等の思いは、いかなるものだったのであろうか。

明けて和銅四年（七一一）、三月に上野国《こうずけ》多胡《たご》郡が置かれた。その際、建郡の由来を記した「建多胡郡弁官碑《けんたごぐんべんかんひ》（多胡碑）」が建てられたが、そこでは「太政官二品穂積親王《ほづみしんのう》」には付されていない尊称「尊（みこと）」が、「石上尊」「藤原尊」と石上麻呂と不比等にのみ付され、しかも「石上尊」は小さく、「藤原尊」は尋常ならざる大きさで記されているのである（倉本一宏「多胡碑の官名記載・人名記載について」）。この碑を記した人物の政治認識は、中央政府におけるそれを鋭敏に写し取ったものなのであろう。

七月には、律令制の貫徹を命じた詔が出された。律令を制定してから何年にもなるが、わずかに一、二のみ行なえて、すべてを行なうことはできない、というものである。この詔は、その原因を諸司の怠慢《たいまん》に求め、精勤《せいきん》を命じている（『続日本紀』）。律令制そのものの矛盾に思い至ることはなく、不比等はやがて、新しい律令の編纂に進んでいくことになる。

平城宮大極殿

平城宮東院庭園

広成皇子の皇籍剝奪

和銅六年（七一三）十一月、唐突に、「石川・紀二嬪の号を貶《おと》して、嬪と称することができないようにせよ」という決定がなされた。首皇子を擁する不比等や三千代の執拗《しつよう》にして巧妙な術策によって二嬪は貶黜《へんちゅつ》され、石川刀子娘の産んだ広成《ひろなり》・広世《ひろよ》の二皇子は皇籍《こうせき》を剝奪《はくだつ》されたと推測する説もある（角田文衞「首皇子の立太子」）。

後に高円朝臣《たかまど》に改姓された元文武皇子の石川広成と広世とは、同一人物の可能性もあるが、石川嬪所生の文武皇子から皇位継承権を奪うために、石川刀子娘を嬪の位から貶すという陰謀が存在したという角田説を認めるならば、この事件の黒幕が不比等と三千代であったという推測も首肯《しゅこう》すべきであろう。

首皇子立太子

広成皇子の皇籍を剝奪して最大の障碍《しょうがい》を除外した不比等は、翌和銅七年（七一四）六月、あまりに怪しいタイミングで、元服《げんぷく》した首皇子の立太子に成功している。

蘇我氏は大王家の母方氏族として、また大化前代における唯一の大臣氏族として、その尊貴性を大化以降も認められていた（倉本一宏『蘇我氏　古代豪族の興亡』）。その認識は、律令制の時代に至ってもなお、旧守的な氏族層、あるいは皇親の間に残存していた可能性が強い。

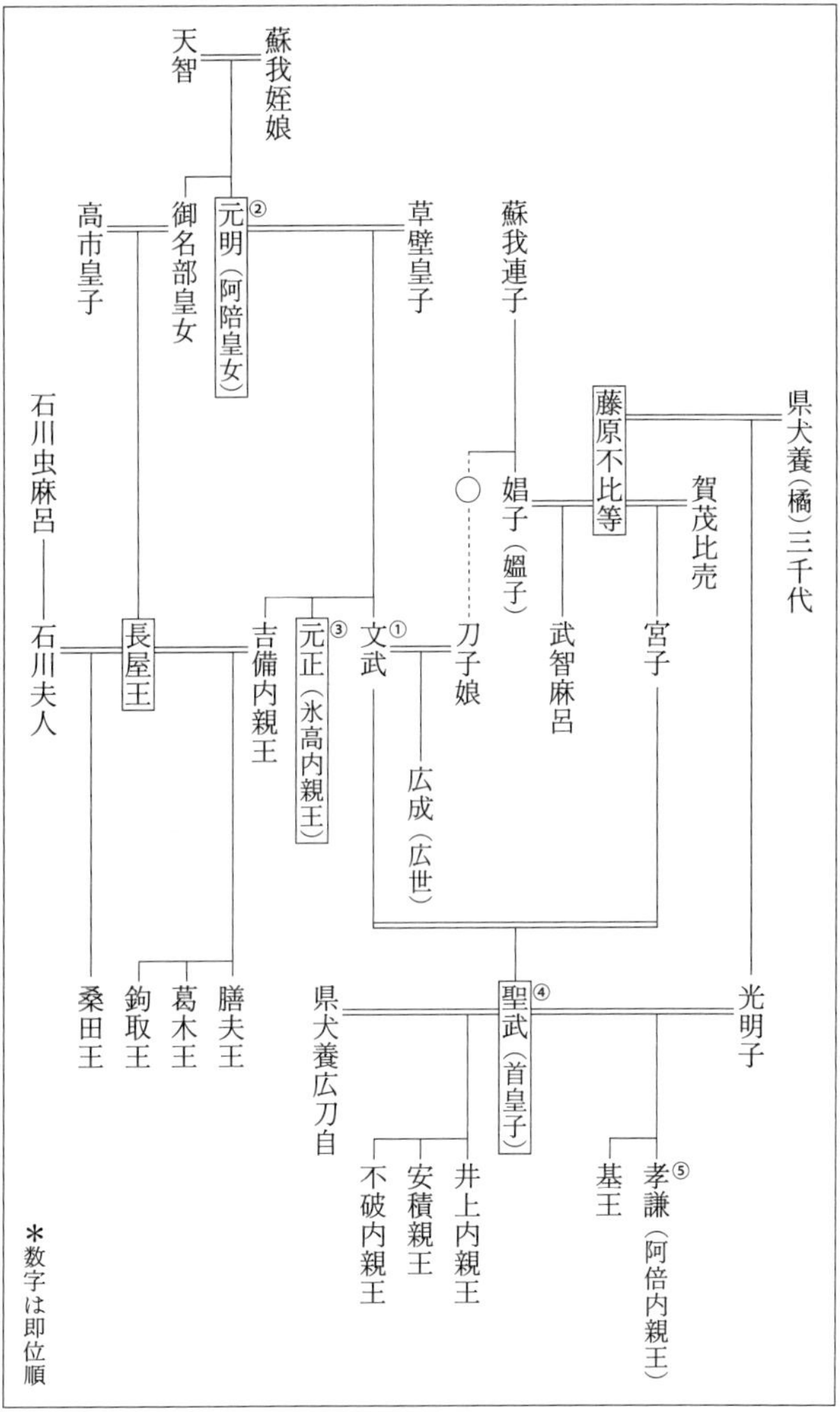
蘇我姪娘
天智
元明②（阿陪皇女）
御名部皇女
高市皇子
草壁皇子
蘇我連子
藤原不比等
県犬養（橘）三千代
娼子（媼子）
賀茂比売
石川虫麻呂
石川夫人
長屋王
吉備内親王
元正③（氷高内親王）
文武①
刀子娘
武智麻呂
宮子
広成（広世）
桑田王
鉤取王
葛木王
膳夫王
県犬養広刀自
聖武④（首皇子）
光明子
不破内親王
安積親王
井上内親王
基王
孝謙⑤（阿倍内親王）
＊数字は即位順

皇女所生の文武皇子が得られないのならば、藤原氏の産んだ皇子と、蘇我氏（石川氏）の産んだ皇子とのいずれかを皇嗣としなければならない場合、必ずしも藤原宮子所生の首皇子を推す者ばかりではなかったであろうことは、想像に難くない。

また、元明天皇や御名部内親王《みなべないしんのう》・氷高内親王《ひだか》（後の元正天皇《げんしょう》）・吉備内親王《きび》ら、蘇我氏の血を濃く引く天皇家の女系皇族が、二人の皇子のどちらに強いミウチ意識を抱いていたかは、一概には論じられない問題である。こうして、持統―不比等による、文武―首皇子への直系皇位継承路線と、蘇我系皇族（たとえば氷高や吉備、長屋王《ながや》、吉備と長屋王との間に生まれた三人の王など）への皇位継承を模索する路線との間に、微妙な雰囲気が生じてきても、不思議はないものと思われる（倉本一宏『奈良朝の政変劇』）。

さらに付け加えるならば、他氏所生の皇子を除いていくという、この藤原氏の手法は、これ以後ますます皇位継承者の数を減少させることになり、自らの首を絞めていくことになる。奈良朝の政変劇の要因は、すでに胚胎《はいたい》していたのである。

翌霊亀《れいき》元年（七一五）の元日、首皇太子ははじめて礼服《らいふく》を着して拝朝《はいちょう》を行なった（『続日本紀』）。一見すると即位への道が開かれつつあるかのように見えるのであったが、事態はそれほど簡単にはいかなかった。

この年の九月、元明は皇位を皇女（文武の同母姉）の氷高内親王に譲ったのである（元正天皇）。その譲位詔では、首皇太子が幼稚で、深宮《しんきゅう》を離れていないことを、元正即位の理由としている。この年、首皇太子は十五歳。文武の即位年齢と同じである。皇太子の即位が見送られるというのは異例の事態であり、藤原氏所生天皇の誕生に対する反撥《はんぱつ》が大きかったことに、不比等や元明が配慮したのであろう。元正に譲位した際、元明は元正に対し、「不改《ふかいの》常典《じょうてん》」のままに首皇太子に皇位を伝えるよう教示している（『続日本紀』）。

光明子と県犬養広刀自

霊亀二年（七一六）八月、遣唐使が任命されたが、その副使に不比等三男で二十三歳の馬《うま》養《かい》（宇合）が任じられた。この遣唐使は養老《ようろう》元年（七一七）二月に神祇を蓋山《みかさやま》（春日山）の南に祠《まつ》り、下道《しもつみち》（吉備《きびの》）真備《まきび》や阿倍仲麻呂らの留学生や玄昉《げんぼう》らの留学僧を従えて発遣された。三男の最初の官歴《かんれき》を遣唐使とした不比等の思いも、推して知るべきであろう。なお、この遣唐使に加わった大倭《やまとの》小東人《おあずまひと》（後の大和長岡《やまとのながおか》）が、律令を補訂するために唐の新政を学ぶという任務を帯びていたという推定（上田正昭『藤原不比等』）は、正鵠を射たものであろう。

なお、この霊亀二年、不比等三女の安宿媛（光明子）と、県犬養唐《から》の女の広刀自《ひろとじ》が、首皇太子の妃となった。広刀自は、後宮に大きな勢力を持ち、不比等の室で安宿媛の母である三千代の近親者である。その入内《じゅだい》は、安宿媛が皇子を産まない場合のスペアとして、同じ三千代の近親者を首皇太子に配したのであろう。

安宿媛（光明子）が首皇太子の妃となった際のいきさつは、後に光明子が皇后に立てられる際の宣命に、元明の言葉として語られている。「父である不比等の輔政における忠勤が悦《よろこ》ばしく忘れがたいので、この女を捨てるな、忘れるな」というものである（『続日本紀』）。

また、時期は明らかではないが、二女の長娥子が長屋王、四女の多比能《たびの》が葛城王（後の橘諸兄）、五女が大伴古慈斐《こしび》という、各勢力と結婚している（角田文衞「不比等の娘たち」）。

房前、朝政参議

養老元年（七一七）三月、左大臣石上麻呂が死去した。これで不比等は名実ともに太政官の第一人者となったことになる。中臣氏・藤原氏を通じて、はじめてのことである。


続いて元正が養老行幸から還御した直後の養老元年十月、従四位下の房前を朝政《ちょうせい》に参議させるという決定がなされた（『続日本紀』）。この時の議政官構成は、右大臣藤原不比等、中納言阿倍宿奈麻呂《すくなまろ》という二人のみであり（しかも宿奈麻呂は養老四年に死去してしまう）、不比等は地方情勢に明るい房前を加えて強化をはかったのであろう。

注目すべきは、藤原氏から二人の議政官が出たという点である。一氏族から二人の議政官を出すというのは、律令制成立後では、はじめての事態である。遡れば、天智十年体制の蘇我赤兄《あかえ》と果安《はたやす》以来のことであるし、さらに前には皇極《こうぎょく》朝の大臣蘇我蝦夷と入鹿《いるか》、推古《すいこ》朝の大臣蘇我馬子《うまこ》と大夫蝦夷ということになる。どちらも律令制成立以前の例であるし、いずれも大化前代に唯一の大臣家であった蘇我氏だったのであるが、ここに藤原氏は蘇我氏と並ぶ地位を獲得したということになろうか。

また、不比等が嫡子である武智麻呂ではなく、庶子の房前を参議に任じたという点も注目すべきである。不比等が政治的後継者として房前を選んだことは、武智麻呂が議政官に任じられるのが養老五年正月と不比等の死去の後であったことからも明らかであろう。

武智麻呂は図書頭の後、近江守《おうみのかみ》、式部大輔《しきぶのたいふ》を歴任しているが（『藤氏家伝』）、実直に与えられた官を勤めあげている。位階は従四位上と房前よりも一階上であるが、不比等がこの嫡子よりも房前を選んだことの意味は、どのあたりに存したのであろうか。その後も房前は元明太上天皇の信任を受けて内臣となり、強力な権力を手に入れることになる。

なお、この養老二年三月の人事では長屋王がいきなり式部卿《しきぶきょう》から大納言に任じられているが、これを「皇親勢力」の擡頭《たいとう》と解釈するわけにはいかない。長屋王はすでに不比等二女の長娥子を妻とし、安宿王《あすかべ》・黄文王《きふみ》などを儲けていた。長屋王はいわば、不比等の婿《むこ》という立場を利用し、不比等政権の枠内で政治に参画していたのである。ちなみに、長屋王の後任の式部卿に任じられたのは武智麻呂であった。

『尊卑分脈』によれば、この養老二年にも不比等は元正から太政大臣への任官を命じられたが、固辞して受けなかったとある。「一人《いちにん》（天皇）の師範《しはん》」などではなく、まだまだ不比等は太政官の首班として、政治の第一線を領導していたかったのであろう。

この年、首皇太子の妃となっていた安宿媛（光明子）が王女阿倍《あべ》を産んだ。後に孝謙《こうけん》天皇となる王女である。なお、すでに首皇太子は前年、県犬養広刀自から王女井上《いのうえ》を儲けている。王権にとっては、次にどちらが先に王子を産むかが、当面の課題となったはずである。

年末、遣唐使が一隻の遭難もなく帰国した。宇合も無事に帰国し、翌養老三年（七一九）正月に正五位上に昇叙されている。なお、この叙位《じょい》では、武智麻呂が正四位下、房前が従四位上に昇叙されている（『続日本紀』）。

この頃から、大倭小東人の帰国を承け、不比等が本格的に養老律令《ようろうりつりょう》の編集に着手したであろうことは、想像に難くない。

その養老三年の正月は、元正が大極殿で朝賀を受けたのだが、その際、武智麻呂と多治比県守《あがたもり》が首皇太子を唐礼《とうらい》に準拠して賛引《さんいん》（賛《たす》け引くこと）している。そして六月、首皇太子がはじめて朝政を聴いた。古くは厩戸《うまやと》王子（聖徳太子《しょうとくたいし》）や中大兄《なかのおおえ》王子、大友王子、草壁皇子、大津皇子の伝統を引く、有力王族による聴政《ちょうせい》を、ここに始めたことになる。七月には、武智麻呂が東宮傅《とうぐうふ》に任じられている（『藤氏家伝』）。

ただ、十月に、「皇位を嗣ぐのは皇太子だが、未だ稚《おさな》く（すでに十九歳だが）、政道《せいどう》に閑《なら》っていない」として、舎人・新田部親王に首皇太子の補佐を命じる詔が出されている（『続日本紀』）のは、六月以来の首皇太子の聴政の実績に対する評価によるものなのであろう。

不比等病悩

養老四年（七二〇）が明けた。三月、勅《ちょく》して三百二十人を得度《とくど》し出家させたり、不比等に授刀資人《たちはきのしじん》三十人を加えたりしている（『続日本紀』）のは、すでに不比等が病床にあり、その病気平癒《へいゆ》を祈るためだったのであろう（黛弘道「藤原不比等」）。

そのような状況のなか、もしかしたら不比等の存命中に間に合わせようとしたのか、五月に『日本書紀』が完成して奏上された（『続日本紀』）。不比等は『日本書紀』の編纂に深く関与したと考えられるが、その『日本書紀』では、中臣氏が排仏《はいぶつ》派《は》として描かれ、非難の対象となっている。これらの排仏派は、鎌足の祖である常磐系とは異なり、中臣氏本流の方である。不比等にとっては、もはや中臣氏は同族として認識していなかったのであろう。

八月に入り、『続日本紀』に正式に不比等病悩の記事が現われる。一日、度者《どしゃ》三十人を賜わったうえで、元正は天下に大赦《たいしゃ》を行なった。翌日には都下四十八寺に薬師経《やくしきょう》を読ませ、官戸《かんこ》十一人を免《ゆる》して良民《りょうみん》とし、奴婢《ぬひ》一十人を除いて官戸とするなどの措置がとられた。

不比等死去

しかし、それらの甲斐《かい》もなく、八月三日、不比等は死去した。六十二歳。

> 是《こ》の日、右大臣正二位藤原朝臣不比等が薨《こう》じた。帝は深く悼《いた》み惜《おし》んだ。この為に廃朝《はいちょう》し、内寝に挙哀《こあい》し、特に優勅《ゆうちょく》が有った。弔賻《ちょうふ》の礼は、群臣より異なった。大臣は、近江朝の内大臣大織冠鎌足の第二子である。

というのが、『続日本紀』の記事である。

『公卿補任』の頭書《とうしょ》には、「十月八日に火葬して、遺教《いきょう》に従って佐保山《さほやま》の椎山岡《ならやまのおか》に葬った」とある。この墓は、『延喜式』諸陵寮には、「多武岑墓」とあるが、先に述べたように、鎌足と不比等の墓をめぐって、『延喜式』の時代にはかなり混乱していたようである。

佐保山の椎山岡というと、外京（東京）の北辺、現聖武天皇佐保山南陵や現仁正皇太后《にんしょうこうたいごう》（光明皇后）陵が治定《じじょう》されている丘陵の西側あたりであろう。鴻池《こうのいけ》古墳群の中に、聖武陵陪塚《ばいちょう》い号が西淡海公《にしたんかいこう》古墳、聖武陵陪塚ろ号が東淡海公《ひがしたんかいこう》古墳と通称されているほか（い号を火葬地、ろ号を墓所とする説もある）、すでに消滅した奈良気象台《ならきしょうだい》古墳を想定する意見もある。

椎山岡墓

興福寺北円堂

十月、大納言長屋王と中納言大伴旅人《たびと》を不比等邸に遣わし、太政大臣正一位が贈られた（『続日本紀』）。これで不比等の孫の世代も、一位の孫として出身できることになったのである。

不比等は首皇太子の即位を見ることなく、死去してしまった。しかし、その生涯において、律令国家を完成させ、律令天皇制（および太上天皇制）を確立し、それにもまして、藤原氏の輔政を永続化する基礎を固めた。いずれも持統との協力によるものであろうが、この古代国家の枠組みの確定が、その後の日本の歴史に与えた影響は、きわめて大きなものであった。

それは単に藤原氏の栄華の継続にとどまるものではなく、日本の権力行使の有り様や、意思決定システムの様相、地位継承に関する構造など、政治や社会のあらゆる方面に及ぶものである。「この国のかたち」を作った原初は、まさに不比等と持統にあったと言えよう。

なお、興福寺北円堂《ほくえんどう》は、不比等の一周忌にあたる養老五年（七二一）に元明・元正が発願《ほつがん》して建立されたものである。

第二章　奈良朝の政変劇

一、四家の分立と王権

長屋王政権と藤原四子

不比等《ふひと》が死去した後、政権首班となった長屋王《ながや》は、養老五年（七二一）正月に右大臣に任じられた。同日、武智麻呂《むちまろ》と房前《ふささき》が従三位、宇合《うまかい》が正四位上、麻呂《まろ》が従四位上に叙され、武智麻呂は中納言に任じられた。ここで武智麻呂は位階では房前に並ばれたものの、官では参議の房前を超越《ちょうおつ》して一気に納言に上ったことになる。宇合はこの時、武智麻呂の後任の式部卿《しきぶきょう》に任じられたと推定され、麻呂は六月に左右京大夫《さゆうきょうだいぶ》に任じられている（『続日本紀』）。

藤原氏は不比等が死去してもなお、二人の議政官を出し続けていることになる。これは四家をそれぞれ別個に計算し、連任《れんにん》と見なさないといった方便によるものであろう。四家を独立の政治母体として分立させるという、元明《げんめい》太上天皇の意図が読み取れる。

長屋王の権力基盤は、高市皇子《たけち》と御名部内親王《みなべ》（元明の同母姉）との間に生まれた子であるということ、吉備内親王《きび》（草壁皇子《くさかべ》と元明との子、元正天皇《げんしょう》の同母妹）の夫であるということ、それに不比等二女の長娥子《ながこ》の夫であるという、三つの血筋によるものであった。

不比等の存命中は、その枠内において能力を発揮していた長屋王であるが、不比等が死去して藤原四子の世代を迎えると、そうはいかなかった。五月に元明が病悩すると、その権力は徐々に揺らいでいったのである。十月十三日、元明は不与に際して、長屋王と房前を召し入れ、遺詔《いしょう》を述べて後事《こうじ》を託した。

内臣房前

ところが二十四日、房前のみが、内臣（ウチツマヘツキミ）として「内廷《ないてい》・外廷《がいてい》にわたってはかりごとをめぐらし、政策を勅に准じて施行《せぎょう》し、帝業を輔翼《ほよく》して永く国家を寧《やす》んじよ」という巨大な権力を賦与されている（『続日本紀』）。なお、『藤氏家伝』では「機要の事を関知した」とある。「機要」とは、重要な事柄、機密の事柄のことで、鎌足《かまたり》が「処分」したのも「軍国の機要」であった。房前が後に太政官首班となった兄武智麻呂を凌ぐ勢威を保持し続け、不比等の実質的後継者となったこと、そしてそれが王権との密着に基づくものであったことは間違いなかろう。橘三千代《たちばなのみちよ》の女婿《じょせい》としての立場も作用しているはずである。

神亀《じんき》元年(七二四)二月四日、いよいよ首《おびと》皇子が即位し、聖武《しょうむ》天皇となった。武智麻呂・房前が並んで正三位に昇叙され、長屋王が左大臣に上ったのであるが、まさにその日、聖武の生母で文武《もんむ》夫人であった藤原宮子《みやこ》を「大夫人《だいぶにん》」と称するという決定が下された(『続日本紀』)。しかし、この決定にはどこからか異議が出て、結局、宮子の称号は文書上は「皇《こう》太夫人《たいぶにん》」となることで結着した。

この事件の意義は、宮子の称号に「皇(スメラ)」字を付けることに成功したという点において捉《とら》えるべきであろう。これは、新興の藤原氏の出身であっても、後宮に勢力を植え付けて天皇家とミウチ関係を結ぶことによって、准皇親としての地位を得ることができるという認識を支配者層に周知させたものであり、同時に後の光明子《こうみょうし》立后《りつごう》への制約を一つ取り除いたことになったものである(倉本一宏「律令貴族論をめぐって」)。この事件を契機として、不比等の存命中には表面化していなかった長屋王と藤原四子との対立が深まったであろうことも、言うまでもない。

この後、神亀二年(七二五)に蝦夷《えみし》の反乱に際して宇合が持節大将軍《じせつだいしょうぐん》として制圧にあたった。一方、末弟の麻呂は昇進が遅れており、神亀三年(七二六)に正四位上に叙されたが、これは京職《きょうしき》が白鼠を献上したことによるものである。新年の儀式への演出ということなのであろうが、実は白鼠は祥瑞《しょうずい》の範囲に入れられていない。麻呂としても、あまり兄たちに

興福寺東金堂・五重塔

昇進を離されたくないということで、苦渋の行為だったのであろうか。翌神亀四年（七二七）にも左京職に白雀を献上させている（『続日本紀』）。

なお、興福寺の東金堂《とうこんどう》は、この神亀三年に聖武が元正の病気平癒を祈って建立したものである。同じ神亀三年の十一月、備前《びぜん》国藤原郡の名を藤野《ふじの》郡と改めるという措置がとられた（『続日本紀』）。聖武生母である宮子の氏と同名であるというのでその名を避けるという、忌諱《きき》なのであるが、やがて進行する藤原氏の准皇親化政策の第一歩である。

神亀四年二月には、文武《ぶんぶ》の主典《さかん》以上の官人を召集し、聖武の勅を長屋王が口頭で宣布した。災異《さいい》がしきりに起こるのは、自分（聖武）が徳を施す方途を知らないため、懈《おこた》り欠けることがあるからであろうか、それとも百寮の官人が奉公に勤めないためであろうか、と言っている。天皇の不徳《ふとく》と官人の怠慢とを、ともに譴責《けんせき》しているのである（『続日本紀』）。

このような長屋王の態度は、王権からも官人層からも、すなわち支配者層全体から、その存在を孤立させてしまうことになったはずである。特に天皇の不徳を責めるという態度は、日本古代天皇制の根幹を否定することにもつながり、長屋王の変に際しても大きな影響を与えたに違いない。

基皇子誕生と立太子

そのような政治状況の最中、閏九月二十九日、光明子が基《もとい》皇子（「某王」の誤写か）を産んだ。十一月二日、皇子の異例の立太子が行なわれた（『続日本紀』）。皇統を聖武の次の世代に降ろし、もはや他の系統に皇位を伝えないことを支配者層に周知させたのである。

しかし、この藤原氏の行動は、いかにも強引であった。藤原系皇族が皇統を伝えるということは、いまだ定まっていたわけではなく、赤子を立太子するということは、藤原氏の専権《せんけん》に反感を持つ勢力の反撥を生むこととなった。十一月十四日、大納言多治比池守《たじひのいけもり》が百官を率いて皇太子拝謁《はいえつ》のため、旧不比等邸を訪れたが（『続日本紀』）、池守が率いたということは、長屋王はこれを欠席していたことになる。天皇にも現実の「徳」を要求する長屋王の立場からは、統治能力のまったくない赤子の皇太子などは、考えられなかったことであろう。

翌神亀五年（七二八）には、藤原氏は長屋王派と見られた大伴旅人《おおとものたびと》を筑紫《つくし》に赴任させ、五月に反長屋王派を糾合した叙位を行ない、七月には中衛府《ちゅうえふ》を設置して、房前をその大将《たいしょう》に据《す》えている（『類聚三代格』『続日本紀』）。

基皇太子の死と安積親王の誕生

その一方で、藤原氏の期待を一身に集めた基皇太子は病悩した。八月からは回復を祈る措置がとられたが、その甲斐もなく、はじめての誕生日を目前にした九月十三日に夭死《ようし》してしまった（『続日本紀』）。

この間、おそらくは神亀四年（七二七）十二月、県犬養広刀自《あがたのいぬかいのひろとじ》から安積《あさか》親王が誕生している。基皇太子の死去と安積親王の誕生とが、ほぼ同時期に起こっているということは、藤原氏の危機感を嫌が応にも高揚させたに違いない。次に光明子に皇子が生まれる保証はなく、三千代や聖武がそれを待ってくれるとは限らない。何よりも、長屋王とその一族の皇位継承資格者としての存在価値が、再び上昇してきたと、支配者層に認識されたはずだからである。

「長屋王の変」

神亀六年（天平《てんぴょう》元年、七二九）二月十日、長屋王の「謀反」に関する密告が行なわれた。この密告は誣告《ぶこく》であった可能性が強いが、その日の内に固関《こげん》を行ない、六衛府《ろくえふ》の兵で長屋王邸を包囲して外部と遮断している（『続日本紀』）ということは、密告自体があらかじめ藤原氏と示し合わされたものであったことを示唆している。中衛大将の房前が包囲の陣の中に見えないのは、内裏《だいり》の警護にあたったためであり、事件の局外にいたと見るべきではない。

翌十一日に舎人《とねり》親王・新田部《にいたべ》親王・大納言多治比池守・中納言藤原武智麻呂たちを長屋王邸に遣わして、その罪を窮問《きゅうもん》させている。十二日、窮問の結果が出た。長屋王は自尽、吉備内親王と所生の膳夫《かしわで》王・葛木《かずらき》王・鉤取《かぎとり》王、石川夫人《いしかわふじん》所生の桑田《くわた》王は自経（縊死《いし》）であった（『続日本紀』）。罪の及んだ範囲がこれらに限られ、不比等女の長娥子所生の安宿《あすかべ》王・黄文《きふみ》王・山背《やましろ》王・教勝《きょうしょう》などが不問に付されていることからも、この事件の標的がどこにあったか、またこの事件を策謀した者が誰であったかを示している。

藤原氏は、長屋王が擁していた、蘇我《そが》系皇族腹、蘇我氏腹、藤原氏腹という三系統の皇親のうち、前二者を根こそぎ除滅《じょめつ》したのである。

この間の経緯において、武智麻呂と房前が別個の政治勢力として対立していたとは考えられないので、四子全員による藤原氏全体の利害を考えての陰謀だったのであろう。もちろん、三千代の意思が介入していたであろうことは、十分に考えられるところである。

光明子立后

「長屋王の変」直後の三月、武智麻呂が大納言に昇任し、政権首班の座に就いた。また、変から半年を経た八月、天平への改元と光明子の立后が行なわれた（『続日本紀』）。「長屋王の変」が光明立后を目的としたもので藤原氏が光明子の即位を画策していたという説は、もはや顧みられることはないが、少なくとも長屋王が政権首班の座にあれば光明立后が実現しそうになかったであろうことは確実である。安積親王が成長するなか、光明子の地位を上げておくという措置は、藤原氏にとっても必要だったのであろう。

この時期の房前の政治権力の低下を推測する論考も存在するが、『藤氏家伝』の「二弟北卿（房前）は機要の事を関知した」は、内臣という地位がこの時点まで存続していたかどうかはさておき、まさに朝政の枢要《すうよう》を指揮していたことを指すと考えるべきである。むしろ、同じく『藤氏家伝』に「朝議《ちょうぎ》があるに際しては、平穏であることを保って、和《なご》やかであることを望んだ」と称された武智麻呂よりも、房前は積極的に国政に関与していた印象を受ける。

藤原四子体制の確立

天平二年（七三〇）九月には、武智麻呂と並んで大納言の地位にあった多治比池守が死去し、その後任として大納言に上った大伴旅人も天平三年（七三一）七月に死去してしまった。

議政官不足という事態に対処するため、八月、「諸司の主典以上」の推挙によって六人が参議に任じられた。式部卿藤原宇合、民部卿《みんぶきょう》多治比県守《あがたもり》、兵部卿《ひょうぶきょう》藤原麻呂、大《おお》蔵卿《くらきょう》鈴鹿《すずか》王（長屋王の弟）、左大弁《さだいべん》葛城《かずらき》王、右大弁《うだいべん》大伴道《みち》足《たり》という顔ぶれである。彼らはすでに参議によって兼帯《けんたい》されていたものを除く左右大弁・八省卿の内で、より高位にあり、しかもより重要な官職に就いていた六名であった。

麻呂邸故地

一氏族で四家すべての官人が議政官に並ぶというのは、空前の事態であり、ここに武智麻呂を首班とする藤原四子体制が確立したことになる。

なお、興福寺の五重塔《ごじゅうのとう》は、光明皇后が天平二年に建立したものである。

二、聖武と光明子と仲麻呂と

橘三千代の死と武智麻呂政権の確立

天平五年（七三三）正月、橘三千代が死去した（『続日本紀』）。不比等の室、光明子と葛城王（後の橘諸兄《もろえ》）の母、そして房前室の牟漏《むろ》女王の母、聖武夫人の県犬養広刀自の親族（つまり安積親王の外戚）として、また後宮に隠然たる勢力を持って、陰に陽に奈良《なら》朝政治史を彩った女性であったが、その死によって、政局も微妙な変化を迎えることになったのである。なお、現在は基壇《きだん》だけが残る興福寺の西金堂《さいこんどう》は、天平六年（七三四）に光明皇后が三千代の追善《ついぜん》のために建立したものである。人気の阿修羅像《あしゅらぞう》をはじめとする八部衆《はちぶしゅう》は、もともとはこの西金堂に安置されていたものである。

天平六年正月、武智麻呂は右大臣に任じられた。同日、二男の仲麻呂《なかまろ》が従五位下に叙爵《じょしゃく》されており（『続日本紀』）、まさに武智麻呂政権の確立である。宇合も正三位に叙され、同じ正三位のまま据え置かれている房前の地位は相対的に低下している。

天平八年（七三六）には、葛城王と佐為《さい》王といった、三千代所生の皇親が臣籍に降下し、母の姓を下賜されてそれぞれ橘諸兄・橘佐為となっている。

藤原四子体制の崩壊

天平九年（七三七）二月、武智麻呂嫡男の豊成《とよなり》が正五位上に昇叙されているが、同日、「夫人無位《むい》藤原朝臣二人〔欠名〕」が正三位、夫人無位橘古那可智《こなかち》が従三位に叙されている（『続日本紀』）。この三人はいずれも聖武のキサキであるが、特に藤原氏の女性（武智麻呂の女と房前の女）が二人、後宮に入っていることは、藤原氏所生の皇子誕生を望んでのことである。すでに光明子からは皇子の誕生が望めない状況になっていたのであろう。

四月になって、遣陸奥持節大使《けんむつじせったいし》として派遣されていた麻呂が、進軍を中止し、兵士の解放を要望してきた（『続日本紀』）。このまま多賀城《たがじょう》ででも待機していれば、麻呂も命を落とさずにすみ、もしかしたら麻呂政権の誕生もあったのであろうが、そうはならなかった。奏言《そうげん》が受け容れられるや、急ぎ麻呂は帰京し、兄たちと同じ運命をたどった。

この天平九年、いったん終熄《しゅうそく》していた疫病《えきびょう》が、再び猛威を振るい始めたのである。そして四月十七日に最初に犠牲になったのは、房前であった。聖武が大臣待遇の葬儀を行なわせようとしたことは、内臣に任じられたことに起因する、国家からの優遇措置である。十月七日に正一位左大臣を贈られている（『続日本紀』）。これで武智麻呂と並んだことになる。

次いで七月十三日、陸奥から凱旋《がいせん》した麻呂が死去した（『続日本紀』）。なお、『尊卑分脈』

栄山寺「後阿陁墓」

の「麿《まろ》卿伝」には、「常に談って云うには、「上には聖主《せいしゅ》が有り、下には賢臣《けんしん》が有る。僕の如きは何を為すであろう。やはり琴と酒に専念するだけだ」と。其の命を終えるに及んでは、朋友《ほうゆう》は血の涙で泣いた」という伝記が載っている。これも麻呂の人柄によるものであろう。

その頃、武智麻呂も病に倒れた。『続日本紀』は、武智麻呂の平癒を期して大赦が行なわれたことを伝える。かつて不比等が病悩した際と同じ措置であるが、武智麻呂が嫡男であることによるものである。七月二十四日、『藤氏家伝』では、光明皇后自ら病を見舞い、また正一位に叙し、左大臣に任じたとある。やはり嫡子として、また大臣としての武智麻呂の「格」は、房前とは一線を画すものだったのであろう。翌二十五日、武智麻呂は死去した。

武智麻呂は『藤氏家伝』によると、佐保山で八月五日に火葬されたとある。その墓は、現在、奈良県五條市にある、武智麻呂によって造営された栄山寺《えいさんじ》の裏山に存在するが、これは天平宝字末年の八角堂《はっかくどう》造営時に仲麻呂によって改葬されたものであるという。

そして八月五日、宇合も死を免れなかった（『続日本紀』）。四子の内で誰か一人でも生き残っていれば、その後の日本の歴史は大きく変わっていたことであろう。しかし運命は、四家に平等に当主《とうしゅ》の死をもたらし、それぞれに再生の道を求めたのである。

四子の子たち――南家

残された四子の子を見てみよう。武智麻呂の子は、長子の豊成が慶雲元年（七〇四）生まれで天平九年（七三七）には三十四歳。十二月に参議兵部卿に任じられた。不比等の嫡孫という血統から、藤原氏全体の氏上的立場に立ったのであろう。その後、天平十二年（七四

不比等―武智麻呂（母 石川娼子）
- 豊成（従四位下、参議兵部卿、三十四歳）……母 阿倍貞媛
- 仲麻呂（従五位下、三十二歳）……母 阿倍貞媛
- ○
- 乙麻呂（従五位下）……母 紀麻呂女
- 巨勢麻呂（正六位上）……母 小治田阿禰娘

房前　母　石川娼子
- 鳥養（死去）……母　春日蔵老女
- 永手（従五位下、二十四歳）……母　牟漏女王
- 真楯（八束、正六位上、二十三歳）……母　牟漏女王
- 清河（正六位上、二十歳）……母　片野朝臣女
- 魚名（魚麻呂、十七歳）……母　片野朝臣女
- 御楯（千尋）……母　牟漏女王
- 楓麻呂（九歳）……母　粟凡若子

宇合　母　石川娼子？
- 広嗣（従五位下）……母　石上国盛大刀自
- 良継（宿奈麻呂、二十二歳）……母　石上国盛大刀自
- 綱手
- 清成（浄成）……母　高橋笠阿禰娘
- 田麻呂（十六歳）……母　小治田牛養女
- 菅成
- ○
- 百川（雄田麻呂、六歳）……母　久米奈保麻呂女
- 蔵下麻呂（四歳）……母　佐伯家主娘

麻呂　母　藤原五百重娘
- 浜足（浜成、十四歳）……母　因幡気豆女

＊官位、年齢は天平九年十二月時点のもの

〇）以降の聖武の東国行幸では留守となっており、それらに随行して昇進を重ねた次男仲麻呂に逆転される。

その仲麻呂は、天平六年、二歳年長の豊成より十年も遅れて従五位下に叙爵された。『藤氏家伝』には豊成とともに博士《はかせ》の門下に学び、薨伝《こうでん》では少年時に阿倍宿奈麻呂《あべのすくなまろ》から算術《さんじゅつ》を学んだとある。天平十一年に従五位上、天平十二年正月に正五位下に上り、十月の伊勢《いせ》行幸で前騎兵大将軍《ぜんきへいだいしょうぐん》を勤めて、異数《いすう》の昇進が始まった。まず十一月、行幸の途中に正五位上に叙され、翌天平十三年（七四一）閏三月に従四位下に昇叙されている（『続日本紀』）。

武智麻呂三男の名や事績は残っていない。四男の乙麻呂《おとまろ》は天平九年に従五位下に叙爵され、越前守《えちぜんのかみ》・兵部少輔《ひょうぶのしょう》・兵部大輔《ひょうぶのたいふ》を歴任したが、従五位上に昇叙されたのは天平十九年（七四七）と遅れた。やがて仲麻呂に接近することになる。

武智麻呂五男の巨勢麻呂《こせまろ》は天平十二年に従五位下に叙爵され、中宮亮《ちゅうぐうのすけ》に任じられた。順調に昇叙を続け、乙麻呂の死後は仲麻呂と行動をともにすることになる。

四子の子たち――北家

北家《ほっけ》では、長子の鳥養《とりかい》は慶雲初年頃の生まれとされる。天平元年（七二九）の天平改元の日に従五位下に叙爵されたが、早い時期に死去したものと思われる。

二男の永手《ながて》は和銅七年（七一四）の生まれ、母は橘三千代所生の牟漏女王である。天平九年九月に二十四歳で従五位下に叙された（『続日本紀』）。鳥養亡き後、北家の中心となるかと思われたが、橘諸兄に疎《うと》んじられたと推定されている。

三男の真楯《またて》は、本名八束《やつか》。霊亀元年（七一五）生まれ、母は牟漏女王。天平十二年正月に二十六歳で従五位下に叙され、十一月の広嗣《ひろつぐ》の乱に際して従五位上に昇叙されている（『続日本紀』）。その能力と人格から、聖武からの恩寵《おんちょう》が知られる。後世の摂関家《せっかんけ》の祖となる。

四男の清河《きよかわ》は、養老二年（七一八）の生まれ。母は房前の異母妹の片野《かたの》朝臣の女（葛野《かどの》女王という説もある）である。天平十二年十一月の広嗣の乱に際して従五位下に叙爵されている（『続日本紀』）。後年、遣唐大使《けんとうたいし》として入唐したまま、現地で死去している。

五男の魚名《うおな》は、本名魚麻呂《うおまろ》。母は片野朝臣の女。養老五年（七二一）の生まれで、叙爵されるのは天平二十年（七四八）のことである。天平九年の段階では、まだ出身前であった。

六男の御楯《みたて》は、本名千尋《ちひろ》。養老末年頃の生まれであろう。母は牟漏女王である。叙爵されるのは天平勝宝《てんぴょうしょうほう》元年（七四九）のことである。

七男の楓麻呂《かえでまろ》は、天平元年頃の生まれ。母は阿波采女《あわのうねめ》の粟凡若子《あわのおおしのわくこ》である。天平宝字二年（七五八）に叙爵されている。

四子の子たち——式家

式家《しきけ》を見てみよう。長子の広嗣は、和銅年間の生まれ、母は左大臣石上麻呂《いそのかみのまろ》の女の国《くに》盛大刀自《もりのおおとじ》である。天平九年（七三七）九月に従五位下に叙された。程なく式部少輔《しきぶのしょう》に任じられ、翌天平十年四月に大養徳守《やまとのかみ》を兼任した。ところが十二月に大宰少弐《だざいのしょうに》に左遷《させん》された（『続日本紀』）。

二男の良継《よしつぐ》は、本名は宿奈麻呂。霊亀二年（七一六）の生まれ。母は石上国盛大刀自。天平十二年、二十五歳の時に同母兄広嗣の謀反に連坐《れんざ》して伊豆《いず》に流されたが、二年後に赦《ゆる》されて、天平十八年（七四六）に叙爵を受けた（『続日本紀』）。以後、昇進を続けて専権を得た。

兄弟順のわからない綱手《つなて》を、三男と考える説がある。「広嗣の乱」の際に捕えられて斬られた。四男の清成《きよなり》（浄成）、六男菅成《すがなり》、名前のわからない七男も同様である。

五男の田麻呂《たまろ》は、養老六年（七二二）の生まれで、母は蘇我系の小治田牛養《おはりだのうしかい》の女。天平十二年に広嗣に連坐して隠岐《おき》に流されたが、二年後に赦された。しかし、山中に隠居《いんきょ》して修《しゅ》行《ぎょう》に努めた。天平宝字五年（七六一）に叙爵を受け（『続日本紀』）、以後は昇進した。

八男の百川《ももかわ》は、本名は雄田麻呂《おだまろ》。天平四年（七三二）の生まれで、母は蘇我系の久米奈保《くめのなほ》麻呂《まろ》の女。年少であったので広嗣に連坐せずにすみ、天平宝字三年（七五九）に叙爵を受け（『続日本紀』）、式家の中心として奈良朝末期に専権を振るった。

四子の子たち――京家

京家《きょうけ》では、麻呂の男子として確認できるのは、浜足《はまたり》（浜成《はまなり》）のみである。浜足は神亀元年（七二四）の誕生。母は因幡国造《いなばのくにのみやつこ》気豆《けず》の女。天平勝宝三年（七五一）に二十八歳で叙爵を受けた。薨伝に「ほぼ群書《ぐんしょ》に渉《わた》り、頗《すこぶ》る術数《じゅつすう》を習う」と称される才能の持ち主であった。

全体として、叙爵を受けている官人の数も、三十歳以上の壮年官人の数も不足しており、まさに藤原氏にとっては最大の危機を迎えたと言えよう。

橘諸兄政権の成立

天平九年（七三七）九月、鈴鹿王を知太政官事、橘諸兄を大納言、多治比広成《ひろなり》を中納言に任じた政権が発足した。十二月に藤原豊成を参議に補充して、何とか藤原氏を一人、参画させている。

明けて天平十年（七三八）正月、阿倍《あべ》内親王が皇太子に立てられ、諸兄が右大臣に任じられた。阿倍皇太子が立てられても、「しかもなお、皇嗣を立てることは無い」という状況は続いた。諸兄が近親である安積親王の立太子を行なうことを怖れた光明皇后の意思が、ここには強くはたらいたことであろう。後に阿倍（孝謙《こうけん》）自身が述べているように、光明皇后の

「御命」によって、阿倍内親王は立太子し、やがて即位することになる（『続日本紀』）。

諸兄政権に対する反対勢力を排除するため、十二月になって、式家の広嗣が大宰少弐に任じられ、都から遠ざけられた。そして天平十二年八月、広嗣が上表《じょうひょう》して時政《じせい》の得失を示し、玄昉《げんぼう》と下道《しもつみち》（吉備《きびの》）真備《まきび》を除くことを訴えた（『続日本紀』）。実際は諸兄や聖武そのものを批判したものである。

九月になると、広嗣は兵を発して謀反に及んだ。藤原氏として王権に武力で訴えるのは、これがはじめてのことである。広嗣自身は十月に肥前《ひぜん》国松浦《まつら》郡値嘉《ちか》島（現長崎県佐世保市、五島列島最北端の宇久島）で捕えられ、十一月に斬首《ざんしゅ》されたが、聖武は平城京《へいじょうきょう》を棄てて、東国に彷徨を始めた。豊成が留守として平城京に留めおかれた一方、仲麻呂は聖武や光明子に随行し、その地位を高めた（『続日本紀』）。

天平十三年閏三月、広嗣の乱と東国行幸の功労者に対する叙位が行なわれ、仲麻呂は従四位下に叙された。これで豊成とは二階差となった。光明皇后が藤原氏の将来を、「天資弘厚《てんしこう》」な豊成よりも、「率性聡敏《そっせいそうびん》」な仲麻呂に期待したことを示すものである（木本好信『藤原仲麻呂』）。

天平十五年（七四三）五月五日、皇太子阿倍内親王が、天武《てんむ》天皇に起源を持つ五節《ごせちの》田舞《たまい》を舞った。その後、叙位と任官が行なわれ、諸兄を左大臣、豊成を中納言、仲麻呂を参議に任じた（『続日本紀』）。仲麻呂と諸兄との攻防が、いよいよ本格的になってきたのである。そしてその攻防は、仲麻呂の後見する阿倍皇太子と、諸兄の後見する安積親王との、いずれを正当な皇位継承者として認めるかという二者択一の選択肢をめぐって繰り広げられた。

翌天平十六年（七四四）閏正月十一日、聖武は難波《なにわ》に行幸した。事変が起こったのは、この時のことであった。仲麻呂が恭仁京《くにきょう》の留守官とされたが、二日後の十三日、その恭仁京において安積親王は急死してしまった。十七歳であった（『続日本紀』）。

天平十七年（七四五）五月、仲麻呂は平城還都に成功し、諸兄の地位は危機に瀕《ひん》した。なお、不比等の死去後に光明子に相続された邸第は、この時に施入されて寺となり、「宮寺《みやでら》」と称された（『続日本紀』）。後の法華寺である。

天平十八年、仲麻呂は三月に式部卿に任じられた（『続日本紀』）。『公卿補任』によると、天平二十年に八束が参議に任じられている。北家と南家《なんけ》の両方から議政官を出す態勢が、再び現出したことになる。

孝謙天皇の即位

天平二十年（七四八）四月、藤原氏とは一線を画してきた元正太上天皇が死去した。律令制成立以来、太上天皇は常時一人ずつ存在したが、聖武にとっては、元正の死は太上天皇の

「空き」ができたことを意味する。これで譲位して太上天皇となり、大仏造顕《だいぶつぞうけん》に専念できると考えたはずである。

翌天平勝宝元年（七四九）四月、大仏の前で北面し、産金を感謝する法要《ほうよう》を営んだ聖武は、閏五月には天皇の座を捨て、薬師寺宮《やくしじのみや》に遷御《せんぎょ》してしまった（『続日本紀』）。この間、四月には豊成が右大臣に任じられているが、それは仲麻呂に対抗できるような権力ではなかった。

七月、阿倍皇太子が即位し、仲麻呂が大納言に任じられた（『続日本紀』）。ここにいよいよ未婚の女帝孝謙天皇が誕生したのであるが、この間の一箇月あまりの天皇大権《てんのうたいけん》を行使していたのは、光明子だったのであろう。

「光明子―仲麻呂」体制

しかし、太政官における仲麻呂の上席には、左大臣橘諸兄、右大臣藤原豊成、大納言巨勢《こせの》奈弖麻呂《なでまろ》が存在し、これらを超越して太政官首班の座に着くわけにはいかなかった。

仲麻呂は、八月に紫微令《しびりょう》という地位を、九月に紫微中台《しびちゅうだい》という官司を、それぞれ手に入れた。「枢機《すうき》の政は、独り掌握《しょうあく》から出た」と称されたのはこの頃のことであり（『続日本紀』）、孝謙の天皇大権を光明子が代わって執行し、それを太政官組織とは別個の経路で仲麻呂が取り仕切るという形で行使し、諸兄の権力はますます圧迫されることとなったのである。

天平勝宝二年（七五〇）が明けると、仲麻呂は吉備真備を筑前守《ちくぜんのかみ》に左降《さこう》した。真備は翌天平勝宝三年には入唐副使《にっとうふくし》に任命され、天平勝宝四年（七五二）に入唐している（『続日本紀』）。

天平勝宝四年四月には大仏開眼供養《だいぶつかいげんくよう》の帰途、孝謙が仲麻呂の田村第《たむらてい》に還御して御在所とするなど（『続日本紀』）、諸兄の権力はまさに風前の灯といった観を呈してくる。

そしていよいよ、聖武にも最期の時が近付いた。天平勝宝七歳（七五五）十月、聖武はまたもや重病に陥ったのである。ちょうどその時、諸兄の政治生命を断つ密告がなされた。諸兄が宴席において、反状《はんじょう》に及んだ言辞を発したということを、諸兄の家司《けいし》が密告してきたのである。聖武はそれを聞いても咎《とが》め立てすることはせず、諸兄はそれを知って、あわてて致仕《ちし》した。天平勝宝八歳（七五六）二月のことであった。その後、この件は光明皇太后の要請によって沙汰《さた》止みになっている（『続日本紀』）。

なお、この年の四月、橘奈良麻呂《ならまろ》によって三度目のクーデ

田村第故地

ター計画が立てられている。奈良麻呂は、聖武の危篤に際して天下の乱れを説き、「他氏」（藤原氏）が王を立てたならば橘氏は滅びるから、黄文王を立てて「他氏」に先んじるべきであることを述べた（『続日本紀』）。

さて、聖武は天平勝宝八歳五月二日、ついに死去した。遺詔によって新田部親王の子である道祖《ふなど》王が皇太子に立てられた（『続日本紀』）。反仲麻呂派は、巨大な後ろ盾（と彼らが思っていたもの）を失い、以後は「光明子―仲麻呂」体制が名実ともに確立するのである。

そして致仕していた諸兄は、天平宝字元年（七五七）正月に死去した。仲麻呂は三月に道祖王の廃太子《はいたいし》を強行すると、一箇月後、早くも大炊《おおい》王を新しい皇太子に決定した。大炊王は、舎人親王の第七子。この時二十五歳で、まだ蔭叙《おんじょ》は受けていなかった（『続日本紀』）。仲麻呂の長子の寡婦《かふ》の婿として仲麻呂邸に迎えられていた人物であった。

この頃、天平宝字元年三月には、藤原部《ふじわらべ》を久須波良部《くずはらべ》、君子部《きみこべ》を吉美侯部《きみこべ》に改めよとの勅を出させたり、同年五月に、鎌足・不比等の名を避けよとの勅を出させたりして（『続日本紀』）、仲麻呂は天皇家と藤原氏を同格に扱う処置をとっていた。

五月二十日、仲麻呂は養老律令を施行した。不比等の顕彰《けんしょう》を目的としたものであることは、言うまでもない。また、養老職員令《しきいんりょう》の外に紫微内相《しびないしょう》という職を設け、それに任じられた。「内相」の「相」は明らかに「将相《しょうそう》」（大臣）の「相」であり、官位・禄・職分は皆、大臣に准じると定められたことからも（『続日本紀』）、仲麻呂が大臣に相当する地位に昇ったことを示している。

光明皇太后や淳仁《じゅんにん》天皇（大炊王）と結び、「独り権威を擅《ほしいまま》にし、猜防《さいぼう》は日に甚しかった」と称された仲麻呂の地位は、実際、鎌足や房前が任じられた内臣や内大臣に相応するものと言えよう。

「橘奈良麻呂の変」

六月九日には平城京を戒厳令下に置いたが、この頃から、仲麻呂の許には盛んに密告が行なわれた。「橘奈良麻呂の変」の始まりである。まず六月十六日以前のある日、巨勢堺麻呂《さかいまろ》の密告があった。仲麻呂殺害を企てている人（奈良麻呂）がいることが豊成に告げられたが、豊成は、自分が言って聞かせるから仲麻呂を殺すのはやめるように、と言うのみであった。それを聞いた堺麻呂は、あわててこれを密告したのである（『続日本紀』）。

その頃、反仲麻呂派は、具体的な謀反の計画を作成し、三度にわたって会盟《かいめい》を行なっていた。そのような情勢のなか、まず六月二十八日、黄文王の同母弟の山背王（ともに長屋王の遺児）が、奈良麻呂の謀反を密告した。山背王は、この「功績」が孝謙天皇に嘉《よみ》せられ、特に姓を「藤原」と賜わり、弟貞《おとさだ》と名のることになる（『続日本紀』）。

七月二日、孝謙や光明皇太后といった王権側は、事態の鎮静化を求める戒告《かいこく》の詔を宣《の》り聞かせた。武力衝突による対決を回避させ、事を穏便に収めようとしたのであるが、仲麻呂の立場に立つと、そうはいかなかった。同じ二日の夕刻、具体的な謀反の計画を示した密告が、はじめて知らされたのである。仲麻呂はこれを深夜に上奏《じょうそう》して追捕《ついぶ》を行ない、先に廃太子した道祖王の宅を囲んで、ようやく弾圧に着手した（『続日本紀』）。

翌三日、小野東人《おののあづまひと》の尋問が行なわれた。尋問を行なったのは、右大臣豊成以下の八人であったが、尋問に対して東人は、犯行を否認した（『続日本紀』）。ここにも事を荒立てたくないという豊成の政治姿勢が現われている。

ところが四日、事態は一変した。前日には白《しら》を切り通した東人が、この日は六月に行なった謀議《ぼうぎ》の具体的内容を語り始めたのである（『続日本紀』）。この背景には、前日の尋問には加わっていた豊成が外されたことがあるという岸俊男氏の見通し（岸俊男『藤原仲麻呂』）は、おそらく正しいのであろう。むしろ、東人の「自白」の言葉には、仲麻呂の意を汲《く》んで東人を窮問した藤原永手の作為が感じられる。

この「自白」を承けた仲麻呂は、大弾圧を敢行する。首謀者たちは一挙に拘禁《こうきん》され、尋問を受けることとなったのである。この後、皆を獄に下し、拷掠《ごうりゃく》・窮問を行なったところ、ほとんどは杖の下に死に、残った者は配流《はいる》された（『続日本紀』）。

そしていよいよ、追及の手が豊成に及んだ。十二日、変に関わっていたとして三男乙縄《おとなわ》が左降されるとともに、豊成の責任を追及する勅が下された。賊党《ぞくとう》に附いて仲麻呂を忌《い》み、密告を受けても奏上することなく、事変が発覚しても厳しく窮問することをしなかった、として、大宰員外帥《だざいのいんがいのそち》に左降された。ただし、病と称して難波に引き籠《こも》っている（『続日本紀』）。

そして二十七日、奈良麻呂たちによって名前が挙げられながらも、ただ一人処分が確定していなかった塩焼《しおやき》王に対する処置が決定した。塩焼王は謀議の場には参列しておらず、道祖王に縁坐《えんざ》して遠流《おんる》に処すべきであるけれども、新田部親王の家門《かもん》を絶やすわけにはいかないので、今回の罪は免じる、というものである（『続日本紀』）。後年の二人の関係を勘案すると、仲麻呂は塩焼王に対して、すでに何らか期待するところがあったのであろう。

仲麻呂の政治

独裁政権を確立した仲麻呂は、租税の軽減、文武の奨励、興福寺維摩会の興隆、東国防人の停止、公廨稲《くがいとう》・論定稲《ろんていとう》の規定、問民苦使《もんみんくし》の派遣など、積極的な内政を実施した（『続日本紀』）。これらの政策の真の意図が律令国家体制の維持にはなく、あくまでも自己の権力の確立にあったという指摘（笹山晴生「奈良朝政治の推移」）は、的を射ているものと言えよう。

この中で、鎌足が創始したと伝えられ、不比等が再興したものの再び中絶していた維摩会を閏八月に復興した（『続日本紀』）ことは、先祖の顕彰とともに、鎌足・不比等の「功業」を継ぐものが自分であるという示威《しい》を目指したものであろう。

また、十二月に功田《こうでん》の等第《とうだい》を定めているが、ここでは古人大兄《ふるひとのおおえ》王子の謀反が中功《ちゅうこう》一人、斉明《さいめい》朝の遣唐使が下功《げこう》一人、壬申の乱が上功《じょうこう》一人・中功九人、大宝律令の撰定が下功四人、養老律令の撰定が下功五人、橘奈良麻呂の変が上功一人と、概して評価が低いのに比べて、乙巳の変における佐伯古麻呂《さえきのこまろ》（子麻呂）が上功とされ、「大織藤原内大臣の乙巳年の功田一百町」に対しては「大功《だいこう》にして世々絶えず」と、最大限の評価を下している（『続日本紀』）。

淳仁天皇の即位

一方、天平宝字二年（七五八）秋には光明皇太后が病悩したが、八月一日、孝謙天皇は皇位を大炊王に譲り、ここに淳仁天皇（淡路廃帝《あわじはいてい》）が即位した（『続日本紀』）。高齢と病悩によって天皇大権を行使し得なくなった光明皇太后に代わって、自己の意思に忠実な天皇を即位させ、それに大権を委譲したいという仲麻呂（そして皇太后）の思惑に対して、孝謙は天皇大権を手に入れることのないまま、位を譲らねばならなくなったのである。

二十五日、官号が唐《とう》風に改易《かいえき》され、仲麻呂は大保《だいほう》（右大臣）に任じられて、ついに乾政官《けんじょうかん》（太政官）をも制覇した。同日、恵美《えみ》の姓、押勝《おしかつ》の名、尚舅《しょうきゅう》の字《あざな》を淳仁から賜わったが、同時に鋳銭《じゅぜん》・挙稲《ことう》と家印《かいん》の使用を許されたのは、その准皇親化の一環であろう。恵美の姓を賜わった際の勅では、鎌足以来の皇室の翼輔《よくほ》を賞揚《しょうよう》し、眼前の藤原氏官人の栄誉の源泉としている（『続日本紀』）。

翌天平宝字三年は押勝は新羅《しんら》征討計画の遂行に忙殺され（結局は実行されなかったが）、天平宝字四年（七六〇）正月に、諸臣としてはじめて太政大臣（大師）に任じられた（『続日本紀』）。

しかし、それも束の間、その権力は決定的な打撃を蒙《こうむ》った。疫病流行のなか、三月以来、光明皇太后の不予が明らかとなり、六月に死去してしまったのである（『続日本紀』）。

約二十年間にもわたり、押勝の権力を支えてきた「天皇家の長」にして「藤原氏の長」の死は、その独裁権力の基盤をも、一挙に突き崩してしまった。

八月に不比等を淡海公に封じ、橘三千代に正一位を贈って大夫人とし、武智麻呂と房前に太政大臣を贈った（『続日本紀』）というのも、むしろ押勝の危機感の現われであろう。

また、『藤氏家伝』の撰述《せんじゅつ》もこの頃のこととされる（佐藤信「『家伝』と藤原仲麻呂」）。これもまた、現実の政局に対する不安が、押勝に自己の政治基盤の正統性を過去の父祖の活躍と王権からの恩寵、そして未来への約契《やくけい》を描かせる方向に進ませたことになる。十二月に、宮子と光明子の墓を山陵《さんりょう》と称し、忌日《いみび》を国忌《こくき》の例に入れさせたのも、その一環であろう。

孝謙太上天皇と淳仁天皇の対立

光明皇太后が死去して以来、身辺の軍事態勢を強化し、自己防衛の手段として軍事権の掌握を意図し始めていた押勝であったが(岸俊男『藤原仲麻呂』)、その権力を脅かしたのは、皇太后の病悩と軌を一にして天皇大権を発揮し始めた孝謙太上天皇であった。

両者の衝突と分裂は、皮肉なことに天平宝字五年(七六一)十月以来行幸していた、近江国の北京《ほっきょう》・保良宮《ほらのみや》において始まった。宿曜秘法《すくようひほう》を修して孝謙の看病に侍していた内供奉禅師《ないぐぶぜんじ》の道鏡《どうきょう》が、孝謙に「寵幸《ちょうこう》」されたという噂が広まったのである(『続日本紀』)。この「寵幸」は、必ずしも後世の説話の伝えるようなものとは思えないが、二人の関係に対して、鋭い嗅覚《きゅうかく》の押勝が危機感を覚えたであろうことは、十分に窺えるところである。

その意を承けたであろう淳仁が孝謙を諫め、両者の間に間隙《かんげき》が生じることになり、天平宝字六年(七六二)六月三日、決定的な分裂を迎えた。そして孝謙は、常祀《じょうし》などの小事は淳仁天皇が、賞罰《しょうばつ》などの国家の大事は孝謙太上天皇が、それぞれ担当するという、天皇大権の分担を命じた(『続日本紀』)。

十二月、押勝は乾政官首脳部に大規模な異動を行なった。中納言には氷上塩焼《ひかみのしおやき》(元塩焼王)・白壁王《しらかべ》(後の光仁天皇《こうにん》)といった皇親を、参議には元皇親の藤原弟貞(元山背王)や、訓儒麻呂《くすまろ》・朝獦《あさかり》といった自己の子息、それに中臣清麻呂《なかとみのきよまろ》・石川豊成《とよなり》といった腹心《ふくしん》を、それぞれ任じ、その権力を補強した（『続日本紀』）。真先《まさき》に加えて合計三人の子息を参議としたことは、その権力強化が、政治の世界における伝統や、藤原氏内部におけるバランスを超越した次元で行なわなければならなくなったことを示している。押勝の略伝に、「其の他の顕要《けんよう》の官は、姻戚でないものはなかった」と称されているのは、この頃から後のことであった。

しかし、氏族内部のバランスや序列をまったく無視した人事には、当然のことながら反撥が起こる。押勝自身は、自己の恵美家を藤原氏からは分離した准皇親氏族と認識していたであろうが、藤原氏の他の家の人々はそのようには見ていなかったであろう。

三、奈良朝末期の政変劇

恵美押勝の乱

天平宝字八年（七六四）九月二日、押勝は都督四畿内三関近江丹波播磨等国兵事使《ととくしきないさんげんおうみたんばはりまとうのくにへいじし》という職に就いた。これは、畿内・三関国・軍事上の要衝の軍兵を総督する職で、管内の兵士を国毎に二十人、五日交替で都督衙《ととくが》に集めて武芸を簡閲《かんえつ》するというものであったが、兵士の数を改竄《かいざん》して、大軍を都に集結させようとした。そして「朝庭の咎」（道鏡を重用する孝謙上皇の政治姿勢のこと）を並べ立てた文書を進上しようとした。これは「逆謀《ぎゃくぼう》に渉る」ことであり、文書作成にあたった実務官人や陰陽師《おんみょうじ》から、次々と密告が行なわれた（『続日本紀』）。

先手をとったのは、孝謙側であった。十一日、孝謙は少納言《しょうなごん》山村《やまむら》王を遣わして、中宮院《ちゅうぐういん》の淳仁の在所にあった鈴印《れいいん》（駅鈴《えきれい》と印璽《いんじ》）を回収しようとし、孝謙側の授刀衛《じゅとうえ》と押勝側の鎮国衛《ちんこくえ》（中衛府）との鈴印争奪戦に始まる、いわゆる「恵美押勝の乱」が始まった（『続日本紀』）。

この戦乱は、臣下が王権に対して組織的な軍事力を直接行使した、奈良時代における唯一の事例であるが、押勝は十一日夜に近江に脱出した際に、淳仁天皇を同行させることができなかった（『続日本紀』）。これでは臣下の皇権に対する謀反としか見なされず、本格的な戦闘が始まる以前に、すでに勝敗は決していたとしか言いようがない。

勝野の鬼江故地

いくら藤原氏の一部が准皇親化して、他の諸臣とは異なる専権を手に入れたとしても、それは所詮《しょせん》は臣下の範囲内のことであって、皇権に取って代われるような性質の権力ではなかった。これは藤原氏全体にとって、以後の歴史における負の教訓として、長く記憶に刻まれることとなったであろう。

十一日のうちに藤原の姓字を除かれ（後世の放氏《ほうし》に相当する処分）、「玉」を抛擲《ほうてき》したまま自己の軍事拠点に走った押勝は、吉備真備の巧みな作戦指導の結果、十八日、近江国高島郡三尾《み お》郷勝野鬼江《かちののおにえ》において、妻子従党三十四人とともに、斬殺《ざんさつ》されてしまった（『続日本紀』）。

その間の過程において、押勝は帯同していた氷上塩焼を天皇に「偽立《ぎりつ》」し、自分の男である真先と朝猟を親王品位《ほんい》である三品《さんぼん》に叙した（『続日本紀』）。天皇とは別の君主を立てた点、臣下が自己の男を親王に擬した点において、これはともに、日本古代史において、特異な出来事であったと言えよう。

この乱は臣下が王権に対して武力で対抗したという、画期的な意義を持つものであった。しかし、その結末は、いかに独裁的な権力を掌中に収めた専権貴族といっても、その野望は、王権の意思の前には、容易に崩れ去るものであることを示してしまった。また、貴族層は蹶《けっ》起《き》して押勝の専制を倒したが、その後に現われたのは、またしても道鏡と結合した称徳《しょうとく》女帝の専制政治であった（笹山晴生「奈良朝政治の推移」）。

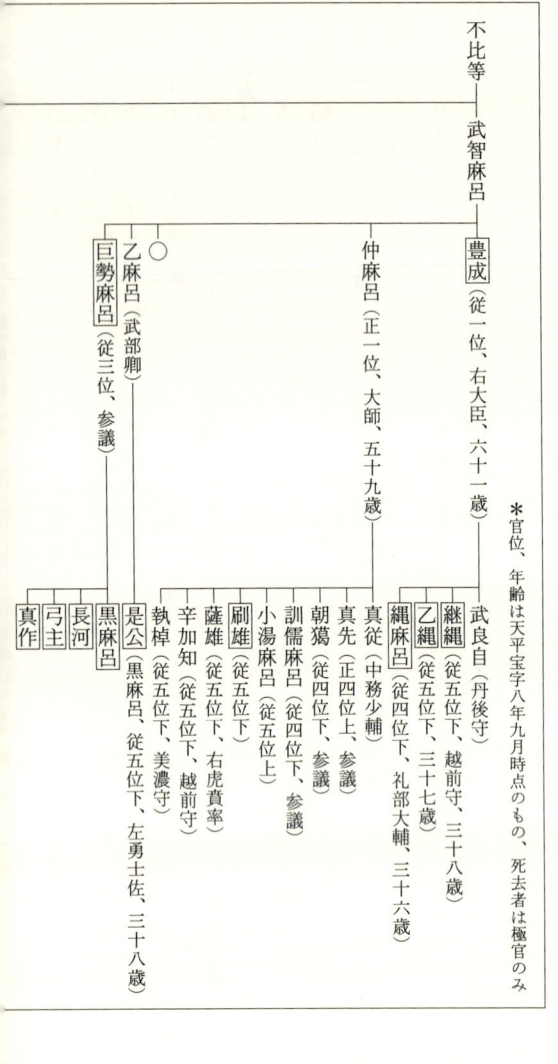

四家の官人たち——南家

ここで、恵美押勝の乱が起こった天平宝字八年（七六四）九月時点における藤原四家の官

*官位、年齢は天平宝字八年九月時点のもの、死去者は極官のみ

- 不比等——武智麻呂
  - 豊成（従一位、右大臣、六十一歳）
    - 武良自（丹後守）
    - 継縄（従五位下、越前守、三十八歳）
    - 乙縄（従五位下、三十七歳）
    - 縄麻呂（従四位下、礼部大輔、三十六歳）
  - 仲麻呂（正一位、大師、五十九歳）
    - 真従（中務少輔）
    - 真先（正四位上、参議）
    - 朝獦（従四位下、参議）
    - 訓儒麻呂（従四位下、参議）
    - 小湯麻呂（従五位上）
    - 刷雄（従五位下）
    - 薩雄（従五位下、右虎賁率）
    - 辛加知（従五位下、越前守）
    - 執棹（従五位下、美濃守）
  - ○
  - 乙麻呂（武部卿）
    - 是公（黒麻呂、従五位下、左勇士佐、三十八歳）
  - 巨勢麻呂（従三位、参議）
    - 黒麻呂
    - 長河
    - 弓主
    - 真作

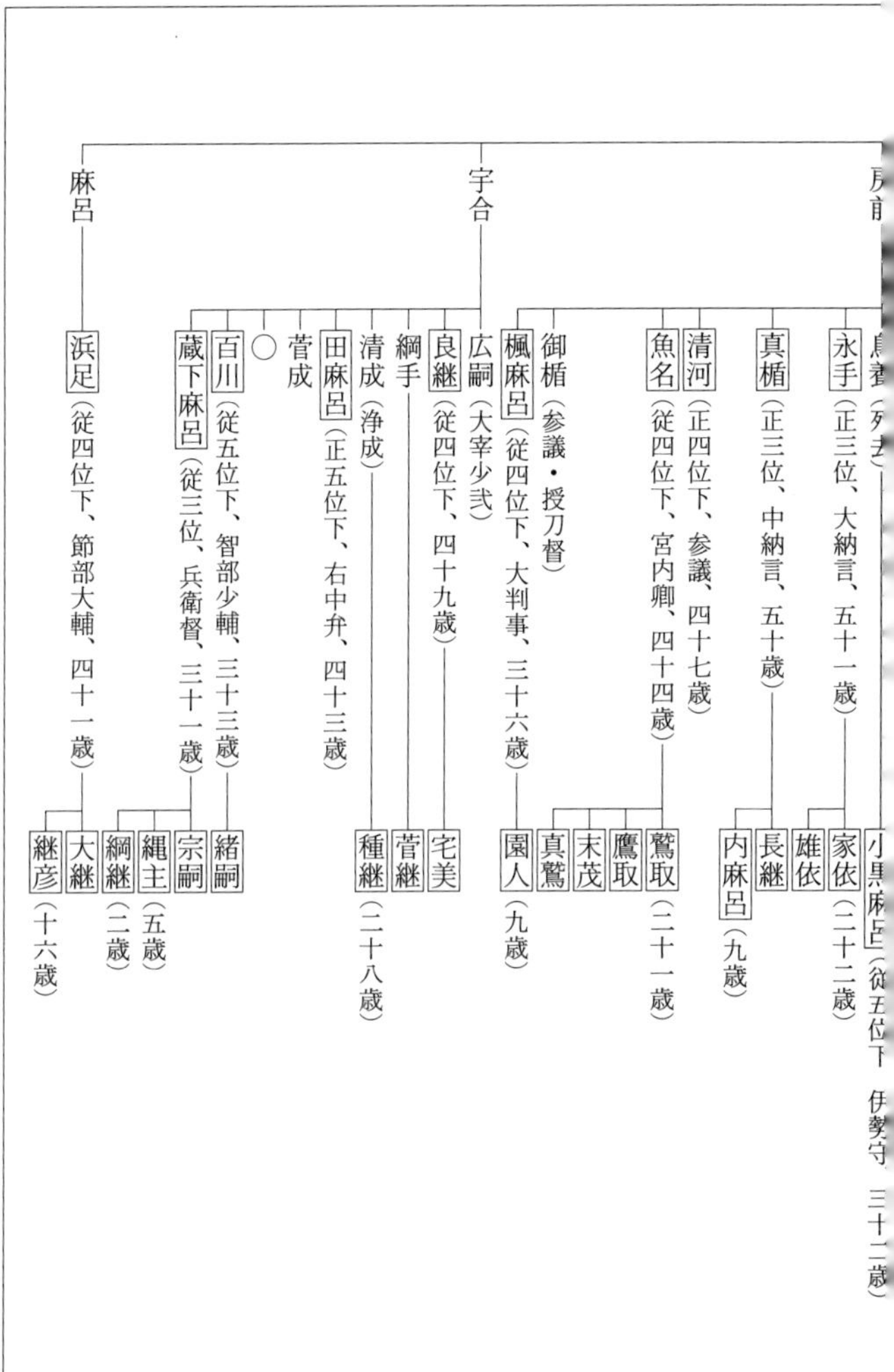
房前
鳥養（死去）
小黒麻呂（従五位下、伊勢守、三十二歳）
永手（正三位、大納言、五十一歳）
家依（二十二歳）
雄依
真楯（正三位、中納言、五十歳）
長継
内麻呂（九歳）
清河（正四位下、参議、四十七歳）
魚名（従四位下、宮内卿、四十四歳）
鷲取（二十一歳）
鷹取
末茂
真鷲
御楯（参議・授刀督）
楓麻呂（従四位下、大判事、三十六歳）
園人（九歳）
宇合
広嗣（大宰少弐）
良継（従四位下、四十九歳）
宅美
綱手
菅継
清成（浄成）
種継（二十八歳）
田麻呂（正五位下、右中弁、四十三歳）
菅成
○
百川（従五位下、智部少輔、三十三歳）
緒嗣
蔵下麻呂（従三位、兵衛督、三十一歳）
宗嗣
縄主（五歳）
綱継（二歳）
麻呂
浜足（従四位下、節部大輔、四十一歳）
大継
継彦（十六歳）

人の動向をまとめて述べる。まず南家である。武智麻呂長子の豊成は大宰員外帥に左降されていたが、乱の最中に右大臣に復帰した。その男の武良自《むらじ》（良因《りょういん》）は天平宝字六年（七六二）に従五位下に叙爵されたが、早世したようである。継縄《つぐただ》は天平宝字七年（七六三）に叙爵され、乱の後、越前守に任じられた。後に右大臣に上る。乙縄《おとただ》は奈良麻呂の変で日向掾《ひゅうがのじょう》に左降されたが、押勝の乱の論功《ろんこう》で叙爵された。縄麻呂《ただまろ》は早く天平勝宝元年（七四九）に叙爵されており、豊成家の嫡男という扱いを受けていた。その後の昇叙は遅れたが、押勝の乱に際して従四位下に進み、乱後に参議に任じられた。

　武智麻呂二男の仲麻呂は正一位大師として独裁権力を振るっていたが、押勝の乱によって誅された。仲麻呂長子の真従《まより》は、天平勝宝元年に従五位下に叙爵されたが、その後は史料に見えない。その妻であった粟田諸姉《あわたのもろね》が大炊王（淳仁天皇）と結婚したことは先に述べた。真先は天平宝字元年（七五七）に叙爵され、仲麻呂政権下で参議にまで上ったが、勝野鬼江で斬首された。朝獦は天平宝字元年に叙爵され、参議に上った。これも勝野鬼江で斬首された。訓儒麻呂は天平宝字二年（七五八）に叙爵され、参議に上った。押勝の乱の勃発時、鈴印を奪い返したが、孝謙が派遣した坂上苅田麻呂《さかのうえのかりたまろ》に射殺された。小湯麻呂《おゆまろ》は天平宝字三年（七五九）に叙爵されたが、勝野鬼江で斬首された。六男とされる刷雄《よしお》は天平勝宝四年（七五二）に叙爵され、遣唐留学生として渡唐した。押勝の乱に際して、若きより禅行《ぜんぎょう》を修していたとして死を免れ、隠岐国に流された（ただし、藤原姓は除かれたまま）。薩雄《さつお》は天平宝字三年に叙爵されたが、勝野鬼江で斬首された。辛加知《からかち》は天平宝字五年（七六一）に叙爵され、越前守に任じられたが、孝謙が派遣した追討軍によって斬殺された。執棹《さおとり》は天平宝字七年に叙爵され、美濃守《みののかみ》に任じられたが、追討軍によって斬殺されたものと思われる。

武智麻呂四男の乙麻呂《おとまろ》は仲麻呂政権下で武部卿《ぶぶきょう》（兵部卿）に任じられたが、天平宝字四年（七六〇）に死去している。その長男の是公《これきみ》は神亀四年（七二七）の生まれ。天平宝字五年に叙爵され、左勇士佐《さゆうじのすけ》（左衛士佐《さえじのすけ》）に任じられた。後に右大臣に上っている。

武智麻呂五男の巨勢麻呂《こせまろ》は参議にまで上ったが、仲麻呂と行動をともにして、藤原姓を除かれ、勝野鬼江で斬首された。その男には、この天平宝字八年までに叙爵を受けたものはいない。

総じて南家の官人は、嫡男豊成の子息が仲麻呂政権下の抑圧を受けて昇進が遅れ、異数の昇進を遂げた仲麻呂家（恵美家）の子息や仲麻呂の弟も押勝の乱でほぼ全滅状態となり、その復活は奈良時代末期を待たなければならなくなった。

四家の官人たち――北家

北家に目を転じよう。房前一男の鳥養の遺児としては、小黒麻呂《おぐろまろ》が押勝の乱後、従五位下に叙爵され、伊勢守《いせのかみ》に任じられている。後に大納言に上った。

房前二男の永手は天平宝字七年（七六三）に武部卿に任じられたが、押勝とは行動をともにせず、乱勃発の日に大納言に任じられた。後に右大臣に上っている。永手の長子である家依《いえより》は、この年にはまだ叙爵は受けていない。後に参議まで上った。二男の雄依《おより》も叙爵は受けていない。後に種継《たねつぐ》暗殺事件に連坐して、隠岐に流された。

房前三男の真楯は、天平宝字八年には中納言にまで上っていた。真楯を妬《ねた》んだ仲麻呂が滅び、真楯も道が開けるかと思われたが、大納言兼式部卿で死去している。真楯長子の真永《まなが》は『尊卑分脈』にしか見えない。二男の長継《ながつぐ》は宝亀《ほうき》三年（七七二）に叙爵されたが、内兵庫正《うちのひょうごのかみ》で終わっている。三男の内麻呂《うちまろ》は、右大臣にまで上った。内麻呂の子に冬嗣《ふゆつぐ》がおり、後の摂関家につながっていくことになる。

房前四男の清河は、参議のまま遣唐大使として渡唐した後、天平勝宝六年（七五四）に帰国しようとしたが、船は南方に漂流し、在唐のまま死去した。

房前五男の魚名は地方官を歴任していたが、押勝の乱の後、宮内卿《くないきょう》に任じられ、以後は枢機の地位を占めることになった。内臣・忠臣《ちゅうしん》・内大臣と歴任し、左大臣にまで上ったが、事に坐して左遷された。その長子の鷲取《わしとり》が叙爵されるのは宝亀二年（七七一）のことである。二男の鷹取《たかとり》も宝亀二年に叙爵されている。三男の末茂《すえしげ》は宝亀八年（七七七）に叙爵される。

四男の真鷲《まわし》は天応《てんおう》元年（七八一）に叙爵される。子孫の繁栄については、後に述べる。

房前六男の御楯《みたて》は、仲麻呂の女である児従《こより》と結婚し、参議・授刀督《じゅとうのかみ》兼伊賀《いが》近江《おうみ》按察使《あんさつし》としてその専権を支えたが、押勝の乱の三箇月前に死去した。子女は知られていない。

房前七男の楓麻呂《かえでまろ》は、天平宝字八年には従五位下大判事《だいはんじ》であったが、乱後の行賞《こうしょう》で従四位下に昇叙された。後に参議にまで上っている。楓麻呂長子の園人《そのひと》は、宝亀十年（七七九）に従五位下に叙爵されている。後に右大臣に上っている。

北家は永手と真楯が枢要の地位を占めていたが、次の世代は叙爵前であり、いまだ藤原氏の嫡流を南家から奪ったというほどの存在ではなかったことがわかる。

四家の官人たち――式家

式家では、宇合二男の良継は従五位上に留めおかれ、仲麻呂暗殺計画の咎で官位を剝奪されたが、押勝の乱の当日に従四位下に昇叙された。内臣を経て内大臣に上り、専権を振るうのは、後のことである。良継の男子は一人のみである（女子は桓武《かんむ》皇后の乙牟漏《おとむろ》など）。一男の宅美《やかみ》は宝亀二年（七七一）に叙爵され、越前守で終わっている。

宇合三男の綱手は、広嗣の乱に参加して斬殺されたが、菅継《すがつぐ》を残している。菅継は宝亀四年に叙爵され、種継暗殺後は式家の総帥《そうすい》の立場に立ったが、右京大夫《うきょうだいぶ》で終わっている。

宇合四男の清成は、広嗣の乱に連坐したものと思われるが、一子種継を残している。種継は天平神護《てんぴょうじんご》二年（七六六）に叙爵される。その後の活躍は後に述べる。

宇合五男の田麻呂は天平宝字五年（七六一）に叙爵され、押勝の乱平定後に右中弁《うちゅうべん》、外《げ》衛《え》中将《ちゅうじょう》に任じられた。後に右大臣に上っている。田麻呂の子女は史料に見えない。

宇合八男の百川は天平宝字三年に従五位下に叙爵され、智部少輔《ちぶのしょう》（宮内少輔《くないのしょう》）に任じられたが、百川が権力を得るのは、光仁天皇即位後のことである。

宇合九男の蔵下麻呂《くらじまろ》は、天平宝字七年に叙爵され、押勝の乱に際しては討賊将軍《とうぞくしょうぐん》としてこれと戦い、勝野鬼江で仲麻呂以下を斬首に処した。その功績で一挙に従三位に上り、兵衛《ひょうえの》督《かみ》に任じられた。後に参議にまで上っている。

式家は広嗣の乱の影響もあって、この頃になっても全般的に低調で、第四世代の奈良時代における叙爵者もわずか五名に過ぎなかった。これは南家の二十名、北家の十名と比較すると、数のうえでも少なく、しかもほとんどは従五位のままで終わっている。良継、田麻呂、百川、そして種継が専権を振るうのは、後の時代のことであった。

四家の官人たち——京家

京家となると、さらに人数は少なく、第四世代の男子で確実に存在が確認できるのは浜足

（浜成）のみである。浜足は叙爵後、十三年も従五位下で留めおかれ、節部大輔《せつぶのたいふ》（大蔵大輔《おおくらのたいふ》）に任じられていたが、押勝の乱の行賞で、従四位下に昇叙された。宝亀三年（七七二）に参議に任じられたが、天応元年（七八一）に大宰員外帥に左降されている。

以上、藤原氏全体を眺めてきたが、南家は仲麻呂政権下の抑圧と押勝の乱による打撃を受け、北家は永手と真楯が枢要の地位にあるものの、次の世代は叙爵前であり、式家は広嗣の乱の影響もあり、この頃になっても低調で、京家は実質的に浜足しかいない状況であった。いま少し時代が降らなければ、次の権臣が出てこないという状態に置かれていたことが窺える。

称徳と道鏡の王権

さて、仲麻呂が斬殺された二日後の天平宝字八年（七六四）九月二十日、孝謙太上天皇は道鏡に大臣禅師《だいじんぜんじ》の位を授けた（『続日本紀』）。すでに乱の最中、右大臣藤原豊成、大納言藤原永手、中納言白壁王・藤原真楯、参議山村王・和気《わけ》王・吉備真備・藤原縄麻呂・粟田道麻呂《みちまろ》・弓削御浄浄人《ゆげのみきよのきよひと》による新政権を発足させていたが、ここに至って新政権の中心が定められたことになる。

皇権を発揮し始めた孝謙は、次に淳仁天皇の処置に着手し、十月九日に聖武の「遺詔」を宣した。「天下を孝謙に授けた以上、王を奴《やっこ》としようとも、奴を王と言うとも、思い通りにせよ、たとえ汝《いまし》（孝謙）の後に皇位に即いても、汝に無礼であるような者を皇位に置いておいてはいけない」というもので、淳仁は淡路に流された（『続日本紀』）。

孝謙は五日後、事実上の重祚宣言を行ない（『続日本紀』）、以後は称徳天皇としてはじめて天皇大権を単独で獲得し、いよいよその専恣《せんし》を発現していくことになる。

翌天平神護元年（七六五）十月、紀伊《きい》国への行幸の列が発し、玉津島《たまつしま》（現和歌山市和歌浦）に到った。大炊親王となった淡路廃帝が死去したのは、この時のことであった。その後、称徳は道鏡の出身地である河内《かわち》国弓削行宮《ゆげのかりみや》（現大阪府八尾市）に到り、閏十月に道鏡を太政大《だいじょうだい》臣禅師《じんぜんじ》に任じた（『続日本紀』）。

天平神護二年に入ると、永手が正月八日に右大臣に任じられ、十月二十日に左大臣に上るなど、異数の昇進を遂げていた。前年十一月の豊成の死去を承け、称徳・道鏡政権としても、永手を太政官におけるパートナーとして定めたのであろう。

なお、永手が右大臣に任じられた際には、天智《てんじ》が鎌足・不比等に下賜したという「しのびごと（誄）の書」がその根拠とされた。そこには、「鎌足・不比等の子孫で、浄く明るい心で朝廷に仕奉する者を、必ず相応に処遇する。その家門は絶やさない」と述べられていたというのである（『続日本紀』）。歴代の藤原氏の仕奉と同様、藤原氏の官人がこの異常な王権にも仕奉することが求められたことになる。もちろん、「書」の実在は不明である。

この正月に白壁王と真楯が大納言に任じられているが、真楯は三月に死去してしまった。七月には式家の田麻呂と南家の継縄が、それぞれ参議に任じられている。北家の永手、南家の縄麻呂と合わせ、これで三家から四人の議政官を出していることになる。

この年十月、六月に「出現」させていた舎利《しゃり》を仏からの明示として、称徳は道鏡を天皇に準じる法王《ほうおう》という地位に上らせた。称徳主導の専制体制のもとで、称徳が構想した仏教と天皇との共同統治体制であったという（勝浦令子『孝謙・称徳天皇』）。永手を左大臣、真備を右大臣に上らせたのは、この日のことであった。

なお、春日《かすが》大社は、鎌倉《かまくら》初期の社家の記録『古社記《こしゃき》』によると、神護景雲《じんごけいうん》二年（七六八）に御蓋山麓《みかさきんろく》の現社地に創祀《そうし》されたと伝えられる。称徳の意を承けた永手によって、藤原氏の氏神《うじがみ》と祖神《そじん》である武甕槌命《たけみかづちのみこと》・経津主命《ふつぬしのみこと》・天児屋根命《あめのこやねのみこと》・比売神《ひめがみ》を合祭《ごうさい》したとされる。東国（鹿島《かしま》・香取社《かとりしゃ》）に祀《まつ》られた王権神を藤原氏が氏神とし、春日社に勧請《かんじょう》したものである。

神護景雲三年（七六九）の五月頃、大宰主神《だざいのかんつかさ》の習宜阿曾麻呂《すげのあそまろ》が、宇佐八幡神《うさのやはたのかみ》の命として、道鏡を皇位に即けよという神託《しんたく》をもたらした（『続日本紀』）。この事件は、皇族以外の人物が皇位を窺った、あるいは天皇が皇族以外の人物に皇位を嗣がせようとした事件として、特異なものではあるが、この事件の先蹤《せんしょう》として、恵美押勝の准皇親化政策があることも、看過すべきではなかろう。押勝の到達した天皇観をいま一歩推し進めて、自ら実現しようとしたのが、道鏡であったと考えることができるからである（岸俊男『藤原仲麻呂』）。なお、神託事件は九月に決着し、道鏡を皇位に即けようという動きは失敗に終わった。

翌宝亀元年（七七〇）二月の由義宮《ゆぎのみや》（西京《さいきょう》、元の弓削行宮）行幸の際に不予に陥った称徳は、四月に帰京しても政事は執れずに誰とも謁見《えっけん》できず、左大臣永手と右大臣真備による厳戒態勢のなか、八月四日、ついに平城宮西宮《へいじょうきゅうさいぐう》の寝殿《しんでん》で死去した（『続日本紀』）。五十三歳。

光仁天皇の擁立

皇嗣が決定していない状況のなか、『続日本紀』によると、即日、左大臣藤原永手（北家）、右大臣吉備真備、参議藤原宿奈麻呂（良継、式家）・藤原縄麻呂（南家）・石上宅嗣《やかつぐ》、近衛大将《このえのたいしょう》藤原蔵下麻呂（式家）は、策を禁中《きんちゅう》に定め、白壁王を立てて皇太子とした。

すでに天武系の皇親がいなくなってしまっていたこと、白壁王が聖武皇女の井上《いのうえ》内親王と結婚し、他戸《おさべ》王を儲けていたことを考えると、妥当な選択とも言えよう。なお、その即位前紀では、白壁王は王権からの危険視を恐れながら、

> 勝宝以来、皇統には皇嗣がなく、人はあれこれを疑って、罪し廃された者が多かった。

天皇（白壁王）は深く横禍《こうか》の時を顧《かえり》み、或いは酒を縦《ほしいまま》にして能力を隠し、この故によって害を免れたのは数多《あまた》であった。

という雌伏《しふく》の時を送っていたとある（『続日本紀』）。

この白壁王の立太子は、藤原百川をはじめ、永手や良継が、文室浄三《ふんやのきよみ》や大市《おおち》（ともに長親《なが》王の子）という天武系元皇親を推した吉備真備の意見を退け、宣命を偽作《ぎさく》して、成し遂げたものであったとされる（『日本紀略《にほんきりゃく》』所引「百川伝」）。

聖武の血を引く他戸王への中継ぎの男帝として、老齢の白壁王を立てることは、臣下に降った者を立てるよりも、支配者層のいずれにも納得しやすい選択肢であったに違いない。藤原氏の策謀は筋書きどおりに成功したかに見えていたはずである。

皇太子白壁王は、さっそく道鏡を造下野国薬師寺別当《ぞうしもつけのくにやくしじべっとう》として都から追放したうえで、十月一日に即位して光仁天皇となった（『続日本紀』）。

こうして即位した光仁であったが、六十二歳という高齢を考えれば、その本質的な位置付けとしては、この年十歳の他戸親王への適当な時期における禅譲《ぜんじょう》が予定されていたはずである。十一月、井上内親王を皇后に定め、翌宝亀二年（七七一）正月、他戸親王が皇太子に定められた。その宣命では、山部《やまべ》親王（後の桓武天皇）らの兄親王を差し措いて立太子した事情を、井上皇后の所生であるからと、ことさらに述べている（『続日本紀』）。

　こうして宮廷がようやく安定を見せたかと思われた二月二十二日、左大臣藤原永手が死去した。この情勢を承けて、三月十三日、太政官首脳部に異動があった。大納言の大中臣清麻呂が右大臣、中納言の藤原良継が内臣、中納言の文室大市と参議の藤原魚名が大納言、参議の石川豊成・藤原縄麻呂が中納言に、それぞれ昇任した（『続日本紀』）。

　永手亡き後、権力基盤の固まっていない光仁が、自己の擁立に功績のあった良継を信任して政治の枢機に与らせたのも当然であったが、正三位と位階の低い良継を、他の二位官人を超越して大臣に任じるわけにもいかず、内臣という地位を半世紀ぶりに復活させたのであろ

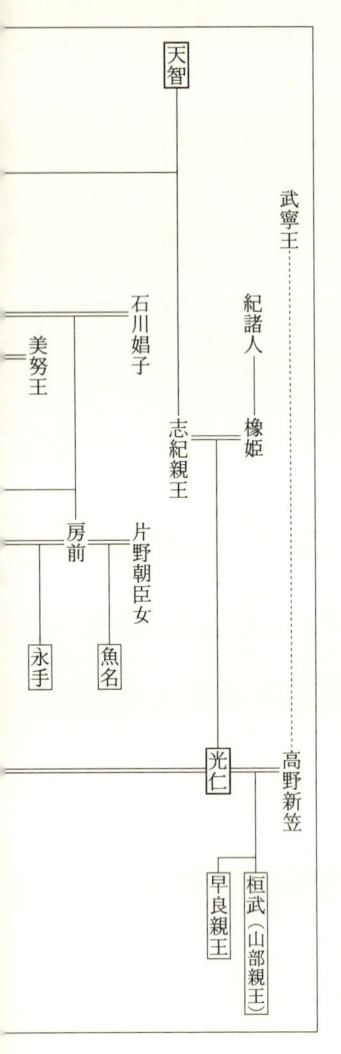

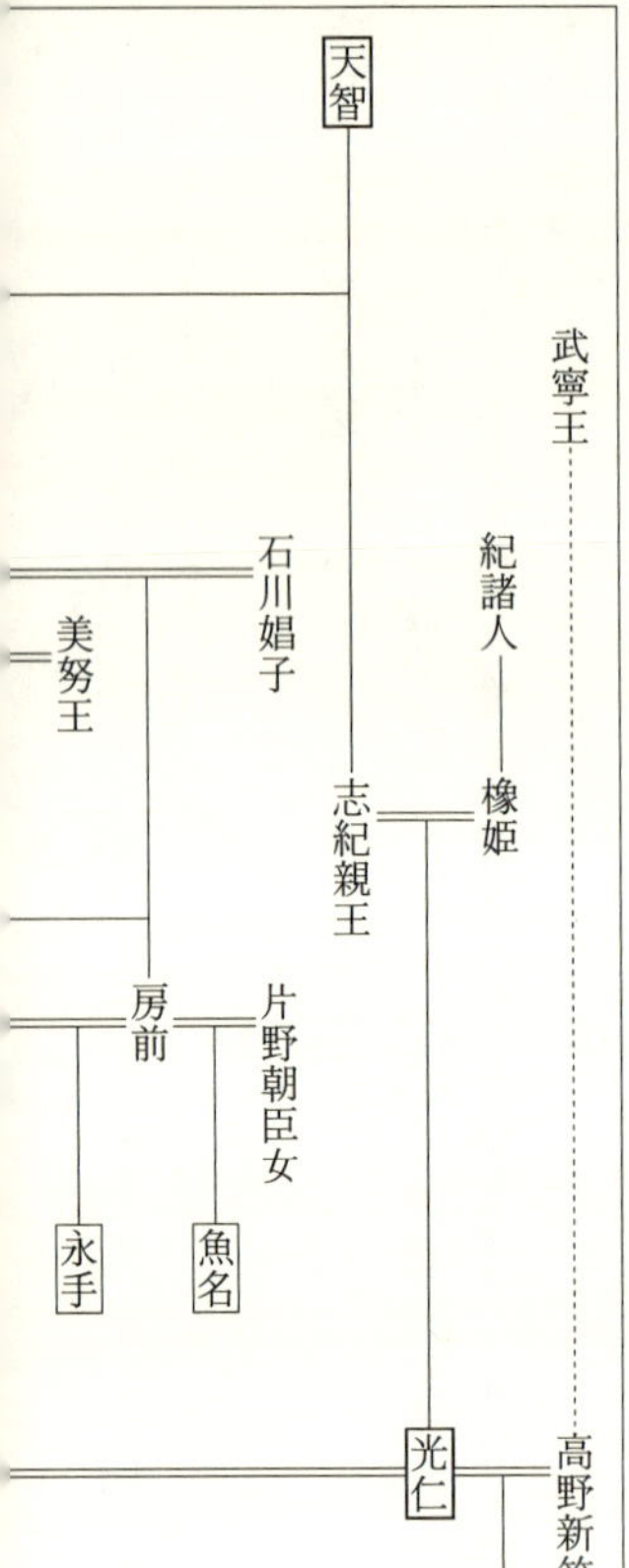

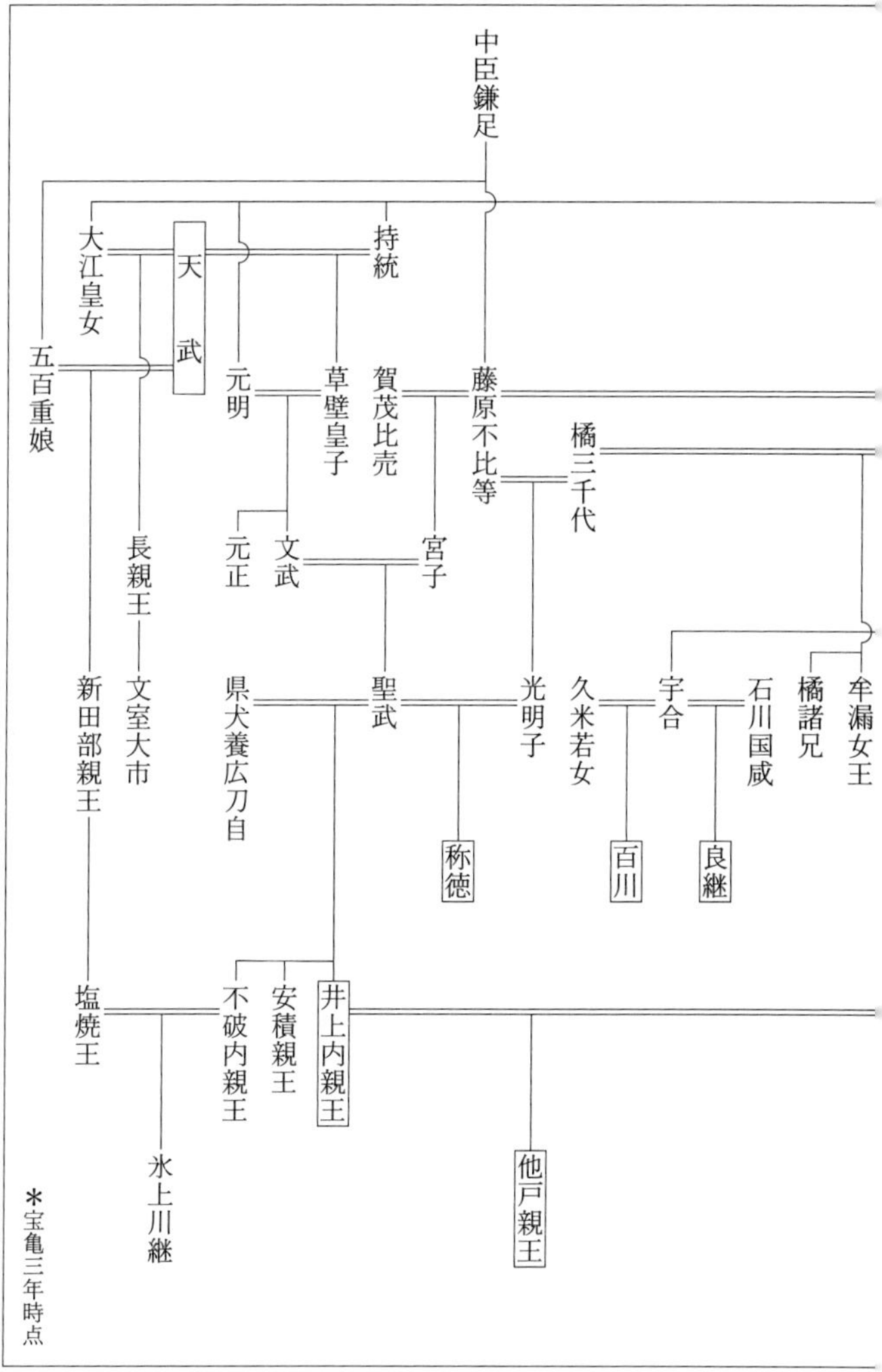
中臣鎌足
持統
天武
大江皇女
五百重娘
元明
草壁皇子
賀茂比売
藤原不比等
橘三千代
長親王
元正
文武
宮子
新田部親王
文室大市
県犬養広刀自
聖武
光明子
久米若女
宇合
石川国咸
橘諸兄
牟漏女王
称徳
百川
良継
塩焼王
不破内親王
安積親王
井上内親王
氷上川継
他戸親王
*宝亀三年時点

う。その薨伝には、内臣に任じられて以来、「政を専らとし志を得て、官人の昇進や降格を自由にした」と称された専権を振るったと記されている（『続日本紀』）。

また、魚名が中納言を経ずに一挙に大納言に上ったことも特筆される。すでにその専権の片鱗《へんりん》が窺えよう。この後、十一月には百川が参議に上り（『続日本紀』）、良継の領導による「藤原式家主導体制」が構築されたとされる（木本好信『藤原種継』）。

他戸の廃太子と山部の立太子

そのような折、宝亀三年（七七二）三月に、皇后井上内親王が巫蠱《ふこ》に連坐して廃されるという事件が起こった。百川を中心とした陰謀であると推定されている（角田文衞「宝亀三年の廃后廃太子事件」）。いかにもその薨伝に、「天皇は甚だ信任し、腹心を委ねた。内外の機務《きむ》で関わり知らないことはなかった」と称された（『続日本紀』）百川に相応しい策動である。

なお、この事件の直後の任官で、北家の藤原楓麻呂と京家の藤原浜足が、ともに参議に任じられている（『続日本紀』）。京家から議政官が出たのは三十五年ぶりのことであった。

次いで五月、他戸皇太子が、その地位を追われた。「井上内親王の魘魅《えんみ》大逆《たいぎゃく》の事」が何度も発覚しているので、「謀反大逆の人の子」を皇太子にしておくわけにはいかない、という理由である。井上内親王と他戸とは、後に大和《やまと》国宇智《うち》郡の没官《もっかん》された宅に幽閉《ゆうへい》され、その二年後、同日に死去した（『続日本紀』）。

翌宝亀四年（七七三）正月、山部親王が皇太子に立てられた。立太子宣命にある「このようになった事情をよく理解して、百官人たちは皇太子にお仕えするように」という異例の語は、光仁の苦悩を物語っているようである（『続日本紀』）。

式家主導体制の衰退

宝亀五年（七七四）五月には式家の蔵下麻呂と南家の是公が参議に任じられ、式家主導体制が強化された。これで議政官十四名のうち、藤原氏は十一名、中で式家は四名を数えることとなった。

ところが、参議に任じられたばかりの蔵下麻呂は翌宝亀六年（七七五）七月に四十二歳で死去してしまった。宝亀八年正月には良継が内大臣に任じられ、名実ともに太政官首班となったが、それも束の間、七月に良継は病に倒れ、九月には死去してしまう（『続日本紀』）。六十二歳。議政官の補充として参議に任じられたのは北家の家依であり、良継の専権を継ぐべき式家の百川は参議に過ぎず、式家の権力は明らかに衰退していった。

代わって太政官を領導したのは、北家の魚名であった。魚名は宝亀九年（七七八）三月三日に内臣に任じられ、同月三十日には「忠臣」に転じた（『続日本紀』）。光仁は、魚名を律令

藤原百川「相楽墓」

制外の変則的・ミウチ的官職である内臣、そしてこれまでに前例のない忠臣なる地位に就けて、右大臣大中臣清麻呂を牽制《けんせい》しながら魚名に専権を振るわせたのであろう。こうして政権担当の実績を積んだ魚名は、翌宝亀十年正月には内大臣、そして清麻呂が致仕した天応元年（七八一）六月には左大臣に上っている。

宝亀十年七月には、百川が死去した。四十八歳。有能な権臣の死によって、式家の権力はますます低下した。代わりに九月に参議に任じられたのは、南家の弟縄《おとただ》（乙縄）であった。十二月には中納言で南家の縄麻呂が死去したが、式家からは議政官の補充はなく、参議に任じられたのは北家の小黒麻呂であった。宝亀十一年（七八〇）になると、二月に式家の田麻呂と南家の継縄が中納言に任じられた（『続日本紀』）。

継縄の昇進は、室の百済王《くだらのこにきし》明信《みょうしん》が桓武の寵愛《ちょうあい》を受けるという「内助の功」によるものとされる。

桓武天皇即位

そして光仁が退位する日が来た。天応元年（七八一）四月、山部親王が即位して桓武天皇となり、翌日、同母弟の早良《さわら》親王が皇太子とされた（『続日本紀』）。百済《ひゃくさい》系の高野新笠《たかののにいがさ》から生まれた山部と早良が天皇と皇太子に即くという王権は、きわめて危ういものであった。しかも、両者を支えるべき式家の権力が弱体化していたことは、誰の目にも明らかであった。

桓武即位の直後、六月に参議藤原乙縄（南家）が死去、参議藤原浜成（京家）が大宰員外帥に降され、右大臣大中臣清麻呂が致仕、大納言石上宅嗣が死去と、議政官が相次いで姿を消した。その補充は、藤原魚名（北家）を左大臣、藤原田麻呂（式家）を大納言、藤原是公（南家）を中納言、大中臣子老《こおゆ》と紀船守《きのふなもり》を参議に任じるというものであった（『続日本紀』）。

しかし、桓武の権力基盤は弱体化の一途をたどった。十二月には異母弟《いぼてい》の薭田《ひえだ》親王が三十一歳の若さで不審な死を遂げ、次いで光仁太上天皇が死去した（『続日本紀』）。これで桓武は、王権を一人で支えなければならなくなったのである。

翌延暦《えんりゃく》元年（七八二）閏正月十一日、あの塩焼王と聖武皇女不破《ふわ》内親王の子である氷上川継《かわつぐ》の謀反が発覚し、大量の官人が京外に追放された。これを式家の主導した陰謀であったとすると、それは種継の政局への登場ということになる。種継は三月に議政官の補充として、参議に任じられている（『続日本紀』）。

そして六月、左大臣兼大宰帥《だざいのそち》藤原魚名が、事に坐して左大臣を罷免《ひめん》され、急き立《せ》てて任地に赴かされた。なお、魚名は病と称して摂津《せっつ》に留まっている（『続日本紀』）。かつての豊成と同じ手を使ったのであるが、魚名に復活の日が訪れることはなかった。

この魚名の罷免も、桓武自身の立太子や即位の正統性に関わるものか、式家の藤原乙牟漏の立后に関わるものか、それともすでに乙牟漏から宝亀五年（七七四）に生まれていた小殿《おて》親王（後の平城《へいぜい》天皇）の立太子を視野に入れたものなのか、様々に考えられる。

九歳に成長してきた小殿の将来の立太子を目的としたものという推測の背景としては、魚名の男である鷲取の女（『尊卑分脈』では藤子《ふじこ》）が桓武に入内しているという事実が挙げられるという（木本好信『藤原種継』）。藤子は延暦七年（七八八）に万多《まんだ》親王を産んでいる。種継が魚名を警戒するのももっともで、十分に蓋然性のある意見であろう。

魚名は乙牟漏立后直後の延暦二年（七八三）五月に、老病《ろうびょう》によって京に還ることが許されたが、実際に病は篤《あつ》かったようで、七月に死去している（『続日本紀』）。六十三歳。

さて、左降した魚名の後任として、桓武は延暦元年六月の内に、藤原田麻呂を右大臣、藤原是公を大納言に昇任させている。田麻呂は式家、是公は南家である。ここにきて、式家が復権してきたかのようにも見えるが、田麻呂はすでに六十一歳、翌延暦二年三月に死去してしまい（『続日本紀』）、式家の議政官は参議種継だけになってしまう。

藤原四家の官人の動向

ここで、魚名が左降された延暦元年（七八二）六月時点における藤原四家の官人の動向をまとめて述べることとしたい。すでに藤原氏も鎌足から数えて第六世代を迎えていた。

南家では、継縄と是公が議政官に座を占めるものの、次の世代となると、まだまだ若年であり、議政官を出すのは先のことであった。

北家では、小黒麻呂と家依が議政官にいたものの、その従弟である内麻呂や園人が顕貴《けんき》の地位に上るのはさらに後のことで、次の世代はいまだ叙爵後間もない時期であった。魚名が去った後には、北家も式家の勢威に圧されて、しばらくは振るわなかったのである。

式家は、良継や田麻呂、百川といった権臣が世を去った後は、もともと官人の数が少なかった（広嗣の乱のせいであるが）ために、低迷の時期を迎えていた。種継が専権を発揮するようになるまで、いましばらくの時間が必要だったのである。

京家の勢力は、質量ともにきわめて弱体であった。せっかく議政官に上った浜成も左降さ

- 不比等
  - 武智麻呂
    - 豊成（右大臣）
      - 武良自（丹後守）
        - 長道（主税頭）
        - 長山（三河守）
      - 継縄（中納言、五十六歳）
        - 真葛（備前介）
        - 乙叡（兵部少丞、二十二歳）
      - 乙縄（参議）
        - 浄岡（配流）
      - 縄麻呂（中納言）
    - 仲麻呂（大師）
      - 真従（中務少輔）
      - 真先（参議）
      - 朝獦（参議）
      - 訓儒麻呂（参議）
      - 小湯麻呂
      - 刷雄（上総守）
      - 薩雄（右虎賁率）
      - 辛加知（越前守）
      - 執棹（美濃守）
    - ○
    - 乙麻呂（武部卿）
      - 是公（大納言、五十六歳）
        - 真友（衛門佐）
        - 雄友
        - 弟友
    - 巨勢麻呂（参議）
      - 黒麻呂（治部大輔）
      - 長河（相模守）
      - 弓主（右衛士佐）
      - 真作
  - 房前
    - 鳥養（死去）
      - 小黒麻呂（参議、五十歳）
        - 葛野麻呂
        - 道継
        - 道雄

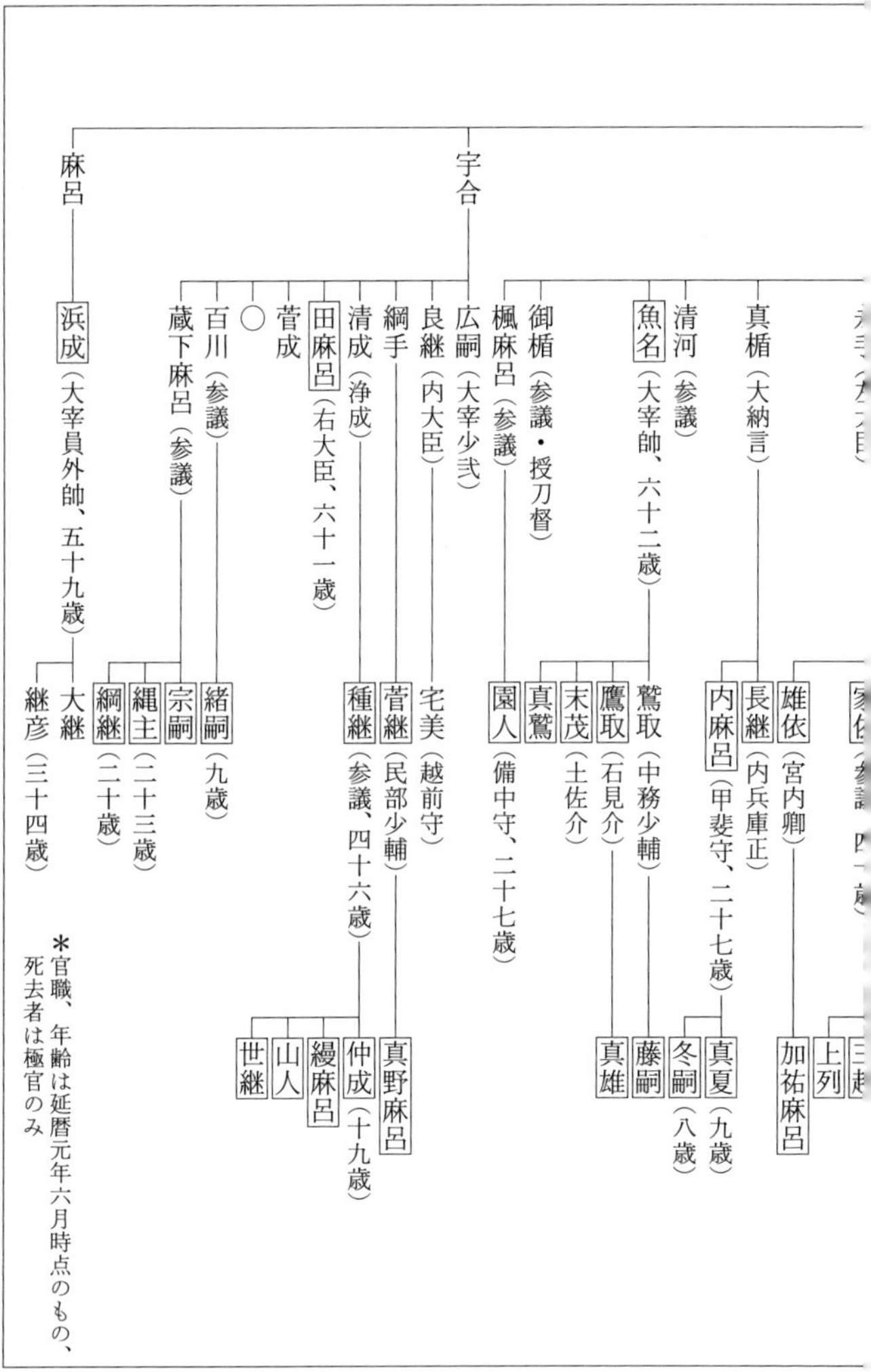
宇合
麻呂
真楯（大納言）
長継（内兵庫正）
内麻呂（甲斐守、二十七歳）
真夏（九歳）
冬嗣（八歳）
雄依（宮内卿）
加祐麻呂
上列
清河（参議）
魚名（大宰帥、六十二歳）
鷲取（中務少輔）
藤嗣
鷹取（石見介）
真雄
末茂（土佐介）
真鷲
御楯（参議・授刀督）
楓麻呂（参議）
園人（備中守、二十七歳）
広嗣（大宰少弐）
良継（内大臣）
宅美（越前守）
綱手
菅継（民部少輔）
真野麻呂
清成（浄成）
種継（参議、四十六歳）
仲成（十九歳）
縵麻呂
山人
世継
田麻呂（右大臣、六十一歳）
菅成
○
百川（参議）
緒嗣（九歳）
蔵下麻呂（参議）
宗嗣
縄主（二十三歳）
綱継（二十歳）
浜成（大宰員外帥、五十九歳）
大継
継彦（三十四歳）
＊官職、年齢は延暦元年六月時点のもの、死去者は極官のみ

れ、男たちもそれに連坐したことによる。ただし、子孫は細々と生き残り、貞観《じょうがん》十一年（八六九）に冬緒《ふゆお》が参議に任じられ、大納言にまで昇進することになる。

以上、藤原氏全体にとっても、しばらくはその権力に翳《かげ》りを見せていたということになる。官人の数は増加しても、上級官職の数は基本的には増えないのである。

種継の専権

さて、延暦二年（七八三）四月、まず桓武第一皇子の小殿親王の名（乳母《めのと》氏である安倍小殿《あべのおて》氏に因《ちな》む）を安殿《あて》親王（高貴を表わす「あて」）に改めたうえで、その生母である桓武夫人藤原乙牟漏（良継女）を皇后に立て、同日、その祝宴に際して、種継が従三位に昇叙された（『続日本紀』）。

乙牟漏の立后は、桓武の同母弟、ということは百済系の生母を持つ早良皇太子への兄弟継承を目指す勢力と、藤原式家の生母を持つ桓武の嫡系皇子である安殿への嫡子継承を目指す勢力との間の抗争が、目前に迫ってきていることを明らかにする措置であった。

そして藤原氏官人の中でただ一人、種継が叙位に与ったということは、彼が太政官の上席にある南家の是公と継縄（ともに五十七歳）を差し措いて、藤原氏の実質的な中心として桓武の権臣となったことを宣言するものであった。それは七月に是公を右大臣、継縄を大納言に昇格させても、変わることはなかったはずである。

明けて延暦三年（七八四）正月、北家の小黒麻呂と式家の種継が、並んで中納言に昇任した。種継は任官時期からも年齢からも最末席の参議から一挙に五人を越任《おつにん》したもので、これで公的な地位も手にしたことになる。

長岡宮大極殿跡

長岡遷都

種継の推進した事業は、暗黙裡《あんもくり》に進行していた安殿親王への皇太子の交代を除けば、長岡《ながおか》遷都であった。五月、種継をはじめとする相地使《そうちし》が派遣され、六月には種継を長官とする造長岡宮使《ぞうながおかきゅうし》が任命され（『続日本紀』）、新都の造営が開始された。

十月には長岡遷都のための御装束司《みしょうぞくし》と前後次第司《ぜんごしだいし》が任じられ、十一月には遷都詔が宣せられないまま、長岡遷都が行なわれている（『続日本紀』）。もちろん、宮内のすべての建物が完成していたわけではあるまいし、平城宮や後期難波宮からの移築も多かったのであろう。

桓武がここまで遷都を急いだ背景は、また別個に考えなければならない。甲子革令《かっしかくれい》、反桓武勢力の排除、仏教勢力との隔絶、複都制《ふくとせい》の廃止、水運の便、秦氏《はた》などの渡来氏族の存在、などである（佐藤信「長岡京から平安京へ」）。ただ、他戸王への中継ぎとしての性格が強かった光仁に比べて、まったくの新皇統を創出した桓武としてみれば、皇統の祖として新都に移ろうと考えたのは、あり得る話であろう。

延暦四年（七八五）に入っても、長岡京は完成を見ず、日夜兼行の突貫工事が続いていたのであろう。七月には、造宮《ぞうぐう》の役夫《えきふ》として「諸国の百姓三十一万四千人を和雇《わこ》す」という措置がとられている。八月二十四日、桓武は斎王朝原《さいおうあさはら》内親王の群行《ぐんこう》を見送るため、平城宮に行幸したが、種継は当然、留守として長岡宮に残り、造営を監督していた（『続日本紀』）。

種継暗殺事件

そして九月二十三日の亥剋（午後九時から十一時）、造宮現場で工事を督促していた種継が、二人の賊に射られて両箭《りょうせん》が身を貫き（『日本紀略』）、その矢傷が原因となって翌日に死去した（『続日本紀』）。四十九歳。その場所は「長岡宮の島町《しま》」であったという（『日本霊異記《にほんりょういき》』）。『日本紀略』（つまり削除前の『続日本紀』）によると、計画は八月二十八日に死去した大伴家持《やかもち》を首謀者として（事実かどうかは不明）、種継を暗殺し、朝庭《ちょうてい》（桓武）を殺害し、早良皇太子を即位させようというものであったという。

早良皇太子がこの陰謀に関係していたということは、安殿親王を立太子させたい桓武にとっては、まさに願ってもない陰謀であり（桓武の願うような「自白」が行なわれた可能性が高いが）、早良を乙訓寺《おとくにでら》に幽閉した。早良は抗議のために絶食したが（飲食を与えられなかったのかもしれない）、淡路に配流される移送中に死去した。それでも屍は淡路に送られたが（『続日本紀』）、これが後に桓武自身や十一月に立太子した安殿皇太子にどのような災厄《さいやく》をもたらすことになるのか、誰にも想像できなかったであろう。

これで式家の権力は失墜した。ただし、このまま没落したのではなかった。種継のおかげで結果的に立太子することができた安殿皇太子は、やがて即位して平城《へいぜい》天皇になると、種継の遺児である仲成《なかなり》と薬子《くすこ》を重用することになった。それがどのような結果をもたらしたかは、周知のとおりである（倉本一宏『平安朝 皇位継承の闇』）。

種継暗殺後も、長岡京の造営は続いた。そして九年後の延暦十三年（七九四）、桓武はさらに新たな都の造営を開始する。しかし、その都では、また新たな権臣が誕生し、陰謀と怨《おん》霊《りょう》が跋扈《ばっこ》する、新たな政変劇が繰り広げられることとなるのである。

第三章　藤原北家と政権抗争

一、平安京の確立と北家

長岡京の日々

藤原種継《たねつぐ》の死後、議政官構成には大きな変動は見られず、右大臣是公《これきみ》（南家《なんけ》）、大納言継縄《つぐただ》（南家）、中納言小黒麻呂《おぐろまろ》（北家《ほっけ》）による太政官領導が続いた。延暦八年（七八九）に是公が死去し、翌延暦九年（七九〇）に雄友《おとも》（南家）が参議に補充されたくらいである。

なお、後宮情勢では、延暦五年（七八六）九月に安殿《あて》皇太子の同母弟として、良継《よしつぐ》（式《しき》家《け》）女の皇后乙牟漏《おとむろ》から神野《かみの》親王（後の嵯峨《さが》天皇）が生まれ、百川《ももかわ》（式家）長女の藤原旅子《たびこ》が延暦五年に夫人として入内し、同年、大伴《おおとも》親王（後の淳和《じゅんな》天皇）を産んだことが注目される。政権中枢とは別に、式家が後宮に強い地歩を占めていたことがわかる。

ところが、延暦七年（七八八）に旅子、延暦八年に桓武《かんむ》生母の高野新笠《たかののにいがさ》、延暦九年に乙牟

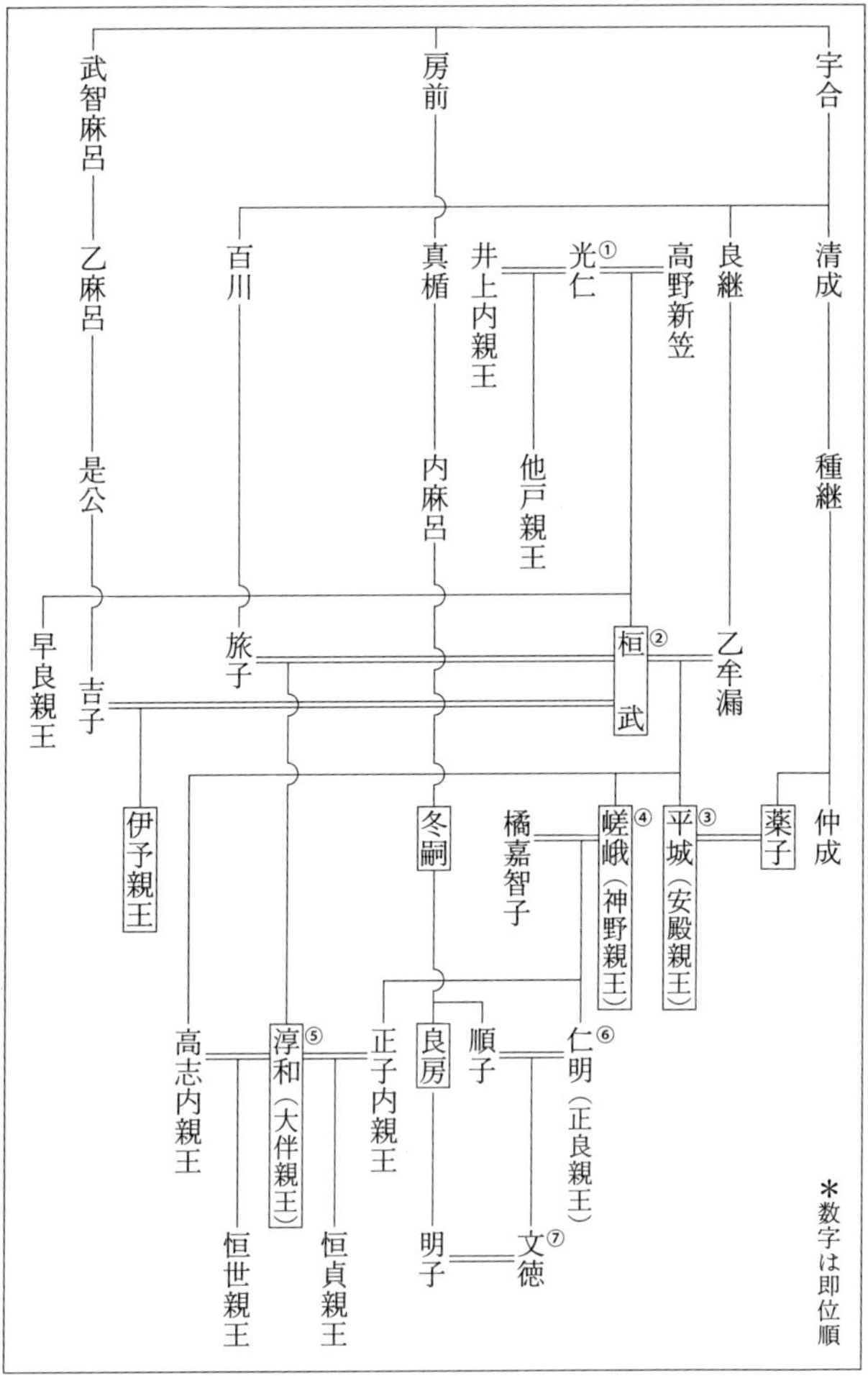

宇合
清成
種継
仲成
薬子
良継
乙牟漏
高野新笠
光仁①
井上内親王
他戸親王
房前
真楯
内麻呂
冬嗣
良房
明子
百川
旅子
武智麻呂
乙麻呂
是公
吉子
早良親王
桓武②
平城③（安殿親王）
嵯峨④（神野親王）
橘嘉智子
伊予親王
淳和⑤（大伴親王）
高志内親王
正子内親王
恒世親王
恒貞親王
順子
仁明⑥（正良親王）
文徳⑦
＊数字は即位順

漏が、相次いで死去してしまった（『続日本紀』）。安殿皇太子の病悩も併せ、これらは早良《さわら》親王の怨霊のせいであると認識された。怨霊の誕生である。なお、延暦十九年（八〇〇）に至り、早良親王は崇道《すどう》天皇と追称《ついしょう》され、その墓は山陵とされた（『日本後紀《にほんこうき》』）。

平安京遷都

平安京《へいあんきょう》遷都の動きが始まったのは、延暦十二年（七九三）正月のことであった。十六日に大納言藤原小黒麻呂らが山背《やましろ》国葛野《かどの》郡宇太《うだ》村（現京都市右京区宇多野）の地を視察し、二十一日には早くも長岡宮の解体が始まった。三月以来、桓武自身が何度も葛野に行幸して、新京を巡覧している（『日本後紀』）。

さて、延暦十二年九月、藤原氏の地位に大きな影響を与えた詔が出された（『日本後紀』）。

詔して云ったことには、「云々《しかじか》。見任《げんにん》の大臣と良家の子孫が、三世以下の女王と結婚することを許可する。ただし、藤原氏については代々相承けて執政の任に就いてきているので、他氏と同等とすることはできない。そこで特別に二世以下の女王を妻とすることを許す。云々」と。

平安京模型（京都市平安京創生館展示，京都市歴史資料館蔵）

律令の原則では、四世王（後に五世王）皇親の女性と諸臣との婚姻は禁止されていたが（養老継嗣令・王娶親王条）、ここに至って、藤原氏だけは累代《るいだい》の輔政によって二世以下の女王を娶ることが許されたのである。

そして延暦十三年（七九四）十月、新都への遷都が行なわれ、十一月に平安京と名付けられた（『日本後紀』）。遷都にともなう任官によって、藤原内麻呂《うちまろ》（北家）・真友《まとも》（南家）・乙叡《たかとし》（南家）が参議に任じられた（『公卿補任』。小黒麻呂はこの年七月に死去していた）。右大臣継縄と合わせ、しばらくは南家の主導が続いたのである。なお、内麻呂室の百済永継《くだらのながつぐ》も女孺《めのわらわ》として桓武の寵愛を受けており、継縄と似たような立場にあった。

なお、延暦十五年（七九六）に継縄、延暦十六年（七九七）に真友が死去し、延暦十七年

（七九八）に参議に補充されたのは式家の縄主《ただぬし》であった。なお、この時、内麻呂と乙叡は中納言に昇進している（『公卿補任』）。

延暦二十三年（八〇四）の年末から、桓武が病悩するようになった。この頃、藤原氏ではなく、この年に桓武の外戚である中納言和家麻呂《やまとのいえまろ》、翌延暦二十四年（八〇五）には征夷《せいい》の功臣である坂上田村麻呂《さかのうえのたむらまろ》や桓武側近の菅野真道《すがののまみち》・秋篠安人《あきしののやすひと》が参議に任じられた。そして延暦二十五年（八〇六）三月、桓武は死去した（『日本後紀』）。七十歳。

平城天皇の政治

即位した平城《へいぜい》天皇は、内麻呂（北家）を大納言、次いで右大臣、雄友（南家）を大納言、葛野麻呂と園人《そのひと》（ともに北家）を権参議《かりのさんぎ》、次いで参議に任じ、延暦二十一年（八〇二）に百川の長子ということで参議に任じられていた緒嗣《おつぐ》（式家）も合わせ、七人の藤原氏議政官で新時代に乗り出した。即位とともに大同《だいどう》と改元しているが（『日本後紀』）、これが後世、非礼であるとして非難を浴びることとなる。続いて同母弟の神野親王を皇太弟《こうたいてい》に定めた。

なお、平城には大宅内親王《おおやけ》・朝原内親王《あさはら》という桓武皇女と、式家の百川の女である帯子《たいし》が後宮にいたが、いずれも皇子を産むことはなく、皇統の嫡流の座から外れた。特に朝原内親王は井上内親王《いのうえ》を通して聖武《しょうむ》の血も受け継いでおり、父系にも母系にも自分の血を引く天皇の出現を望んだ桓武の皇位継承構想（春名宏昭『平城天皇』）とも合致し、天武《てんむ》系・天智《てんじ》系を統合した新たな嫡流皇統の創出となるはずであった（河内祥輔『古代政治史における天皇制の論理』）。しかし、平城は桓武の、また藤原氏の皇位継承構想に反旗を翻《ひるがえ》したことになる。

また、平城の目指した「改革」も、藤原氏をはじめとする貴族層から反撥を免れないものであった（倉本一宏『平安朝 皇位継承の闇』）。まず即位直後の大同元年（八〇六）五月、平城は六道観察使《ろくどうかんさつし》を設置した。これは参議が六道一つずつを担当し、地方の実状を把握しようとしたものである。大同二年（八〇七）四月には、参議を廃止し、観察使のみとした（『日本後紀』）。これは太政官組織にとっての危機であり、特に公卿《くぎょう》と称される上級貴族の動揺と反撥は想像に余りある。公卿議定に参与する議政官から地方情勢を把握するに過ぎない地位への転換は、ほとんどすべての参議にとっては、地位の低下と認識されたことであろう。

また、平城は大同元年七月から諸司の廃止・改編を積極的に行なった。不要な官司は必要ないという、至極当たり前の発想であるが、それを実行することがいかに困難であるかは、容易に察せられよう。大同三年（八〇八）に入ると、多くの官司が整理統合され、官員の増減、給与体系の再構築、大学《だいがく》入学の義務化などの措置が命じられ（『日本後紀』）、官人体系そのものが大きく動揺することとなった。

平城としては、無駄を省き、官僚組織を効率化することを目指したのであろう。しかしながら、天皇は支配者層全体の利害を体現するために存在する。このような「やる気のあり過ぎる天皇」は、概して貴族社会から浮き上がり、やがて悲惨な末路をたどることになる。

伊予親王の変と藤原氏

そのような不穏な雰囲気のなか、大同二年（八〇七）十月、北家の藤原宗成《むねなり》が桓武第三皇子（平城の異母弟）の伊予《いよ》親王に謀反を勧めているということを聞いた南家の雄友が、それを内麻呂に告げた。宗成は、計画の首謀者は伊予親王であると「自白」し、十一月に伊予親王と生母の吉子《きちし》（是公の女で雄友の妹）は川原寺《かわらでら》に幽閉され、飲食を与えられなかった。母子は薬を仰いで自殺し（『日本後紀』）、大納言雄友が連坐して伊予に流罪となり、中納言乙叡も解官《げかん》された（『公卿補任』）。

この事件は、式家の藤原仲成《なかなり》が宗成を操って、南家の勢力を一気に貶《おとし》めたものとされている（目崎徳衛「平城朝の政治史的考察」）。この事件によって、議政官（観察使も含む）は右大臣内麻呂の他は、観察使に式家の縄主と緒嗣、北家の葛野麻呂と園人が並ぶという、二家のみによって構成されることとなった。なお、葛野麻呂は大同三年に中納言に昇進している。

平城天皇の譲位

大同三年（八〇八）の春から病悩していた平城は、大同四年（八〇九）四月、突然に神野皇太子に譲位した（嵯峨天皇）。この時に病んでいた「風病《ふうびょう》」に関して、精神的な疾患があって国政を怠りがちになっているため、天皇としては不適任だと評価する考え方については、明確に否定しておきたい（倉本一宏『平安朝 皇位継承の闇』）。

むしろ、自身の皇子である高岳《たかおか》親王（生母は伊勢《いせ》国の地方豪族出身の伊勢継子《いせのけいし》）を嵯峨の皇太子に立てるために、早期に譲位を行なったという側面もあるのであろう（河内祥輔『古代政治史における天皇制の論理』）。

譲位した平城は病気回復を願って居処を五回替え、十一月に平城《へいじょう》旧宮に離宮《りきゅう》の用地を占《せん》定《てい》し、十二月に平城宮に遷幸《せんこう》した（『日本後紀』）。現在、「復元」された第一次大極殿の建つ地である。

「薬子の変」の発端

嵯峨の方も七月から体調を崩し、伊予親王や早良親王（崇道天皇）、さらには平城や嵯峨の生母である藤原乙牟漏の霊を鎮撫《ちんぶ》する措置がとられている。嵯峨の恐怖の対象がわかる。

翌弘仁元年（八一〇）になっても嵯峨の病悩は回復しなかった。そして三月、嵯峨は蔵人《くろうど》所《どころ》を設置し、嵯峨の勅令《ちょくれい》を（藤原薬子《くすこ》などの女官《にょうかん》を介さず）直接に太政官組織に伝える態勢を整えている。蔵人頭《くろうどのとう》に補されたのは、内麻呂の子である藤原冬嗣《ふゆつぐ》であった（『公卿補任』）。内麻呂は嫡子の真夏《まなつ》を平城の側近に配し、次男の冬嗣を嵯峨に接近させたのである。

七月十九日、嵯峨は内裏を出て東宮に遷御した。同時に平城に神璽《しんじ》を返し、退位しようとしたことを、後の淳和への譲位詔で語っている。これを平城が真に受けたとすれば、それから後の平城の行動も嵯峨の要請を承けたものであることになる（春名宏昭『平城天皇』）。

そして九月六日、平城は平城旧京への遷都を号令する。これに対し嵯峨は、九月十日、遷都によって人々が動揺するというので伊勢・美濃《みの》・越前《えちぜん》の三関を固め、宮中を戒厳下に置いた。そして仲成を拘禁し、薬子と仲成の罪状を詔として読み上げ、薬子を官位剥奪・宮中追放に処し、仲成を佐渡権守《さどのごんのかみ》に左遷した（『日本後紀』）。

「薬子の変」の顚末

春名宏昭氏は、この事変の本質を、嵯峨天皇の政権が、平城太上天皇の専制的な国政運営を押し止《とど》めるために起こしたクーデターであると断じられた。平城に歯向かった嵯峨側の行為こそ、クーデターと呼ぶしかないというのである（春名宏昭『平城天皇』）。

考えてみれば、天皇を政治的に後見するのが太上天皇の本来の姿であったはずであるから、太上天皇の方から天皇政権に対して、クーデターを起こすということはあり得ない事態である。ただし、当時、嵯峨自身は病に臥《ふ》せっていた。嵯峨天皇の名の下に嵯峨の朝廷を動かしたのは、むしろその周辺にいた北家を中心とした政治勢力であったと考えるべきであろう。

平安京政権の動きを知った平城は激怒し、諸司・諸国に軍事防衛体制をとるよう命じるとともに、畿内《きない》と紀伊《きい》の兵を徴発して、十一日の早朝に東国に赴こうとした。平城はクーデターを謀った嵯峨の命にこれほど多くの官人たちが従うとは想像もせず、平安京の動きはすぐに鎮圧されると思って疑わなかったのであろう（春名宏昭『平城天皇』）。一方、嵯峨（と内麻呂）は坂上田村麻呂を美濃道に派遣するとともに水陸交通の要衝に頓兵《とんへい》を配備し、拘禁していた仲成を射殺した（『日本後紀』）。

翌十二日、平城の一行は、直線距離で五キロほど進んだ大和国《やまと》添上郡《そうのかみ》越田村《こしだ》（現奈良市北之庄町）で行く手を遮《さえぎ》られた。平城は平城宮に引き返して剃髪《ていはつ》、薬子は服毒自殺した。平城への忠誠を貫いた内麻呂嫡男の真夏は備中権守《びっちゅうのごんのかみ》に左遷され、政治生命を終えた（『日本後紀』）。

というのが「薬子の変」の顚末《てんまつ》である。もちろん、以上はすべて、クーデターに成功した嵯峨側の残した記録に基づく「正史《せいし》」の叙述である。

皇太子の廃立

このようにして、いわゆる「薬子の変」は、あっけなく決着した。九月十三日、嵯峨は、平城の一行に従った官人の罪を不問にするとともに、皇太子高岳親王を廃し、皇太弟に大伴親王（後の淳和天皇）を立てた。もちろん、高岳には何の罪もないのだが、この迅速にして果断な処置が、この事変の本質を雄弁に物語っていると言えよう。出家した高岳（真如《しんにょ》）は唐《とう》に渡り、さらにインドに向かって、途中、（一説には「虎害《こがい》」によって）命を落としたとされる。

嵯峨としても、高岳が即位した後の皇太子に自分の皇子を立ててくれる保証はなく、ここで平城の皇統を排除したうえで高岳に替えて弟の大伴を皇太弟に立てれば、その次に自分の皇子にまわってくる公算も高い。この事変には、病床にあった嵯峨の思惑も見え隠れする。

思惑どおりに平城とその皇統を葬った嵯峨とその朝廷であったが、その後は当初の予定どおりにはいかなかった。妃である桓武皇女の高津《たかつ》内親王は業良《なりよし》親王を産んだものの、後に妃を廃され、業良も叙品《じょぼん》されることなく、不審な死を遂げる。結局、嵯峨は右大臣内麻呂（北家）の女である夫人の緒夏《おなつ》からも子をなすことはなく、後継者である正良《まさら》親王（後の仁明《にんみょう》天皇）を産んだのは、何と橘《たちばな》氏出身の皇后嘉智子《かちこ》であった（冬嗣は室の藤原美都子《みつこ》を通して嘉智子と遠い姻戚関係にあったのではあるが）。あの橘奈良麻呂《ならまろ》の孫から生まれた仁明が、嵯峨皇統の嫡流となっていく。

平安京の確立と冬嗣の昇進

そして鎌倉《かまくら》時代初期に鴨長明《かものちょうめい》が『方丈記《ほうじょうき》』で、平安京に都が定まったのが嵯峨天皇の時代であったと回顧したように、ここに平安京が「万代宮《よろずよのみや》」の帝都の地位を確立した。

一方、仲成たちの式家を没落させた藤原北家が急速に勢力を伸張し、政界制覇の道を直進することになったのである（橋本義彦「〝薬子の変〟私考」）。事変の翌弘仁二年（八一一）正月には冬嗣が三十七歳で参議に任じられた。弘仁三年（八一二）に右大臣内麻呂が死去しても、後任の右大臣に任じられたのは、同じ北家の園人であった（『日本後紀』）。この年には同じ北家の藤嗣《ふじつぐ》も参議に任じられていて、藤原氏の議政官は、北家四人、式家二人となった。

冬嗣は弘仁七年（八一六）に権中納言《ごんちゅうなごん》、弘仁八年（八一七）に中納言、弘仁九年（八一八）六月に大納言と、急速に昇進していった。そして弘仁九年十一月に中納言葛野麻呂（六十四歳）、十二月に右大臣園人（六十三歳）と、北家の旧世代官人が死去すると、太政官首班の座に就いた。冬嗣は弘仁十二年（八二一）にはついに右大臣に上っている（『日本後紀』）。

冬嗣はこの弘仁十二年、大学寮《だいがくりょう》の南に勧学院《かんがくいん》を設置し、藤原氏出身の学生の便宜をはかった。勧学院は氏社・氏寺の管理にもあたり、まさに藤原氏の発展に大きく寄与した。なお、

興福寺南円堂

興福寺南円堂《なんえんどう》は、冬嗣が内麻呂の一周忌供養のために建立したものである（『興福寺縁起』）。後世には、南円堂の建立によって北家の繁栄がもたらされたという信仰が生まれた。

　また、冬嗣と嵯峨との関係に関して、瀧浪貞子氏が興味深い指摘をされている。冬嗣は、長《なが》良《ら》・良房《よしふさ》・良相《よしみ》などすべての男子八人に「良」字を冠しているが、嵯峨も正良・業良など五人の皇子に「良」字を付けたという事実である。冬嗣男には諱が避けられていないのみならず、子供たちに「良」字を共通させることで、冬嗣一家を天皇家に連なる一族として扱うことを表明したというのである（瀧浪貞子『藤原良房・基経』）。

淳和天皇即位と嵯峨太上天皇

嵯峨は弘仁十四年（八二三）に位を皇太弟大伴親王に譲ったが（淳和天皇）、太上天皇の政治的地位に一定のけじめを付け、「父子の儀」を前面に押し出した「院」へと変貌《へんぼう》させた。なお、淳和の生母は式家の百川長女の旅子である。政治の世界とは別に、平城・嵯峨・淳和と、式家の女性が産んだ天皇が続くこととなった。

閑院故地

淳和は恒世《つねよ》親王（母は桓武と藤原乙牟漏の間に生まれた高志《こし》内親王）を皇太子に立てようとしたが、恒世がこれを固辞し、代わって嵯峨皇子の正良親王（後の仁明天皇、母は橘嘉智子）が皇太子となった。淳和はその次には恒世をと期待していたはずであるが、恒世は天長《てんちょう》三年（八二六）に死去してしまった。淳和には他に皇后正子《まさこ》内親王（父は嵯峨、母は橘嘉智子）との間に恒貞《つねさだ》親王が産まれたばかりであり、嵯峨皇統と淳和皇統のどちらが嫡流となるかについて、この後、相当な神経戦が繰り広げられたという（坂上康俊『律令国家の転換と「日本」』）。

天長二年（八二五）に冬嗣が左大臣に上ったのと同時に、式家の緒嗣（淳和生母である旅子の異母兄）が右大臣に任じられたのも（『日本後紀』）、この間の後宮情勢の反映であろう。なお、弘仁十四年に三守《みもり》が辞職し、天長元年（八二四）に貞嗣《さだつぐ》が死去した結果、藤原氏の議政官は北家の冬嗣と式家の緒嗣のみとなり、天長二年に式家の綱継《つなつぐ》、翌天長三年に北家の愛発《ちかなり》（冬嗣の異母弟）が、それぞれ参議に任じられて、補充された。

この間、冬嗣は女の順子《じゅんし》を正良親王に、愛発は女を恒貞親王に、それぞれ入れている。北家内部における後宮をめぐっての争いも、間近に迫ってきていたが、冬嗣は広大なその邸《てい》第《だい》の閑院《かんいん》において、天長三年に死去している。五十二歳。順子が道康《みちやす》親王（後の文徳《もんとく》天皇）を産んだのは、天長四年（八二七）のことであった。

そして天長十年（八三三）、淳和《てつりつ》は譲位して、正良親王が即位した（仁明天皇）。皇太子には恒貞親王が立てられ、皇統の迭立とともに、平穏に平安京での日々が続くかに思われたが、しかしそれは、嵯峨太上天皇が存命している間のことに過ぎなかった。

二、前期摂関政治と良房・基経

良房の昇進

天長十年（八三三）二月、恒貞親王が立太子した日に、冬嗣次男の藤原良房《よしふさ》は三十歳で左《さ》

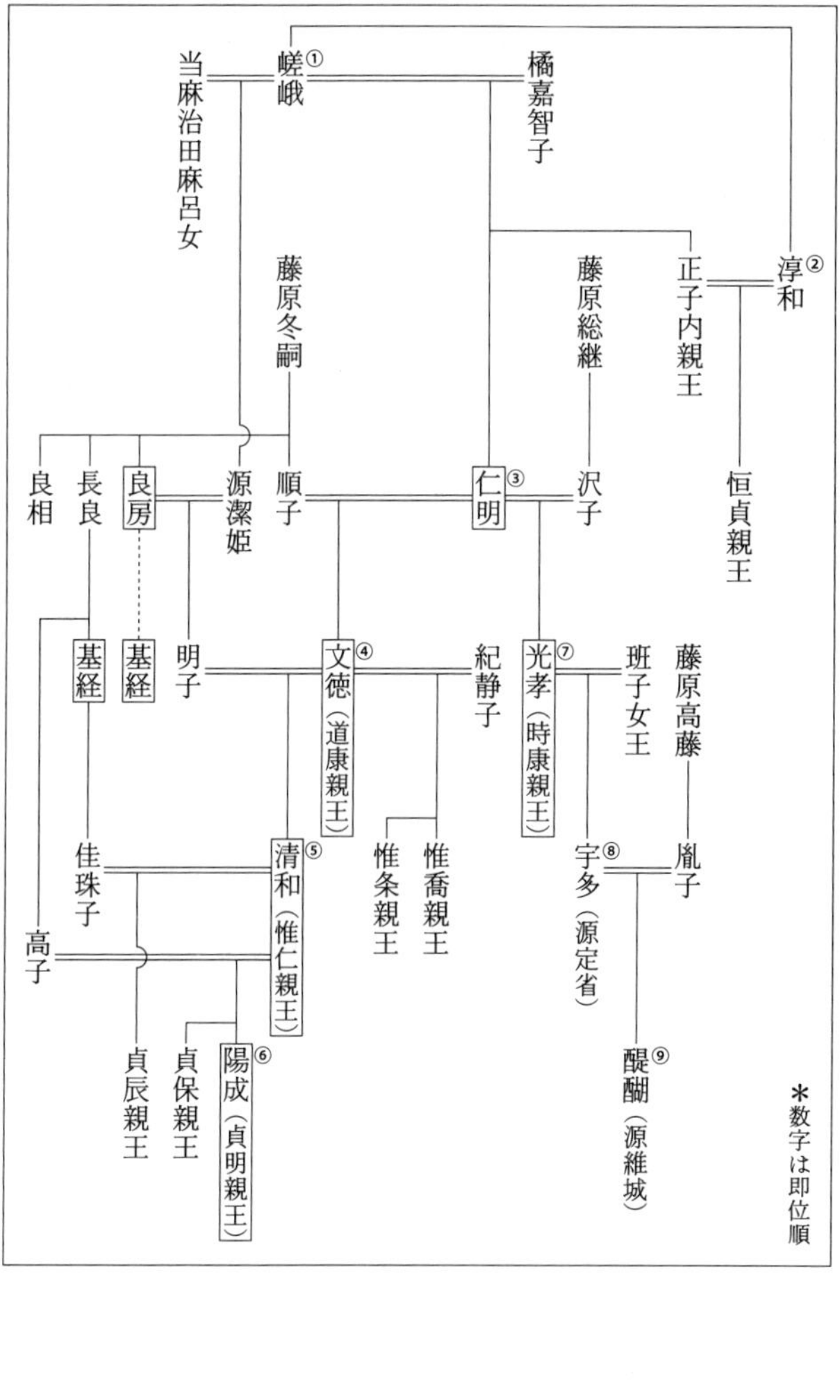

嵯峨①
当麻治田麻呂女
橘嘉智子
淳和②
正子内親王
恒貞親王
藤原冬嗣
藤原総継
良相
長良
良房
源潔姫
順子
仁明③
沢子
基経
基経
明子
文徳④（道康親王）
紀静子
光孝⑦（時康親王）
班子女王
藤原高藤
佳珠子
清和⑤（惟仁親王）
惟条親王
惟喬親王
宇多⑧（源定省）
胤子
高子
貞辰親王
貞保親王
陽成⑥（貞明親王）
醍醐⑨（源維城）
＊数字は即位順

近権少将《こんのごんのしょうしょう》に任じられた（『続日本後紀《しょくにほんこうき》』）。良房は早くも翌承和《じょうわ》元年（八三四）には参議、承和二年（八三五）には権中納言に任じられ、次代の藤原氏の中心となることが約束された。早く弘仁十四年（八二三）に嵯峨皇女である源潔姫《みなもとのきよひめ》と結婚しているのも、その現われである。嵯峨が良房の資質を、「弱冠《じゃっかん》（二十歳）の時、天皇はその風操《ふうそう》が倫を越えているのを悦んで、特に勅してこれを嫁がせた」と評価してのことであった（『日本文徳天皇実録《にほんもんとくてんのうじつろく》』）。

なお、この承和二年時点における藤原氏の議政官は、左大臣緒嗣（式家、六十二歳）、大納言三守（南家、五十一歳）、中納言愛発（北家、四十八歳）、中納言吉野《よしの》（式家、五十歳）、権中納言良房（北家、三十二歳）、参議常嗣《つねつぐ》（北家、四十歳）という顔ぶれであった。承和七年（八四〇）に右大臣三守が死去すると、愛発が大納言、良房が正官の中納言に上っている（『続日本後紀』）。

承和の変

承和七年（八四〇）に淳和が死去したのに続いて、承和九年（八四二）七月十五日に嵯峨太上天皇が嵯峨院《さがいん》（現京都市右京区嵯峨）で死去すると、事態は一挙に動き出した。

十七日、平城皇子の阿保《あぼ》親王が嘉智子に封書を送り、伴健岑《とものこわみね》と橘逸勢《はやなり》が恒貞皇太子を奉じて東国に向かおうとしていることを密告したのである。嘉智子はこれを良房に送り、良房が仁明天皇に奏上させた（『続日本後紀』）。

まだ中納言に過ぎない良房に事件の処理を行なわせている点、いかにも不審であるが、すぐに関係者が逮捕され、二十三日には、恒貞親王の廃太子と、大納言藤原愛発・中納言藤原吉野・参議文室秋津《ふんやのあきつ》の左遷が宣下《せんげ》された。「皇太子は知らなかったにしても、悪者に皇太子が煽動《せんどう》された事件のことは、古くから伝えられている」という言葉が、事件の本質を表わしている。伴健岑と橘逸勢は二十八日に流罪となった一方、事件の処理にあたった良房は、二十五日に大納言に上っている。また、東宮坊《とうぐうぼう》の官人が全員、二十六日に左遷されているが、その中には式家の者が五人含まれていた。なお、逸勢は八月十三日、阿保親王は十月二十二日に死去している（『続日本後紀』）。逸勢は後に怨霊になったとされる。恒貞は出家し、貞観十八年（八七六）に嵯峨院が改められた大覚寺《だいかくじ》の開山《かいさん》となっている。

八月一日、新しい皇太子を定めるよう、公卿が上表し、四日、良房の妹順子《じゅんし》を生母とする道康《みちやす》親王（後の文徳《もんとく》天皇）が皇太子に立てられた（『続日本後紀』）。ここに両皇統の迭立状態は解消し、また藤原氏内部における良房の優位が確定したのである。嘉智子―仁明―良房の思惑は、見事に一致したことになる。良房の女である明子《めいし》はこの年十五歳、道康との婚姻も視野に入っていたであろう。良房が詠んだ、

年ふればよはひは老いぬしかはあれど花をし見れば物思ひもなし

(長い年月を経てきたのだから、私は年をとって老いてしまった。けれども、今が満開のその花のようなわが娘さえ見ていれば、すべての悩みは消え失せる)

という歌が『古今和歌集《こきんわかしゅう》』に伝わっている。

北家の繁栄

翌承和十年(八四三)、二月に内麻呂の子である助《たすく》が参議に任じられ、七月に左大臣で式家の緒嗣が死去し、承和十一年(八四四)に冬嗣一男の長良、承和十四年(八四七)に冬嗣三男の良相が参議に任じられると、藤原氏の議政官は北家のみがほぼ独占するようになった。良房は嘉祥《かしょう》元年(八四八)に右大臣に上っている(『続日本後紀』)。この後は他家から議政官が出ることは稀《まれ》になり、大臣に上る者はいなくなる。

その結果か、天皇の後宮に入る女性も、源氏を除けば、ほぼ北家に限られてきた。摂関政治への道程は、承和の変と道康の立太子によって、確実に敷かれたのである。

ただし、仁明から文徳・清和《せいわ》・陽成《ようぜい》・光孝《こうこう》・宇多《うだ》の六代は、在位中に皇后を立てることはなかった。所生の皇子が即位した後に、皇太夫人にするという方策がとられたのである。令

大原野社

制の皇后―妃―夫人―嬪といった後宮制度が見直され、皇后―女御《にょうご》―更衣《こうい》という序列に再編されたのも、この頃であった。

また、長岡遷都の際に春日社の分霊《ぶんれい》を勧請した大原野社《おおはらのしゃ》は、嘉祥三年（八五〇）に冬嗣の奏《そう》請《せい》により正式に春日明神を小塩山麓《おしおさんろく》に勧請・経営し、その地名によって大原野社と称し、永く王城を鎮護《ちんご》する神として祀ったものという。

文徳天皇即位

そして嘉祥三年（八五〇）三月二十一日、仁明天皇は母の嘉智子が何度も悶絶《もんぜつ》するなか、四十一歳で死去し、二十四歳の道康皇太子が践祚《せんそ》した（文徳天皇）。すでに東宮時代に良房女の明子が入侍《にゅうじ》しており、文徳が践祚した四日後の二十五日、惟仁《これひと》親王（後の清和天皇）を出産した。ただし、文徳にはすでに紀名虎《なとら》の女の静子《せいし》から惟喬《これたか》親王（当時七歳）と惟条《これえだ》親王、滋《しげ》野奥子《ののおくし》から惟彦《これひこ》親王が生まれており、惟仁の将来も楽観できるものではなかった。

ただ、名虎はすでに承和十四年（八四七）に散位《さんい》で死去しており、惟喬の後見は弱く、惟仁に比肩できるものではなかった。文徳がまず惟喬を即位させ、惟仁が成長した後で皇位を嗣がせようとしたという話も残っているが（『吏部王記《りほうおうき》』）、ほとんど実現しそうにもない願望であった。

ということで、十一月、生後八箇月の第四皇子惟仁が皇太子に立てられた（『日本文徳天皇実録』）。立太子を風刺した「三超《さんちょう》の童謡《わざうた》」が歌われたと、惟仁が即位して清和天皇になった際の即位前紀は語る（『日本三代実録《にほんさんだいじつろく》』）。ただ、文徳は病弱で、このまま若死してしまうと、赤子の天皇が即位することとなる。良房にとっても、頭の痛いことだったであろう。なお、惟喬は遊宴に気を紛らせた後、出家して京都北東部の小野《おの》（現京都市左京区八瀬秋元町長谷出）に隠棲《いんせい》し、生涯を終えた。在原業平《ありはらのなりひら》（平城天皇の孫）との交流は、後に『伊勢物語《いせものがたり》』に語られることとなる。

即位後の文徳は内裏に入らず、三年間は東宮、その後も一年間を梨下院《なしもといん》、そして晩年の四年間は冷然院《れいぜいいん》を御所とした。立太子をめぐる良房との微妙な関係が、その背後に存在したと見る意見が一般的である。

文徳は斉衡《さいこう》三年（八五六）、桓武が行なって以来六十九年ぶりに、自らの正統を天下に示す郊祀祭天《こうしさいてん》を挙行した（『日本三代実録』）。惟喬が元服を迎えるにあたり、惟仁の正統性を示すために良房が積極的に関与したという意見もある（瀧浪貞子『藤原良房・基経』）。

太政大臣良房

すでに斉衡元年（八五四）に左大臣源常《ときわ》が死去して以来、太政官首班となっていた良房は、天安《てんあん》元年（八五七）に太政大臣に任じられた（『日本文徳天皇実録』）。太政大臣は養老職員令に、「一人（天皇）に師範し、世界の規範となり、政治の姿勢を正し、天地自然の運行を穏やかにする」地位で、「其の人無くば則《すなわ》ち欠けよ」と規定された最高の官である。かつて大《おお》友《とも》王子・高市《たけち》皇子といった皇族、大師として藤原仲麻呂《なかまろ》、太政大臣禅師として道鏡《どうきょう》が任じられたのみで、大宝令制成立以降に太政大臣という官名で任じられたのは、良房が最初である。その任太政大臣宣命では、ことさらに良房は「朕《ちん》の外舅《がいきゅう》」である、と宣せられている。なお、同時に良房の同母弟である良相も右大臣に任じられている（『日本文徳天皇実録』）。

なお、『伊勢物語』には、宴席で藤の花を見た業平が、

咲く花の下にかくるる人を多みありしにまさる藤のかげかも

（咲く花の大きな花房の下にはいり込み、そのおかげをこうむる人が多くいるので、以前にまして、さらに偉大になる藤の花陰ですなあ）

という歌を詠んだとある。「どうしてこんなふうに詠むのか」と人々が言ったので、男は、「太政大臣良房様が栄華の絶頂にいらっしゃって、藤原氏が、とりわけ栄えるのを心において詠んだのです」と答えたという。いかにも惟喬側近の業平に相応しい皮肉である。

外祖父「摂政」良房

翌天安二年（八五八）八月二十三日に病に倒れた文徳は、二十七日に死去してしまい（『日本文徳天皇実録』）、ここに九歳の幼帝《ようてい》清和天皇が誕生することになった。清和は内裏に入らず、貞観六年（八六四）まで東宮で過ごすが、この東宮は大内裏内の雅院《がいん》か良房の邸第である染殿《そめどの》であった可能性が強いという（瀧浪貞子『藤原良房・基経』）。

ともあれ、これまでまったくの少年が天皇になった例はなく、清和の即位年齢は最年少記録となった。「幼冲《ようちゅう》の太子を擁護するため」、皇太夫人（祖母の順子）を東五条宮《ひがしごじょうのみや》から迎え、付き従わせている（『日本三代実録』）。

当然ながら、清和には執政能力はなく、誰かが天皇大権を代行する必要があったのである

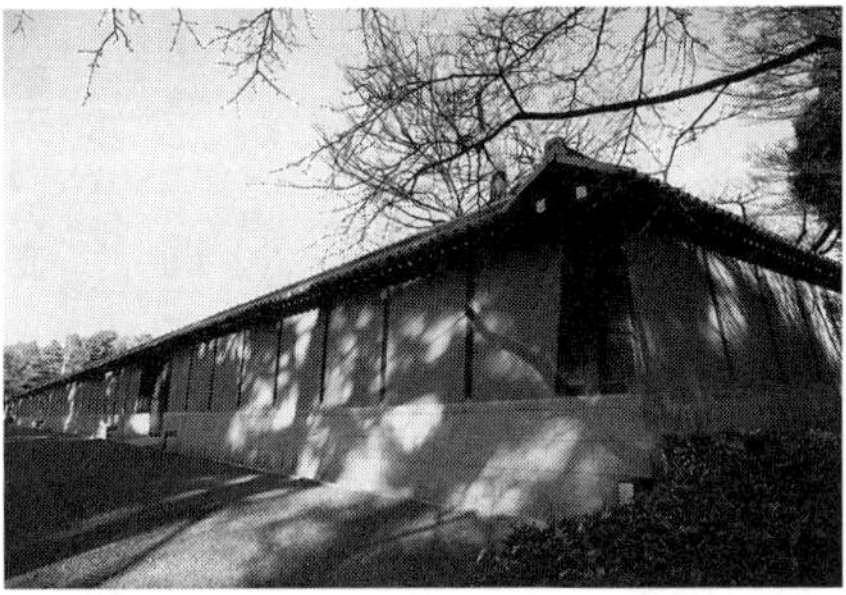

染殿故地

が、それは太政大臣の良房しかいなかった。なお、正史である『日本三代実録』には、清和即位にともなう良房の地位についての記事はない。『公卿補任』には、「十一月七日、宣旨によって摂政となった」という記事があるが、これは幼帝の場合は摂政が置かれるという後世の原則を遡らせて加筆されたものであろう。

いずれにせよ、良房は清和が元服する貞観六年まで、外《がい》祖《そ》父《ふ》として実質上の摂政の役割を果たしていたのである（今正秀『藤原良房』）。なお、外孫《がいそん》が即位するまで存命して権力を振るった藤原氏の官人は良房がはじめてであり、その後も一条《いちじょう》天皇の代の兼家《かねいえ》、後一条《ごいちじょう》天皇の代の道長《みちなが》しか、古代には存在しない（倉本一宏「摂関期の政権構造」）。

貞観六年正月、十五歳に達した清和は元服し、十二月には良房の養子となっていた基経《もとつね》（父は良房同母兄の長良）が、二十九歳で七人を超越して参議に任じられた。そして良房が正式に摂政の地位に補されたのは、応天門《おうてんもん》の変の直後、貞観八年（八六六）八月のことであった。

応天門の変

貞観八年（八六六）、清和は三月二十三日に、仮名書きの墨書土器《ぼくしょどき》が出土した良相の西三条第《にしさんじょうてい》に、閏三月一日に、良房の染殿に行幸を行ない、桜花を観た。このまま平穏な日々が続くかと思われた十日の夜、朝堂院《ちょうどういん》の正門である応天門が焼失し、棲鳳楼《せいほうろう》と翔鸞楼《しょうらんろう》が延焼した。

大納言伴善男《よしお》は、左大臣源信《まこと》が放火したものと、右大臣良相に告発した。良相は基経に信の追捕を命じたが、基経はこれを養父の良房に報告した。良房は病で自邸に籠りがちであったが、急ぎ参内《さんだい》して清和に報告し、信を弁護した。その結果、清和は信の赦免《しゃめん》を命じた。ただし、以上の経緯は正史である『日本三代実録』には記録されておらず、『宇治拾遺物語《うじしゅういものがたり》』の説話を基にした『伴大納言絵詞《ばんだいなごんえことば》』によるものである。

八月に入って、大宅鷹取《おおやけのたかとり》という者が、善男とその男の中庸《なかつね》が共謀して応天門に放火したと訴えた。善男と中庸は容疑を否認したが、九月に善男とその関係者は断罪され、流罪となった（『日本三代実録』）。実に家持《やかもち》以来、久々に大納言を出した伴氏（元の大伴氏《おおとも》）であったが、これ以降、大納言以上に上った者はいなくなる。善男の伝の中で、「積悪《せきあく》の家は、必ず余殃《よおう》が有る（先祖の行った悪事の報いが、災いとなってその子孫に残ること）」と称されているが、これは藤原氏の「積善の家は、必ず余慶が有る」と対比されたものである。

摂政良房

この間の過程で、参内した良房に対して、八月十九日、「太政大臣に勅し、天下の政を摂《せっ》行《こう》させよ」との勅が下った（『日本三代実録』）。太政大臣に摂政の権限を付加したものである。いまだ天皇の幼少時に摂政が補されるという慣行は確立してはおらず、これは事件の収拾にあたるために命じられた措置と理解すべきであろう。事件の解決後は摂政の任は解かれ、史料には再び「太政大臣」として登場する。

そして十二月八日、最末席の参議であった基経は、七人を超越して、中納言に任じられた。いまだ三十一歳であった。基経の妹である二十五歳の高子《こうし》が、十七歳の清和の後宮に入内して女御となったのは、十二月二十七日のことである。一方、一時は良房の後継者に擬された良相は、十二月十三日以来、辞表の奉呈を繰り返し、翌貞観九年（八六七）に死去している（『日本三代実録』）。

清和の後宮にはすでに良相の女である多美子《たみし》をはじめ、何人ものキサキが入っていたが、多美子は皇子女を産むことはなかった。それに対し、高子は貞観十年（八六八）十二月に、貞明《さだあきら》親王を産んだ（『日本三代実録』）。後の陽成天皇である。

そして驚くべきことに、翌貞観十一年（八六九）二月、早くも貞明親王は立太子したのである。ここには、六十六歳に達した良房の焦りを読み取るべきであろうか。

良房から基経へ

良房は貞観十四年（八七二）九月二日に東一条第《ひがしいちじょうてい》（花山院《かざんいん》）で死去した。六十九歳。まさに栄華を極めた一生であったと称することができよう。数日前の八月二十五日、貞観十二年（八七〇）に大納言に上ったばかりの基経が、右大臣に任じられ、後継者としての地位に上っている。なお、良房は九月四日、美濃国に封じられ、忠仁公《ちゅうじんこう》と諡《おくりな》された（『日本三代実録』）。

春日社

さて、春日社に常設の神殿《しんでん》が造営された初見史料は、天長十年（八三三）の「伊都内親王《いとないしんのう》御施入願文《ごせにゅうがんもん》」であるが、良房・基経の時代に規模が拡大されたとされる。また、元慶《がんぎょう》二年（八七八）に基経が春日詣《かすがもうで》を行なっているが、これが摂関春日詣の初例である。

春日社といえば、『延喜式』に載せられている春日祭祝詞《かすがさいのりと》では、朝廷の長久安泰《ちょうきゅうあんたい》とともに、王等と卿等の繁栄が述べられている。義江明子氏によれば、王等とは藤原氏の女性の血を引く諸王、卿等とは藤原氏の官人のみを指し、「氏人《うじびと》」に狭義の藤原氏のみならず、その血を引く諸王を含むものであるという（義江明子「春日祭祝詞と藤原氏」）。

陽成天皇の即位と摂政基経

貞観十八年（八七六）四月、大極殿が焼失した。それが影響したのか、清和は十一月に内裏から染殿に移り、譲位の儀を行なった。清和は、まだ二十七歳、貞明皇太子は九歳であった。ここに再び幼帝が誕生し（陽成天皇）、基経は、「幼主を保輔し、天子の政を摂行することは、忠仁公の故事の如くせよ」という勅によって、摂政に補された（『日本三代実録』）。

これに対し基経は、自分は人格や功績はもちろん、良房と違って外祖父ではないという理由で、これを辞退している（『日本三代実録』）。また、太上天皇の在世中に臣下が政務を執ることはなく、天皇生母の皇太后が政務を執ることはあるから、天下の大事は上皇（清和）、庶事《しょじ》は皇母（高子）に請うようにしていただきたいとも言っている（『本朝文粋《ほんちょうもんずい》』）。

基経を長良の子と見ると、陽成の外舅にあたるわけであるが、良房の子と見ると、陽成とはミウチ関係にはない。基経はこの辞表で、自らの立場を確認しようとしたのではないだろうか。もちろん清和はこの上表を許さず、基経は摂政の座に就いた。

基経の政務ボイコット

清和は基経に対し、太政大臣への任官を何度も望んだが、基経がこれを承けることはなかった。そして元慶四年（八八〇）十二月、清和太上天皇は死去した。その日、陽成は勅を下し、基経を太政大臣に任じ、摂政の職は益々勤仕《ごんし》するようにと命じている（『日本三代実録』）。ところが、この頃から、基経は里第《りてい》の堀川第《ほりかわてい》に籠り、しきりに辞表を提出するという挙に出た（『日本三代実録』）。元服が近付き、政治意思を示し始めた陽成に対する不満が伏在していたのであろう。基経の機嫌を伺う公卿連中は、基経に合わせて出席せず、公卿社会全体が嫌がらせに腐心しているかの観がある。

陽成が元慶六年（八八二）正月に十五歳で元服すると、さっそく、基経は陽成が万機《ばんき》を親裁《しんさい》することを請うて、摂政の辞表を提出した（『日本三代実録』）。幼主の輔弼は命じられたので行なったが、成人天皇は親政《しんせい》を行なうのが当然であるとの考えによるのであろう。基経の里居《さとい》は続き、元慶七年（八八三）には実務官人が基経の籠っていた堀川第に赴いて庶務を処理するようになっていた（『日本三代実録』）。

陽成天皇の退位

そして元慶八年（八八四）二月、陽成は十七歳で退位し、代わりに基経によって仁明天皇の皇子で二世代も遡る五十五歳の時康《ときやす》親王が擁立された（光孝天皇）。

陽成の退位については、元慶七年十一月に内裏で起こった格殺《かくさつ》事件の責任を取らせたのであると考える説が根強い。しかし、角田文衞氏が説かれたように、これは殺人事件ではなく過失致死程度のことだったのであって（しかも、陽成が犯人であったとはどこにも書かれていない）、陽成が母后高子を後ろ盾として親政を断行する懼《おそ》れが強かったという理由で、基経が陽成の廃位《はいい》を実行に移したと考えるべきであろう（角田文衞「陽成天皇の退位」）。

この「殺人事件」をはじめ、後世には数々の陽成の乱行《らんぎょう》説話が生まれてくるのも（『扶桑略記』など）、本来は天皇家嫡流でありながら、無理やりに皇位から降ろされ、皇統を嗣ぐことができなかった陽成に対し、基経を祖とする摂関家と、光孝を祖とする天皇家が、説話を作り上げた結果であろう（倉本一宏『平安朝 皇位継承の闇』）。

後世の『神皇正統記《じんのうしょうとうき》』では、光孝の即位に日本の歴史の画期を認め、光孝からは藤原氏の摂関も他流に移らず、上は光孝の子孫が天照大神の正統と定まり、下は基経の子孫が天児屋命の嫡流となった、これは皇祖神《こうそしん》天照大神と藤原氏の祖先神天児屋命の盟約《めいやく》が現実の世界で実現したものと断じている。

これは、光孝と基経が、これ以後の天皇と摂関家の系譜上の出発点となったという偶然の出来事を、その根拠を神話の時代の神々の盟約に置くという神秘的・運命論的な解釈で理解したものであるが（佐々木恵介『平安京の時代』）、はからずも基経の思惑を代弁したものであることに注目すべきであろう。

光孝皇統と基経

基経としては、高齢の光孝の後には、女の佳珠子《かずし》が産んだ清和皇子の外孫貞辰《さだとき》親王（陽成退位時に十一歳）を擁立し、自らは摂政の座に就くことを予定していたはずである。再び皇統を嫡流に戻そうとしていたわけである。

光孝も、それはわかっていたのであろう、元慶八年（八八四）四月、自らの皇子女すべてを臣籍に下すことを宣し、六月、二十九人の皇子女に源朝臣の姓を賜わった（『日本三代実録』）。当然、光孝は在位中は皇太子を立てていない。

また、五月には太政大臣の職掌の有無を検討することを、菅原道真《すがわらのみちざね》をはじめとする諸道の博士に命じた。その結果、太政大臣は唐の三師三公《さんしさんこう》に相当し、具体的な職掌はないという結果が出た。そこで光孝は、基経に勅して、「太政大臣（基経）の功績は中国古代の伊霍《いかく》（伊尹《いいん》と霍光《かくこう》）よりも、淡海公《たんかいこう》（不比等《ふひと》）や美濃公《みのこう》（良房）よりも勝っている」として、「今日からは官庁（太政官）にいて、万政を領し行ない、入っては朕（光孝）の身を輔弼し、出ては百官を指揮せよ。奏上すべき事と宣下すべき事は、必ず先《ま》ず大臣（基経）に諮問せよ」と命じた。このやりとりの中に、すでに後年問題となる「阿衡《あこう》」という語も登場している（『日本三代実録』）。

ここには「関白」という語は見えないが、機務奏宣《きむそうせん》という権限が語られていること、また次の宇多天皇が出した詔の中に、「万機巨細《こさい》にわたって、百官を指揮し、案件は皆、太政大臣（基経）に「関《あずか》り白《もう》し」、その後に奏し下すことは、すべて従来どおりにせよ」と見えることから（『政事要略』）、この元慶八年の勅が、事実上の関白の権限を基経に与えたものであることが指摘されている（坂上康俊『律令国家の転換と「日本」』）。

宇多天皇の即位

ところが基経の思惑とは異なり、光孝が一代限りで終わることはなかった。即位から三年後の仁和《にんな》三年（八八七）八月、死去の四日前に基経から東宮《とうぐう》を立てることを要請された光孝は、臣籍に降下させていた第七子で二十一歳の源定省《さだみ》を親王に復して皇太子とした。

そして、その日のうちに光孝が死去した後を承けて定省親王は践祚し、宇多天皇となった。光孝は死の床で、左手で基経の手、右手で宇多の手を取り、基経に、我が子のように宇多を輔弼して欲しいと依頼した（『宇多天皇御記《うだてんのうぎょき》』）。

この時点で貞辰を即位させると陽成上皇と皇太后高子が復権するので、やむなく光孝第七皇子の源定省を親王に復し、即位させたのであろう（瀧浪貞子「陽成天皇廃位の真相」）。これによって光孝は一代限りの立場を脱し、光孝・宇多皇統が確立したのである（河内祥輔『古代政治史における天皇制の論理』）。

光孝の死去の記事で六国史《りっこくし》は終わり、以後は古記録《こきろく》の時代となっていくが、その先鞭《せんべん》をつけたのは宇多自身の『宇多天皇御記』であった。なお、『日本書紀』と不比等の関係については先に述べたが、それ以降も、『続日本紀』と仲麻呂、『日本後紀』と冬嗣、『続日本後紀』と良房、『日本文徳天皇実録』と基経、『日本三代実録』と時平《ときひら》など、藤原氏嫡流が六国史の撰修に深く関わったことは、特徴的な事実である。

「阿衡の紛議」

仁和三年（八八七）十一月十七日に即位式をすませた宇多は、基経に勅書《ちょくしょ》を下して輔弼を要請し、もし辞退するようなら自分は山林に逃避すると言っている。引き続いての摂政を求めているのである（『宇多天皇御記』）。さらに二十一日に「摂政太政大臣（基経）」に詔を下し、「万機巨細にわたって、百官を指揮し、案件は皆、太政大臣（基経）に「関り白し」、その後に奏し下すことは、すべて従来どおりにせよ」と命じた（『政事要略』）。これが関白の語の初出であるが、「関り白す」と言っているのであって、まだ関白という職が確立したわけではない。これは宇多の側近で外戚となっていた橘広相《ひろみ》が作成したものである。

これに対して基経は、閏十一月二十六日に慣習的に辞退した。そこに「摂政を辞す表」とあるのは、先の詔に「摂政」とあったことに対する皮肉なのであろう。それに対する勅答《ちょくとう》が二十七日に下された。これも広相が作成したものである。それが、自分と基経は水魚、また父子のようなものであるから、「阿衡の任を以て、卿（基経）の任とせよ」という文言で締めくくられていたので（『政事要略』）、紛議《ふんぎ》を呼ぶこととなった。

阿衡というのは中国の殷《いん》の時代の伊尹が任じられたという地位であるが、具体的な職掌はない。基経としては、このまま阿衡を引き受けると、自分も職掌のない名誉職に追いやられるということを言い出して、宇多を牽制《けんせい》しようとしたのであろう。権力を得ようとする広相に対する反感（嫉妬《しっと》）も、学者連中の中には満ちていたであろう。

基経は官奏《かんそう》を覧《み》ない日々が続き、政務は停滞した。翌仁和四年（八八八）六月二日に至り、宇多は先の詔を改め、広相が「阿衡」の語を用いたのは自分の本意に背いたものであるとして、「今より以後、衆務を輔行し、百官を指揮し、奏し下すことは、先の如く諮《はか》り稟《う》けよ」との勅を下した（『政事要略』）。宇多は、「朕は遂に志を得ず、枉《ま》げて大臣（基経）の要請に随《したが》った。濁世《だくせ》の事はこのようなものである。長歎息《ちょうたんそく》すべきである」と日記に書き付けている（『宇多天皇御記』）。

関白基経

ともあれ、こうして基経は正式に関白の任にあたることになり、広相を断罪し、女の温子《おんし》が十一月に入内することで決着した（『宇多天皇御記』）。なお、温子は皇子を産むことはなく（宇多の抵抗であろうか）、外戚の座は冬嗣七男である良門《よしかど》の男高藤《たかふじ》に移った。

基経に屈伏した宇多は、基経存生中は内裏に入ることができず、東宮（雅院）で過ごしたという（目崎徳衛「阿衡問題の周辺」）。以来、宇多は苦悩の日々を、その日記に、「万機を念う毎に、寝膳《しんぜん》が安らかでない。玉茎《ぎょっけい》は発《おこ》らず、ただ老人のようである。精神の疲極《ひきょく》によって、この事にあたっている」と書き付けている。なお、この時は源融《とおる》が献上した露蜂《ろほう》（蜂《はち》の巣の外側の薄い膜）を服用して回復したようである（『宇多天皇御記』）。

そして寛平《かんぴょう》三年（八九一）正月十三日、基経は死去した。五十六歳。死の床にあった基経を、宇多は九日に見舞いに行こうとしていたのであるが、突然、勅を出して停止した（『日本紀略』）。宇多の脳裡《のうり》に去来した思いは、いかなるものだったのであろうか。

なお、基経には正一位が贈られ、越前に封じて昭宣公《しょうせんこう》と謚された（『日本紀略』）。

「寛平の治」

その後、内裏の清涼殿《せいりょうでん》に入った宇多が、関白を補すことはなかった。基経嫡男の時平は、内裏の仁寿殿《じじゅうでん》で元服の儀を行ない、光孝が加冠《かかん》を勧めるなどの優遇を受けていたが、いまだ二十一歳の讃岐権守《さぬきのごんのかみ》に過ぎなかった。なお、時平の生母は人康《さねやす》親王の女であり、藤原氏と皇親との婚姻が続いていることがわかる。

また、宇多の姻戚である高藤は、五十四歳に達していたが、この時点では従四位下兵部大輔に過ぎず、とても政権を任せることはできなかった。なお、高藤女の胤子《いんし》が産んだ源維城《これざね》は皇族となって敦仁《あつぎみ》親王となり、寛平五年（八九三）に立太子した（後の醍醐《だいご》天皇）。

宇多は讃岐守として赴任していた菅原道真を呼び戻して蔵人頭に補し、時平を参議に任じた。寛平五年（八九三）には時平を中納言、道真を参議に任じ、国司の受領《ずりょう》化、昇殿《しょうでん》制の成立、蔵人所の充実、遣唐使発遣計画など、積極的な国政運用がはかられた。寛平七年（八九五）には道真も中納言に上っている。

そして寛平九年（八九七）、時平を大納言、道真を権大納言《ごんだいなごん》に任じ、敦仁皇太子に、「時平は功臣の末裔であるから、その輔道に従え」「道真は朕の忠臣、新帝の功臣である」との遺《ゆい》誡《かい》を残して（『寛平御遺誡』）、譲位した。

三、北家以外の門流のその後

ここでひとまず、北家の主流から離れて、それ以外の門流のその後について、平安時代前半までを簡単に触れておこう。

南家のその後

南家から見ていこう。武智麻呂《むちまろ》一男豊成《とよなり》の系統は、武良自《むらじ》(良因《りょういん》)の後裔《こうえい》は従五位程度の極位を有しながら、受領を歴任した。右大臣継縄の後裔は乙叡が中納言に上った。母が百済王明信であったことによる。その孫の保則《やすのり》は良吏《りょうり》として名声を高め、元慶二年(八七八)の出羽《でわ》国の俘囚《ふしゅう》の乱では、保則の姿勢を見て俘囚は戦を交えることなく帰順《きじゅん》した。後に参議に上っている。その男の清貫《きよつら》も弁官《べんかん》を歴任して大納言に上ったが、延長《えんちょう》八年(九三〇)に清涼殿の落雷に撃たれて死去した。菅原道真の怨霊によるものとされた。参議に任じられた乙縄《おとただ》の後裔も従五位程度の位階で受領を歴任した。

武智麻呂二男仲麻呂の系統は、恵美押勝《えみのおしかつ》の乱でほぼ壊滅し、薩雄《さつお》の後裔がわずかに後世まで続いた。

武智麻呂四男の乙麻呂《おとまろ》の系統は、是公が右大臣に上り、伊予親王の外祖父となったが、伊予親王が事件で自殺すると、大納言となっていた雄友も連坐した。兄の真友の後裔も振るわなかったが、雄友の後裔は後に各地で武士となって繁栄した。雄友の玄孫《げんそん》に、常陸介《ひたちのすけ》として平将門《たいらのまさかど》に国府を襲われた維幾《これちか》がいる。

武智麻呂五男の巨勢麻呂《こせまろ》は仲麻呂とともに斬首されたが、その系統は、真作《まつくり》の子の三守が右大臣に上った。室の橘安万子《あまこ》が嘉智子の姉であったことによる。その女貞子《ていし》は仁明天皇の女御となり、成康《なりやす》親王を産んだ。三守の子の仲統《なかむね》は参議、孫の諸葛《もろくず》は中納言に上った。光孝天皇の擁立を定めた仗議の場で、諸葛は異議を唱える者を剣に手をかけて抑えたと伝えられる。その子の玄上《はるうら》も参議に上っている。「琵琶《びわ》の上手」でもあり、名器玄上《げんじょう》は玄上の持ち物であったとも伝えられる。諸葛の孫に、藤原純友《すみとも》に殺された子高《さねたか》がいる。

また、巨勢麻呂十男の貞嗣が中納言に上った。貞嗣の後裔は曾孫の道明《みちあき》が大納言に上っている。また、実範《さねのり》以来、学問の家としても知られ、院政期には通憲《みちのり》（信西《しんぜい》）も出た。

さらには、巨勢麻呂二男の黒麻呂《くろまろ》の後裔からは、菅根《すがね》は儒職《じゅしょく》の家ではないのに学問の家を興し、参議に上った。その子の元方《もとかた》は大納言に上ったが、村上《むらかみ》天皇の更衣となった女の祐姫《すけひめ》が師輔《もろすけ》女の安子《あんし》との争いに敗れ、元方の怨霊が喧伝《けんでん》されることになった。元方の子には、大納言懐忠《かねただ》のほか、『今昔物語集《こんじゃくものがたりしゅう》』の平茸《ひらたけ》の説話で悪名高い陳忠《のぶただ》もいる。致忠《むねただ》は右京大夫で終わっているが、その子には、道長家司で和泉式部《いずみしきぶ》の夫でもあった保昌《やすまさ》や、大盗賊とされた保輔《やすすけ》がいる。

式家のその後

平安時代初期に権勢を誇った式家では、宇合《うまかい》一男広嗣《ひろつぐ》はもちろん、二男良継、五男田麻呂《たまろ》の子孫もほとんど絶えてしまった。

宇合四男の清成《きよなり》の子に種継がいるが、その子の仲成も薬子の変で倒された。種継男の山人《やまひと》の系統は学者となり、佐世《すけよ》などを出した。阿衡の紛議を起こした人物である。また、仲成の弟藤生《ふじお》の子に元利麻呂《げんりまろ》がいるが、貞観十二年(八七〇)、大宰少弐の時、新羅《しんら》と通謀して国家を害そうとしていると密告されている。

宇合八男の百川の子には左大臣緒嗣が出た。冬嗣の死後は太政官首班となり、「政術に暁達し、国の利害を知って奏上しないことはなかった」と評された。その後裔は、緒嗣男の春津《はるつ》は議政官とならなかったが、孫の枝良《えだよし》、曾孫の忠文《ただふみ》は参議に上った。忠文は平将門の乱の鎮定のため征東大将軍《せいとうだいしょうぐん》に、藤原純友の乱の平定のため征西大将軍《せいせいだいしょうぐん》に任じられたが、どちらも到着前に乱は鎮圧された。小野宮家《おののみやけ》に祟《たた》ったと称された。

宇合九男の蔵下麻呂《くらじまろ》は参議で終わったが、子の縄主は中納言に上った。薬子の夫として知られるが、「性は酒を好むといっても、職掌を欠いたことはない」と賞されたあっぱれな人物である。子孫は孫の興範《おきのり》が参議に任じられた以外は議政官を出していないが、学者を輩出し、『本朝文粋』『明衡往来《めいこうおうらい》』『新猿楽記《しんさるがくき》』で有名な明衡《あきひら》が出ている。

縄主の弟の綱継は参議に任じられ、その子の吉野も中納言に上ったが、承和の変に連坐して左降された。その後は子孫は受領を歴任している。

京家のその後

奈良《なら》時代から質量ともに弱体であった京家《きょうけ》では、浜成の後は冬緒《ふゆお》しか、議政官に任じられることはなかった。冬緒は大納言まで上り、元慶三年（八七九）に元慶官田《がんぎょうかんでん》の設置を奏上した。地方官を歴任し民政に通じた有能な官僚であり、また露蜂房《ろほうぼう》と槐子《えんじゅ》を服用し、八十歳を過ぎても頭髪に白髪なく、房室《ぼうしつ》も断たなかったとされる。なお、浜成の子大継《おおつぐ》女の河子《かし》は桓武天皇の後宮に入り、仲野《なかの》親王を産んだが、家の興隆には結び付かなかった。

なお、浜成の孫で継彦《つぐひこ》の五男になる雄敏《おとし》が、『令義解《りょうのぎげ》』撰者の一人となっている。また、継彦六男の貞敏《さだとし》は琵琶の祖で、雅楽《ががく》の日本への移入と国風化に寄与した人物である。こうして京家は管絃《かんげん》の家へとつながっていく。

北家以外の藤原氏

以上、北家以外の藤原氏について概観してきた。考えてみれば、鎌足《かまたり》・不比等・武智麻呂・房前《ふささき》以下、一位の官人の蔭位によって出身するということは、ほとんどの者が五位以上に上るわけであり、高位を帯した藤原氏官人が大量に再生産され続けたことになる。

しかしながら、高位に相応しい高官の数は、時代が降ってもそれほど増えるわけではなく、特に議政官の定員はほとんど変わらなかったのであるから、藤原氏も大変だったのである。

世代を経る毎に膨大な数が増えていく五位の官人も、ほとんどは五位程度のままで据え置かれ、それ以上の高位に上ることも、議政官などの高官に上ったり、ましてや天皇家と結んで権力を手に入れたりした者は、きわめて限られた人物にのみ起こった現象だったのである。古代というのは、律令官人しか彼らの職業は存在せず、いったん没落すれば、よほどの僥倖《ぎょうこう》がない限り、子孫がその地位を再上昇させることは不可能であった。

受領となって任地に下る者も増えたが、これとて日本における国の数は変わらないのであるから、受領の員数にも限りがある。地方に土着《どちゃく》して勢力を扶植《ふしょく》する者も現われたが、誰もがそのような事業に成功するわけではない。

良房・基経の時代に至って、藤原氏の官位昇進方法が律令官人の一般的な昇進の仕方と異なり始め、天皇皇子が臣籍に下った貴種《きしゅ》である源氏の人々に類した扱いを受けるようになったという指摘がある（米田雄介『藤原摂関家の誕生』）。しかし、すべての藤原氏官人がこのような扱いを受けることができたわけではなく、それはごく限られた範囲の「家」の後継者に過ぎないことは、すぐに明らかになってくる。その意味では、彼ら藤原氏官人は、永遠に続く（と思われた）出世競争を幾世代にもわたって戦い続けたことになる。

第四章　摂関政治の時代

醍醐天皇と後継者

醍醐《だいご》天皇は摂政や関白を置かず、昌泰《しょうたい》二年（八九九）に左大臣に任じた時平《ときひら》と、右大臣に任じた菅原道真《すがわらのみちざね》を政治にあたらせた。醍醐の外戚である高藤《たかふじ》は昌泰三年（九〇〇）に内大臣に任じられたが、直後に死去した。その系統は、後世、勧修寺流《かじゅうじりゅう》となる。

しかし、天皇の父院（宇多《うだ》）と祖母（班子《はんし》女王）が存命しており、それぞれ国政に関与する意志を有していた。宇多上皇は道真をはじめとする信任する腹心を介して、自ら国政の大綱を遠隔操作したと言われる（目崎徳衛「宇多上皇の院と国政」）。また、班子女王も時平の同母妹である穏子《おんし》の参入を禁じて、醍醐と時平とのミウチ関係構築を阻止しようとした（藤木邦彦「藤原穏子とその時代」）。この時点では、時平は天皇とまったくミウチ関係を有しておらず、天皇父院・祖母の国政介入を拒むことはできなかったのである。

班子女王が昌泰三年に死去すると、穏子の入内が実現し、時平は国政を主導することができるようになった。また、延喜《えんぎ》元年（九〇一）に道真が大宰権帥《だざいのごんのそち》に左遷された後も、高藤の子の定国《さだくに》はいまだ官位が低く、時平の対抗勢力とはなり得なかった。

延喜四年（九〇四）には穏子の産んだ保明《やすあきら》親王が立太子し、時平の権力も万全となったと思われたが、時平は延喜九年（九〇九）に三十九歳で死去してしまった。

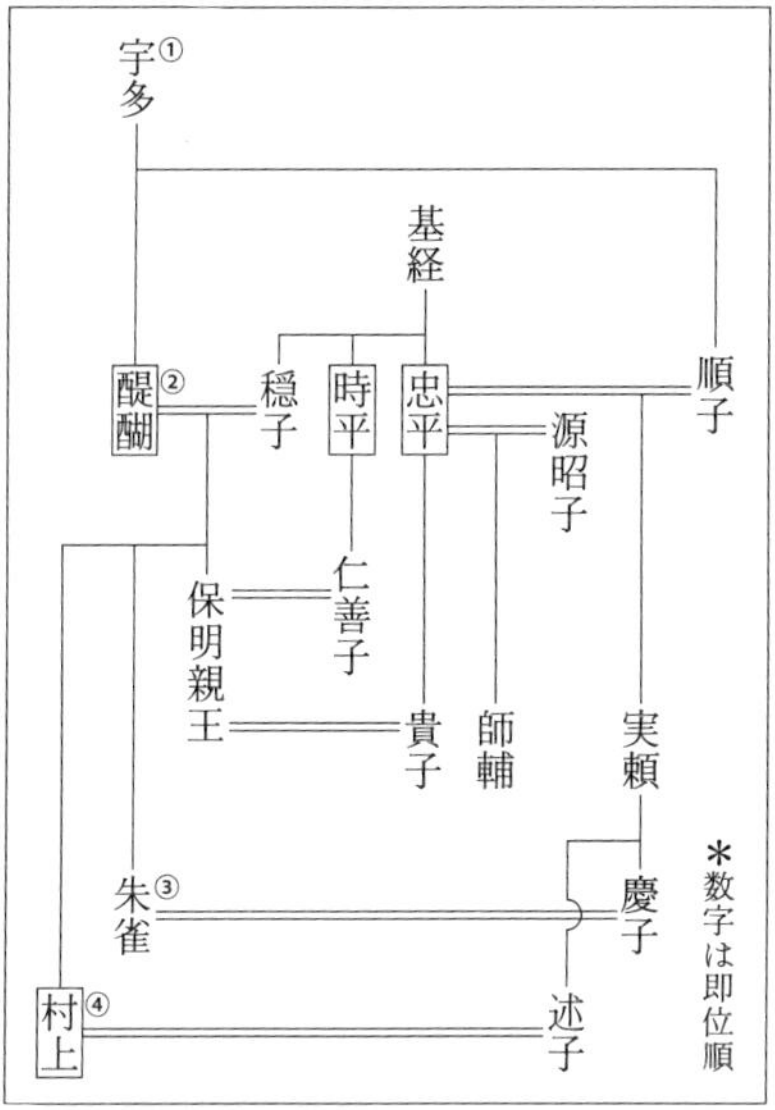

後を継いだのは、時平の同母弟である忠平《ただひら》であった。延喜九年に三十歳で参議から権中納言に上った忠平は、延喜十一年（九一一）に大納言、延喜十四年（九一四）に右大臣、延長二年（九二四）に左大臣へと急速に昇進し、醍醐の治政を支えた。忠平はもともと、宇多との関係が強かったため（黒板伸夫「藤原忠平政権に対する一考察」）、宇

多がその権威で朝廷に圧力をかけることとなった（目崎徳衛「宇多上皇の院と国政」）。宇多は承平《じょうへい》元年（九三一）まで存命している。

そして延長八年（九三〇）、醍醐は死去した。すでに保明皇太子は延長元年（九二三）、その後に立太子した保明親王の子の慶頼《よしより》王（母は時平女の仁善子《にぜし》）も延長三年（九二五）に死去してしまったため、醍醐皇子で穏子所生の寛明《ゆたあきら》親王が立太子していた。醍醐の死去の直前、寛明皇太子が八歳で即位した（朱雀《すざく》天皇）。

一、摂関常置と政権抗争

摂関常置

朱雀が即位し、忠平が「幼主を保輔し、政事を摂行せよ」という醍醐の詔によって摂政に補された（『日本紀略』）時点から、村上《むらかみ》天皇・一条《いちじょう》天皇など例外的な時期を除いて、天皇幼少時に摂政、成人後に関白が必ず置かれるようになった。良房《よしふさ》や基経《もとつね》の時代には、太政大臣と摂政・関白との区別が明確ではなかったので、これ以降を摂関政治の時代と称する。

忠平は承平六年（九三六）に太政大臣に任じられ、翌承平七年（九三七）に朱雀は元服したが、忠平が摂政を解かれることはなかった。忠平は天慶《てんぎょう》元年（九三八）に、良房の例にならって摂政の辞表を進上したが（『貞信公記抄《ていしんこうきしょう》』『本朝文粋』）、朱雀は、良房が摂政を辞めた後に応天門の変が起こっているから、忠平も摂政を勤めるようにと言って慰留した（『朝野群載《ちょうやぐんさい》』）。忠平は天慶四年（九四一）に「仁和の故事の如く」関白に補されている（『日本紀略』）。

朱雀には皇子がなかったので、同母弟の成明《なりあきら》親王（後の村上天皇）を皇太子としていた。この時期には天皇家最年長者としての穏子の権威は尊重され、宮廷の事項全般にわたって強い発言権を保持していた。朱雀の譲位も穏子の意趣《いしゅ》を受けたものと言われる（『山槐記《さんかいき》』）。

「天暦の治」

こうして天慶九年（九四六）に成明皇太子が即位して村上天皇となった。村上はすでに二十一歳に達しており、忠平は天暦《てんりゃく》三年（九四九）に七十歳で致仕するまでは関白を勤めたが、それ以降、村上は関白を置くことはなかった。後代、醍醐の時代と並べて、天皇親政が行なわれた「延喜・天暦の治」と聖代《せいだい》視されるが、それは藤原氏官人に摂関に相応しい高官がいなかったという偶然と、文人《ぶんじん》貴族を人事的に優遇したという傾向が合わさって、主に後世の文人が唱えたものである（林陸朗「所謂「延喜天暦聖代」説の成立」）。

九条殿故地

なお、法性寺《ほっしょうじ》は藤原忠平が、藤原北家《ほっけ》の氏寺として建立した広大な寺である。現在の東福寺《とうふくじ》の寺地とほぼ重なる。方三町（約三六〇メートル）規模の寺域を有したが、九条《くじょう》道家《みちいえ》が延応《えんおう》元年（一二三九）に法性寺の東に東福寺を造営して、法性寺も次第に寺領を移し、一条経通《いちじょうつねみち》の代になってすべて東福寺に移管された。現東福寺の月下門《げっかもん》は文永《ぶんえい》五年（一二六八）に亀山《かめやま》天皇が内裏の月華門《げっかもん》を下賜したものである。

さて、忠平の後、政権を担当したのは、一男の左大臣実《さね》頼《より》と、二男の右大臣師輔《もろすけ》であった。太政官首班の座にあった嫡男の実頼であったが、村上との血縁関係は薄く、姻戚関係も、師輔女の安子《あんし》が三人の皇子を産んだのに対し、実頼女の述子《じゅっし》は皇子女をなすことはなかった。師輔の記録した『九暦《きゅうれき》』逸文《いつぶん》には、天暦四年（九五〇）に村上・朱雀・穏子・師輔が「密かに」策を定めて、安子所生で生後二箇月の憲《のり》平《ひら》親王（後の冷泉《れいぜい》天皇）の立太子を進めたことが見える。

第一皇子の広平《ひろひら》親王は南家《なんけ》で中納言の藤原元方《もとかた》しか後見を持っていなかったことから、第二皇子憲平の立太子となったとされる。元方は天皇の外戚《がいせき》となる望みを失って憤死《ふんし》し、怨霊となったと見なされた。

師輔は、伊尹《これまさ》・兼通《かねみち》・兼家《かねいえ》・安子などを産んだ藤原盛子《せいし》のほか、醍醐天皇第四皇女の勤子《きんし》

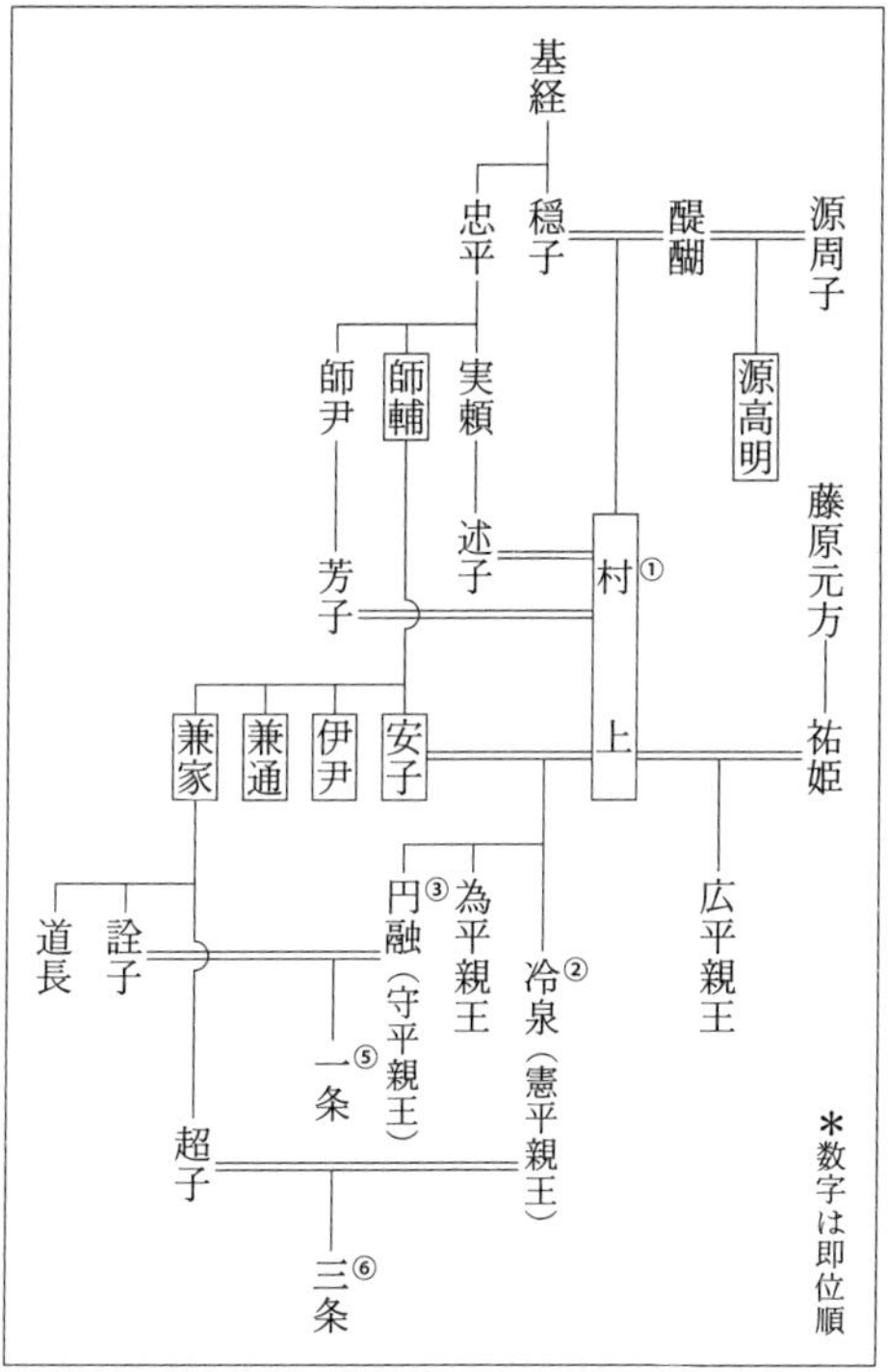

内親王、第十皇女の雅子《がし》内親王（為光《ためみつ》の母）、第十四皇女の康子《こうし》内親王（公季《きんすえ》の母）といった醍醐皇女と結婚するなど、天皇家とのミウチ的結合に腐心した。ただし、師輔は外孫の即位を見ることなく、天徳《てんとく》四年（九六〇）に死去している。

小野宮故地

冷泉天皇と「揚名関白」

康保《こうほう》四年（九六七）五月、村上の死去により、憲平は十八歳で践祚し（冷泉天皇）、実頼を関白とした（『日本紀略』）。同母弟で第四皇子の為平《ためひら》親王が源高明《たかあきら》の女を妃としていたことによって警戒され、第五皇子の守平《もりひら》親王（後の円融《えんゆう》天皇）が皇太弟に立った。

冷泉と血縁・姻戚関係の両方で強く結び付いた伊尹・兼通・兼家といった、後に九条流《くじょうりゅう》と呼ばれる師輔の男たち（「外戚不善の輩」）は、「揚名関白《ようめいかんぱく》（名ばかりの関白）」実頼に代わって、天皇の政治意思を支配した（『源語秘訣《げんごひけつ》』所引『清慎公記《せいしんこうき》』）。なお、冷泉には後世、数々の狂気説話が作られるが、これは本来は嫡流であったにもかかわらず、強引に皇統から外してしまった藤原氏の意を汲んで創作されたものであろう（倉本一宏『平安朝 皇位継承の闇』）。

円融天皇と九条流・小野宮流

安和《あんな》の変で高明が失脚してから五箇月後の安和二年（九六九）八月、冷泉は二十歳で譲位し、十一歳の円融天皇が即位した。実頼は摂政に補されたが（『日本紀略』）、ヨソ人であることには変わりはなく、円融の外舅である伊尹・兼家・兼通と対立していた。そして、この時期に実頼がしきりに上表を繰り返していることからも、勝敗は明らかであった。

翌天禄《てんろく》元年（九七〇）に実頼は七十一歳で死去し、尾張《おわり》国に封じられ、清慎公と諡された。代わって安子の同母兄の伊尹が摂政となった（『日本紀略』）。伊尹は政務に精勤し（『親信卿《ちかのぶきょう》記《き》』）、円融と伊尹との間は円滑に推移した。

伊尹は天禄三年（九七二）に四十九歳で死去し、三河《みかわ》国に封じられ、謙徳公《けんとくこう》と諡された。この間、複雑な経緯を経て、伊尹の同母弟（安子の同母兄）で、この年、参議から権中納言に任じられたばかりの兼通が、同母弟の兼家を抑えて、内覧《ないらん》（関白に准じる職で、天皇への奏上および宣下の文書を内見する地位）を命じられ、次いで内大臣を兼ね、政権の座に就いた（『親信卿記』）。「外戚の重さと安子の遺命《いめい》」によるものとされた（倉本一宏「藤原兼通の政権獲得過程」）。天延《てんえん》二年（九七四）には太政大臣に任じられ、関白に補された（『日本紀略』）。

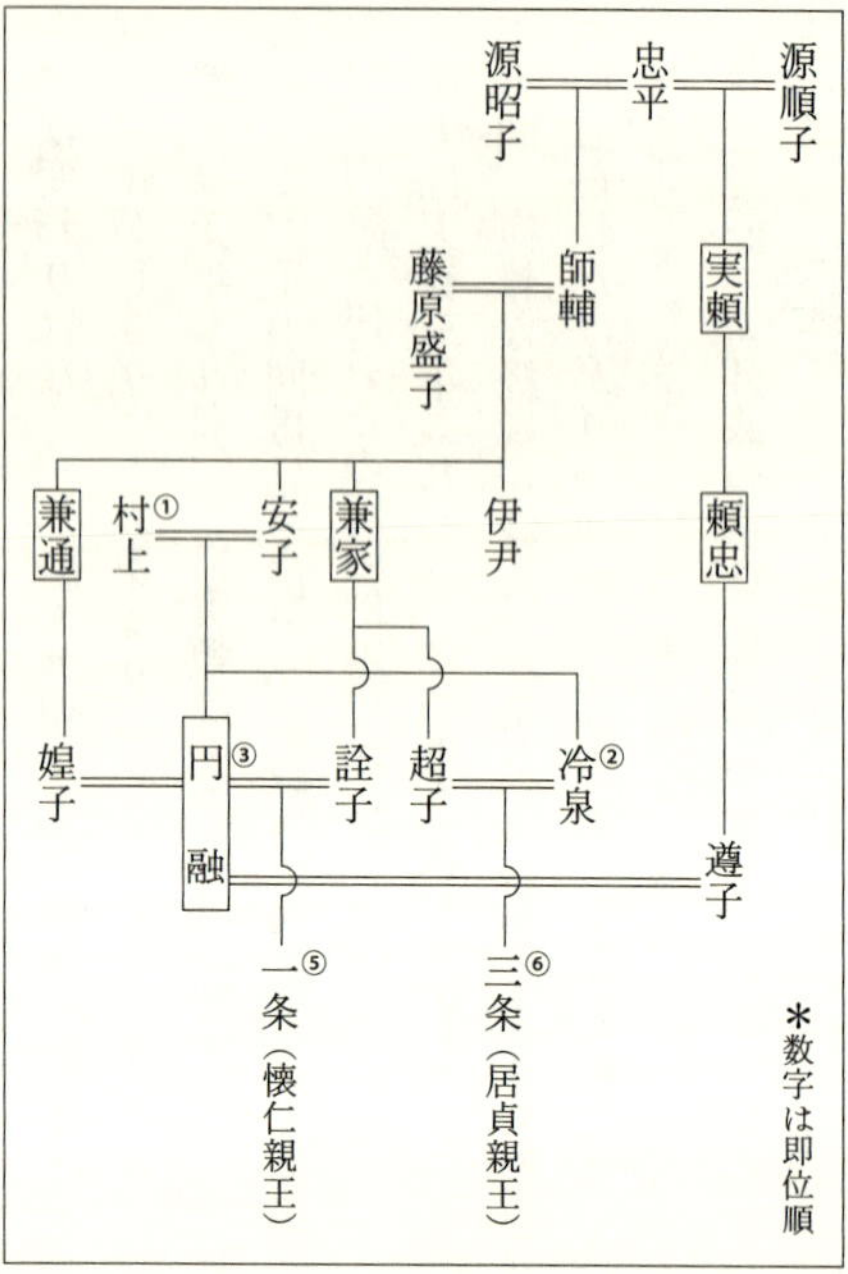

この頃には円融の父母はすでになく、兼通の女である媓子《こうし》が、この時期には唯一のキサキであったことから、両者の円満な関係によって国政が運営された。

貞元《じょうげん》元年（九七六）、冷泉院のキサキとなっていた兼家の女である超子《ちょうし》が、居貞《おきさだ》親王（後の三条《さんじょう》天皇）を産んだ（『日本紀略』）。当時は冷泉系の方が天皇家の嫡流と認識されており、

四条宮故地

この居貞こそ、天皇家の嫡流を嗣ぐべき存在であるはずであった（倉本一宏『三条天皇』）。兼家の女に居貞が生まれると、兼通は兼家が外戚としての地歩を固めるのを恐れ（兼通は女を冷泉後宮には入れられず、円融後宮に入れた媓子は皇子女を産む気配はなかった）、翌貞元二年（九七七）には小野宮流《おののみやりゅう》の頼忠《よりただ》に関白を譲り、兼家を治部卿《じぶきょう》に左遷したうえで、五十三歳で死去した。なお、兼通は遠江《とおとうみ》国に封じられ、忠義公《ちゅうぎこう》と諡されている（『日本紀略』）。

兼通が死去すると、兼家は天元《てんげん》元年（九七八）六月から出仕するようになり、八月には円融の後宮に女の詮子《せんし》を入れ、十月には右大臣に任じられるなど、再び権力獲得に向けた動きを示すようになった。なお、天元元年四月には、頼忠も女の遵子《じゅんし》を入内させている。

頼忠が関白であった時期には、円融との血縁も濃く、なおかつ姻戚でもある大臣として兼家が存在した。天皇とまったくミウチ関係を持たない関白が政治から疎外されるのも、必然のことであった。円融は、頼忠の女である遵子を立后させたことからもわかるように、兼家に反感を抱いて

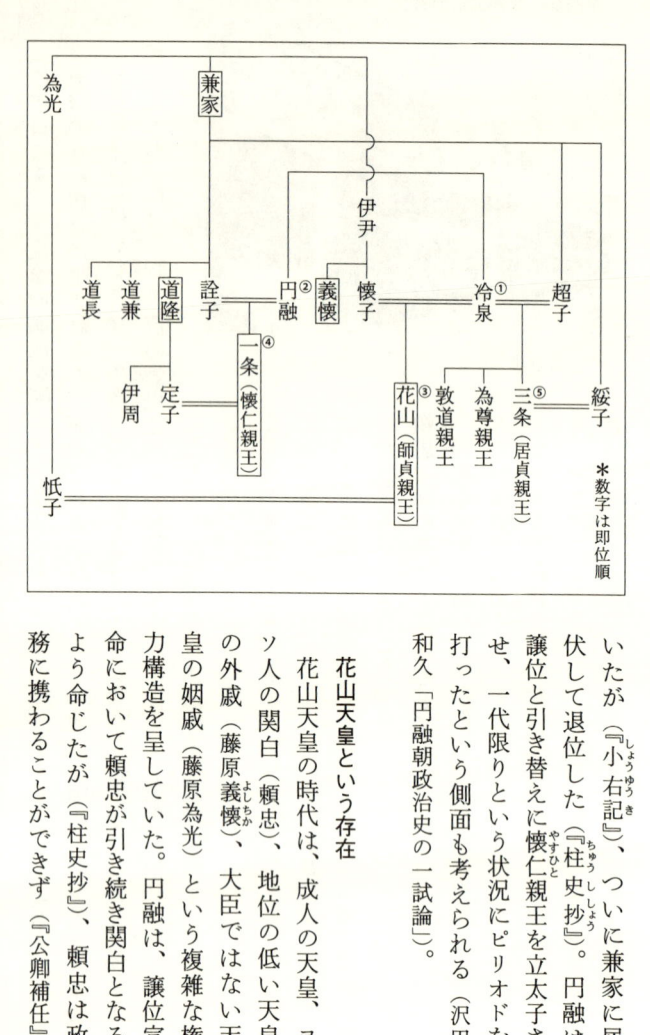

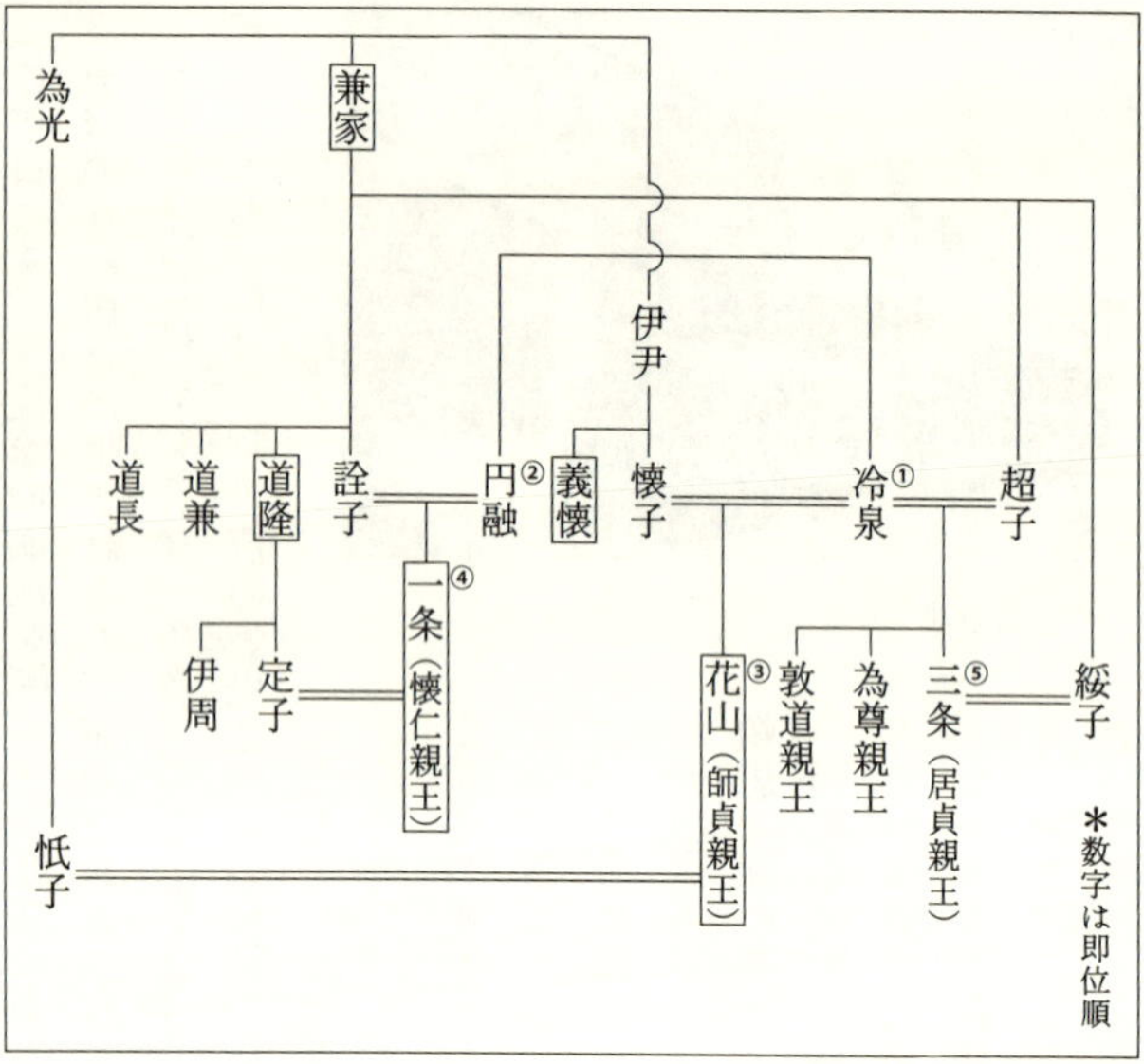

いたが（『小右記《しょうゆうき》』）、ついに兼家に屈伏して退位した（『柱史抄《ちゅうししょう》』）。円融は譲位と引き替えに懐仁《やすひと》親王を立太子させ、一代限りという状況にピリオドを打ったという側面も考えられる（沢田和久「円融朝政治史の一試論」）。

花山天皇という存在

花山天皇の時代は、成人の天皇、ヨソ人の関白（頼忠）、地位の低い天皇の外戚（藤原義懐《よしちか》）、大臣ではない天皇の姻戚（藤原為光）という複雑な権力構造を呈していた。円融は、譲位宣命において頼忠が引き続き関白となるよう命じたが（『柱史抄』）、頼忠は政務に携わることができず（『公卿補任』

『大鏡裏書《おおかがみうらがき》』『小右記』）、義懐主導の新政が実現した。

このような政治状況を好ましく思っていなかったのは、兼家や公卿層に共通する認識であったはずである。即位一年十箇月後の寛和《かんな》二年（九八六）六月二十三日、花山は兼家らの策略によって突然退位し、花山寺《かざんじ》（元慶寺《がんぎょうじ》）で出家した。花山にも様々な狂気説話や歴史物語が作られるが、強引に皇位から降ろし、嫡流から外してしまった冷泉皇統のゆえであろう（倉本一宏『平安朝 皇位継承の闇』）。

外祖父摂政兼家と国母詮子

ここに史上最年少となる七歳の一条天皇が誕生した。院政期に五歳の鳥羽《とば》天皇が現われるまで、この記録は破られなかった。摂政が置かれるとはいっても天皇の権限のすべてを代行できるわけではなく、幼帝であっても天皇自らが行なわなければならない事項も多い以上（坂上康俊「関白の成立過程」、大津透『道長と宮廷社会』）、まったくの幼児を天皇位に即けるというのは、よほど特殊な事情が存在したことになる。

当然ながら、この幼帝を後見する者が必要だったわけであるが、それは百三十年ぶりの外祖父摂政となった兼家と、国母《こくも》となった詮子が担った。七月五日、「母儀女御《ぼぎにょうご》」詮子は皇太后に立てられた（『日本紀略』）。以後、かなりの間、詮子は一条とともに過ごすことになる。

東三条第模型（国立歴史民俗博物館蔵）

正暦《しょうりゃく》元年（九九〇）正月に一条は十一歳という異例の若さで元服したが、同時に兼家は、孫の定子《ていし》（父は道隆《みちたか》）を入内させ（『日本紀略』）、ただ一人の姻戚となった。兼家は、外祖父の摂政であることに加えて唯一の姻戚という、最強のミウチ関係を構築したのである。

中関白家の日々

正暦元年（九九〇）五月八日、末期《まつご》を迎えた兼家は落飾《らくしょく》入道《にゅうどう》し、代わって内大臣道隆が関白となった。ただし、二十六日になって、詔して道隆の関白を改め、再び摂政としている（『日本紀略』）。あまりに年少で元服した一条には、いまだ万機を総覧《そうらん》できなかったためであろう。後世、「中関白家《なかのかんぱくけ》」と呼ばれることになる道隆家と一条の交流は、法興院《ほこいん》に建立された積善寺《しゃくぜんじ》供養をはじめ、『枕草子《まくらのそうし》』に謳《うた》われているところである（倉本一宏『藤原伊周・隆家』）。

しばしば人事に介入していた円融上皇が正暦二年（九九一）に三十三歳で死去すると、道隆は、落飾した詮子を女院《にょういん》（東三条院《ひがしさんじょういん》）とするという、前代未聞の措置を執った（『院号《いんごう》定部類記《さだめぶるいき》』所引『小右記』）。円融亡き後に天皇家の長となった詮子を、一条の政治的後見者として、上皇に准じる、より公的な政治権力に引き上げる必要があったのであろう。これは藤原氏の歴史にとっても、日本の歴史にとっても、画期的な出来事であった。

長徳《ちょうとく》元年（九九五）は、天平九年（七三七）以来の疫病の流行となった。すでに病に冒されていた道隆は、正月以来、上表を繰り返し、三月、一条に、「関白（道隆）が病を煩う間」という期限付きで、嫡男の伊周《これちか》（定子の同母兄）に内覧宣旨を下させた（『小右記』）。

その際、「関白病間」の「間」の字を除いて「関白病替」と書き換え、「関白の病に替えて、内大臣（伊周）を以て太政官・外記《げき》の文書を見せるように」という宣旨を作成しようとしたり、伊周を関白にしようとする策動も行なわれたが（『小右記』）、結局は伊周は期限付きの臨時の内覧という地位に留まった（倉本一宏『一条天皇』）。

そして四月十日、ついに道隆は死去した。時に四十三歳（『小右記』）。これで伊周は内覧の地位を止められたことになる。

「七日関白」道兼

四月二十七日、一条は道隆の同母弟の右大臣道兼《みちかね》を関白に選んだ（『日本紀略』）。当時の兄弟継承の慣例に従えば、伊周よりも上位にあって一条の外舅にあたる道兼が選ばれたことは、至極順当なところではあった。

ただし、すでに道兼も病に冒されていたことは、周知の事実だったことであろう。世代交代を阻止しようとした詮子の思惑としては、ここで兄弟間で継承させておけば、道兼が近い将来に死去すれば、その次に必然的に道長《みちなが》政権の誕生が期待できるといった構想が固まっていたのであろう（倉本一宏『一条天皇』）。

そして五月八日、道兼は死去した。三十五歳（『日本紀略』）。世に「七日関白」と称される。

二、道長の権力

道長政権の成立

突然の僥倖であった。道隆、道兼、そして上位にあった大納言が相次いで死去した結果、三十歳で兼家五男の権大納言藤原道長は、長徳元年（九九五）五月十一日に内覧を命じられ、いきなり政権の座に就いた（『朝野群載』『日本紀略』『公卿補任』）。大臣ではないということで関白となることができず、円融朝の兼通以来二十三年ぶりに復活したこの職に就けられたのである。兄弟順の政権担当という国母詮子の意向が強くはたらいたであろうことは、後年の道長自身の次の言葉（『本朝文粋』）からも明らかである。

> 臣（道長）は声望が浅薄であって、才能もいいかげんである。ひたすら母后《ぼこう》（詮子）の兄弟であるので、序列を超えて昇進してしまった。また、父祖《ふそ》の余慶によって、徳もないのに登用された。……二人の兄（道隆・道兼）は、地位の重さを載せて早夭《そうよう》した。

道長はこの年の六月に右大臣（『御堂御記抄《みどうぎょきしょう》』『公卿補任』）、ついで翌長徳二年（九九六）七月に左大臣にも任じられ、内覧と太政官一上《だいじょうかんいちのかみ》（首班）の地位を長く維持した。大臣に上っても関白に就くことはなく、結果的にはそれによって公卿議定《くぎょうぎじょう》である陣定《じんのさだめ》を指揮下に置くこともできたのである（倉本一宏『一条天皇』）。

中関白家の失脚

一方、中関白家は道長との反目を強めていった。七月二十四日には、道長と伊周が仗座《じょうのざ》において口論に及び、それは闘乱に近いものであった。七月二十七日には、道長と隆家《たかいえ》（伊周の同母弟）の従者同士が七条《しちじょう》大路において合戦に及び、その報復措置か、八月二日には隆家の従者が道長の随身《ずいじん》を殺害している（『小右記』）。水面下においても、八月十日には中関白家の外戚の高階成忠《たかしなのなりただ》が陰陽師に道長を呪詛《じゅそ》させていたことが発覚し、「事の体は、内府《ないふ》（伊周）が行なったところのようである」と言われた（『百練抄』）。

長徳二年（九九六）、いわゆる「長徳の変」が起こった。その発端については、『小右記』の逸文からわかるように、正月十六日、花山院と伊周・隆家が、故為光家（一条第《いちじょうてい》）で遭遇して闘乱に及び、花山の随身していた童子《どうじ》二人が殺害されて首を持ち去られたという、従者同士の闘乱である。なお、『小記目録《しょうきもくろく》』によると、花山の従者と闘乱を行なったのは隆家の従者のようである（倉本一宏『藤原伊周・隆家』）。

二月、一条天皇は明法博士《みょうぼうはかせ》に伊周・隆家の罪名を勘申《かんじん》させよとの命を下した。そして四月の除目で、伊周を大宰権帥、隆家を出雲権守《いずものごんのかみ》に降すという決定が下された（『小右記』）。

こうして道長は労せずして政敵を葬り、以後は左大臣道長、右大臣藤原顕光《あきみつ》（兼通男）、内大臣藤原公季（師輔男）という序列が、二十一年も続いた。その間、政変も起こることなく、もっぱら後宮における后妃の皇子出産へと政治の眼目が移った。この時期に盛行した女房《にょうぼう》文学も、この政治の安定と後宮情勢によってもたらされたものである。

ただし、あいつぐ病悩によって、道長は上表を繰り返し、長徳四年（九九八）には内覧が停止されることも起こっていたのである（『権記《ごんき》』）。

彰子の後宮制覇

権力を万全にしたかに見えた道長であったが、それは官人としての地位に関するものに過ぎなかった。この時代、権力基盤を固めて、それを次世代に受け継がせるには、女を天皇の後宮に入れて皇子の誕生を期し、同時に男を早くから昇進させる必要があったのである。

ところが道長の場合、当時としては晩婚であったのが災いして、政権を獲得した時点では長女の彰子《しょうし》は数えで八歳、嫡男の頼通《よりみち》は四歳に過ぎなかった。道長自身は病弱であるとなると、詮子も一条も、それに道長自身も、当初はあれほどの長期政権になるとは考えていなかったであろう。次に定子の兄である伊周に政権がまわってくる可能性もあった。

道長は長保《ちょうほう》元年（九九九）、十二歳に達して着裳《ちゃくも》（成人式）を行なった彰子を、十一月一日に後宮に入内させた（『御堂関白記』『権記』『小右記』）。しかし、彰子は身体的にはまったく成熟しておらず、しかも一条には中宮《ちゅうぐう》定子が寄り添っており、彰子が女御となったのと同日の十一月七日に第一皇子敦康《あつやす》を産んだ（『権記』『小右記』）。

翌長保二年（一〇〇〇）正月には彰子を中宮とすることを一条に認めさせ、「一帝二后《いっていにこう》」という異常事態を現出させた（『権記』）。一方、「皇后」とされた定子は十二月に死去してしまう。

相変わらず一条と彰子との間には懐妊《かいにん》の「可能性」はなく、道長は定子の遺した敦康親王を彰子の御在所に置き、その後見を続けていた。彰子が皇子を産まなかった場合の円融天皇を祖とする皇統のスペア・カードとして、道長は敦康を懐中に収めていたのである（倉本一宏『一条天皇』）。

寛弘《かんこう》三年（一〇〇六）頃になって、十九歳に達した彰子と一条との間に、皇子懐妊の「可能性」が生起したものと思われる。翌寛弘四年（一〇〇七）の十二月頃、彰子はついに懐妊した（『御産部類記《ごさんぶるいき》』所引『不知記《ふちき》』）。この頃から道長は敦康の後見を放棄している。

そして寛弘五年（一〇〇八）九月十一日、彰子は待望の第二皇子敦成《あつひら》（後の後一条《ごいちじょう》天皇）を出産した。翌寛弘六年（一〇〇九）にも第三皇子敦良《あつなが》（後の後朱雀《ごすざく》天皇）を出産している。

一条の土御門第行幸《つちみかどていぎょうこう》の様子は、『紫式部日記絵詞《むらさきしきぶにっきえことば》』に描かれるところである。

一条天皇から三条天皇へ

道長は寛弘七年（一〇一〇）には二女の妍子《けんし》を東宮居貞親王（後の三条天皇）の妃とし、円融系・冷泉系両皇統に目配りを行なった。この頃から、一条譲位、居貞即位、敦成立太子が、道長の政治日程にのぼっていたものと思われる。

一条の意向としては、おそらくは第一皇子の敦康親王をまず立太子させ、冷泉系の敦明《あつあきら》親王を挟んで敦成や敦良親王の立太子を望んでいたはずである。この時点での敦康立太子という選択肢は、別に敦成を排除するものではなく、その立太子を先送りするに過ぎない。

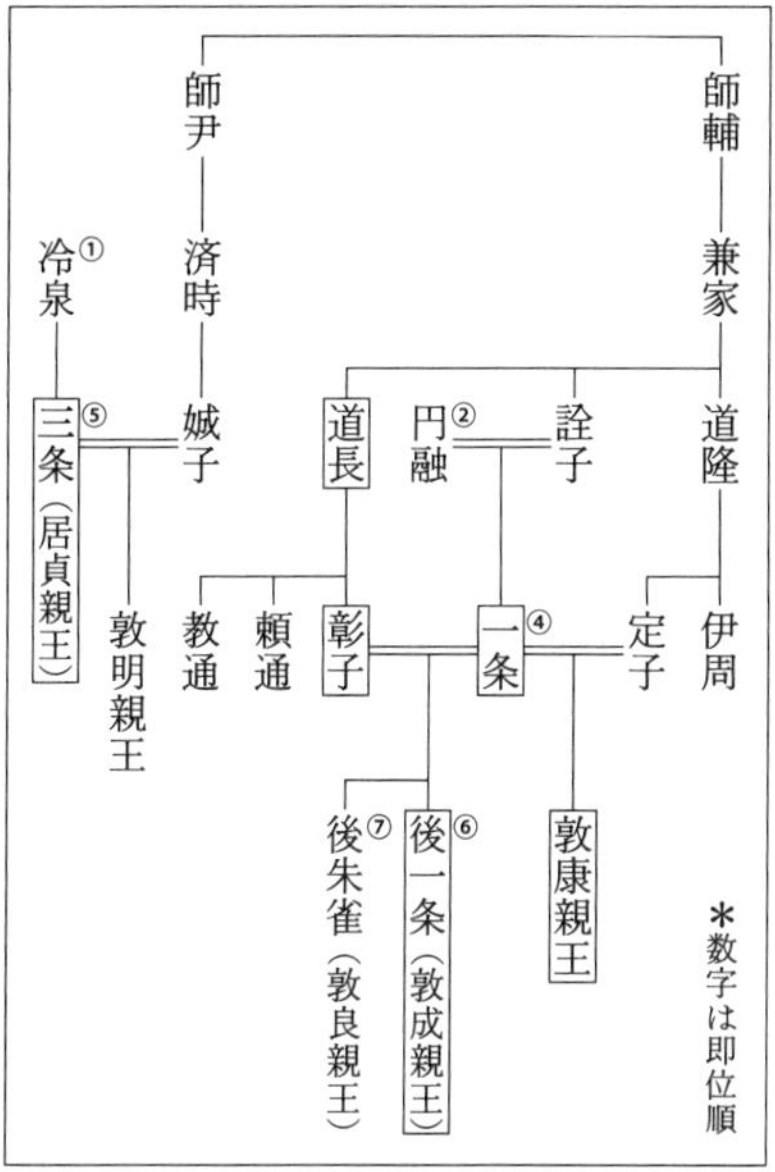

この意向に対しては、いまだ若年の彰子（寛弘八年〔一〇一一〕で二十四歳）や頼通（二十歳）は、間に敦康を挟んだとしても、敦成の即位を待つ余裕があったであろうが、道長には三条—敦康—敦明の次まで待つ余裕はなかった（倉本一宏『一条天皇』）。

そして寛弘八年、道長は病に倒れた一条の譲位工作を行ない、居貞を即位させた（三条天皇）。次期東宮には、敦康も視野に入れていた一条や彰子の望みを退け、彰子所生の敦成を立てた（『権記』）。道長は、これで次代の外祖父の地位を約束されたのである。

道長は、三条からの関白就任要請を拒否し、引き続き内覧兼左大臣として太政官政務も総覧した（『御堂関白記』）。一方の三条は、長和《ちょうわ》元年（一〇一二）、妍子を中宮に立てたのに続いて、早くから妃となっていてすでに敦明をはじめとする四人の皇子を儲けていた娍子《せいし》（父は長徳元年（九九五）に死去している大納言藤原済時《なりとき》）を皇后に立てた（『小右記』）。

公卿社会の常識を逸脱した娍子立后によって（父が大臣ではない皇后は橘《たちばなの》嘉智子《かちこ》以来）、三条と道長、および公卿社会との関係は悪化した。長和二年（一〇一三）に妍子が出産を迎えたものの、生まれたのは皇女であった。後に後朱雀の中宮として尊仁《たかひと》親王（後の後三条《ごさんじょう》天皇）を産んだ禎子《ていし》である。

長和三年（一〇一四）には眼病《がんびょう》を患った三条に対し、道長が退位を要求した。この年の『御堂関白記』を、道長はおそらく廃棄している。長和四年（一〇一五）には、道長による三条の退位工作が激しくなり、それに対抗する三条の闘いが繰り広げられたが、十一月、三条は道長に、敦明親王の立太子を引き替えとした明春の譲位を語った（『小右記』）。

「この世をば」

明けて長和五年（一〇一六）こそ、道長にとっては、東宮敦成の即位（後一条天皇）、それにともなう自らの摂政就任と、まさに「我が世」の始まりであった。しかも、良房・兼家以来の外祖父摂政、かつ天皇との間を取り持つ国母（彰子）が存命していて天皇父院（一条）がすでに死去しているという、考え得る限り最高のミウチ的結合を完成させたのである。この長和五年の間は左大臣も兼任しており、太政官首班の地位をも手放そうとしていない（倉本一宏『藤原道長の権力と欲望』）。

翌寛仁《かんにん》元年（一〇一七）三月十六日、早くも道長は摂政を辞し、嫡男の頼通にそれを譲った。それは摂関家という家の形成の端緒《たんしょ》であった。この後も道長は、「大殿《おおとの》」「太閤《たいこう》」と呼ばれて官職秩序から自由となり、摂政頼通を上まわる権力を行使し続けることになる。

摂関家の中での父子関係が、官職に優先して機能していたのである。しかもその機能は、律令制の流れを汲む文書によって命じられるのではなく、口頭ないし私信で現任の摂関に伝達されるという点において、後の院政のモデルとなったと評価される（坂上康俊『摂関政治と地方社会』）。

一方、三条院は五月九日に死去した。その結果、東宮敦明親王の権力基盤は、きわめて脆《ぜい》弱《じゃく》なものとなり、八月六日には東宮の地位を降りるという意思を表明した。それを承けた道長は、すぐさま敦良を新東宮に立てた（『御堂関白記』）。道長は新年の後一条元服の加冠を勤めるため、年末に太政大臣に任じられた（後一条元服の儀の直後にこれも辞している）。

そしていよいよ寛仁二年（一〇一八）、道長の栄華が頂点を極めた。それは外孫である後一条天皇を正月に元服させたうえで、三月にこれに三女の威子《いし》を入内させ、十月に中宮に立てるという手順で行なわれた。その本宮《ほんぐう》の儀の穏座《おんのざ》（二次会の宴席）において詠まれたのが、有名な「この世をば我が世とぞ思ふ望月《もちづき》の欠けたる事も無しと思へば」の歌である（『小右記』）。

その頃から道長は胸病《きょうびょう》と眼病に悩まされていたが、寛仁三年（一〇一九）に出家を遂げた。その後も「禅閤《ぜんこう》」として政治を主導した道長であったが、やはりひと区切りついたという心境となったのであろう。この頃から『御堂関白記』の記事は極端に少なくなる。

寛仁四年（一〇二〇）、無量寿院《むりょうじゅいん》（後の法成寺《ほうじょうじ》）落慶法要《らっけいほうよう》が営まれ、道長は来世《らいせ》に旅立つ場も準備し終えた。

それから道長は、あと六年の余生を送ることになる。その間、万寿《まんじゅ》二年（一〇二五）七月九日には小一条院《こいちじょういん》（敦明）女御となっていた四女寛子《かんし》、八月五日には東宮敦良親王妃の六女嬉子《きし》、万寿四年（一〇二七）には出家していた三男顕信《あきのぶ》、三条中宮であった二女妍子を、次々と喪《うしな》った（『小右記』）。結果的には、「望月」は確実に欠けていったのである。

道長自身が法成寺阿弥陀堂《あみだどう》の九体阿弥陀像《きゅうたいあみだぞう》の前で死去したのは、十二月四日のことであった。六十二歳。七日に東山《ひがしやま》の鳥辺野《とりべの》で葬送《そうそう》され、宇治《うじ》の北端にある木幡《こはた》の、藤原氏の墓所として造営《ぞうえい》した浄妙寺《じょうみょうじ》の東に葬られた（倉本一宏『藤原道長の日常生活』）。

法成寺・土御門第故地

浄妙寺故地

再分配システムとしての道長

道長を考える最後に、道長を回転軸とする物品の贈与と貸与について考えてみよう。道長は政務や儀式への公卿の出欠を気にするたちであったが、その理由の一つは賜禄《しろく》にある。簡単な記事の多い『御堂関白記』にあって、儀式に出席した人に対する賜禄の記事の量と細かさは、特徴的である。賜禄に関する記事だけを裏書として紙背《しはい》に記すことも多い。

これはおそらく、物品の出納を記録することが、日記を記す主要な目的であったことによるものと思われる。どのような儀式に、どのような人に、どのような物をどれだけ下賜したかを記録することは、自身への備忘録《びぼうろく》だったのであろう。もちろん、摂関を継ぐべき子孫への先例となるとも考えていたに違いない（倉本一宏『藤原道長「御堂関白記」を読む』）。

禄として下賜する物品には、上は引出物《ひきでもの》としての馬、女装束《おんなしょうぞく》（いわゆる十二単《じゅうにひとえ》）、大袿《おおうちき》、袿《うちき》、袴、絹から、下は麻布に至るまで、いくつかの種類と格が存在した。それらを様々に組み合わせ、量に差異を儲けることで、道長は身分毎に下賜していたのである。

また、従来は受領が自分の人事を有利にしてもらうための賄賂《わいろ》として、道長に牛馬を貢進《こうしん》してきたと説かれてきた（村井康彦『平安貴族の世界』）。しかし、受領たちは必ずしも除目の前に貢進してきたわけでもないし、貢進の結果がすぐさま除目に有利にはたらいてもいない。

実は道長は、貢進されてきたと記録されている四百二十五疋余の馬のうちの三百四十九疋余を、皇族や他の貴族、寺社に分与している。しかも、そのうちの七十七疋は、当日もしくは翌日に分与したものである。同様、貢進されてきた六十三頭余の牛のうちの六十一頭余を分与している。これもそのうちの三十八頭は、当日もしくは翌日に分与したものである。

これらはもう、道長が自分の懐に入れるべき賄賂というよりも、王朝社会全体における牛馬の集配センターと再分配システムを想定した方がよさそうである。絹や布といった繊維製品など他の物品も、同様だったのではないだろうか（倉本一宏『藤原道長の日常生活』）。

道長の権力の源泉の一端を、ここに示してみた。

三、頼通政権の成果

藤原氏北家の嫡流

道長の後を継いだのは、一男の頼通であった。考えてみれば、藤原氏の成立以来、結果的に次の世代に嫡流を継いできたのは、つねに嫡子ではなく庶子であった。鎌足《かまたり》次男の不比等《ふひと》、不比等次男の房前《ふささき》、房前三男の真楯《またて》、真楯三男の内麻呂《うちまろ》、内麻呂次男の冬嗣《ふゆつぐ》、冬嗣次男の良房、長良《ながら》三男の基経、基経三男の忠平、忠平次男の師輔、師輔三男の兼家ときて、兼家五男の道長に至ったのである。

これは古代日本の継承形態を考える際に興味深い事実なのであるが、道長一男の頼通以降は、一男が次の世代へと嫡流を降ろしていく事態も増えてきた。実は藤原氏自体や古代日本の継承様式が変質したのではなく、摂政関白といった地位の政治的意味が変質した結果なのであるが、それについては後に述べよう。

倫子と明子

頼通が道長の後継者となったのには、理由がある。道長の配偶者は、宇多《うだ》天皇の三世孫にあたる左大臣源雅信《まさのぶ》の長女倫子《りんし》と、醍醐《だいご》天皇の孫で、左大臣源高明の女である明子《めいし》が確認できる。しかし、二人の妻の扱いと、それぞれが産んだ子女の境遇については、大きな較差が存在した。後見のない明子の方は正式な妻ではなかったのではないかとさえ思えてくる。

なお、平安貴族というと妻問婚《つまどいこん》による一夫多妻を思い浮かべる人も多いと思うが、実際には彼らは嫡妻と同居していたのであり（というより、その女性の家に婿入りしたのである）、一時期には妻は一人しかいなかった人がほとんどであったのである。

倫子の産んだ（「当腹《むかいばら》」）男子二人（頼通と教通《のりみち》）は、昇進も明子所生の男子より早く、二人とも関白に上っている。また、道長から邸第を譲られるなど、明らかに優遇を受けている。

女子四人（彰子・妍子・威子・嬉子）も、天皇、または東宮のキサキとなっており、早くに死去した嬉子を除いては、いずれも立后している。そしてこの四人も、道長から邸第を譲られているのである。

一方、明子の産んだ（「外腹《そとばら》」）男子四人は、頼宗《よりむね》が右大臣に上った以外は、能信《よしのぶ》と長家《ながいえ》は権大納言にとどまり、顕信は蔵人頭になれずに右馬頭《うまのかみ》で出家している。女子も、寛子が東宮の地位を降りた小一条院（敦明親王）の女御、尊子《そんし》が源師房《もろふさ》室となっていて、明らかな差異が見られる。明子所生の子女には、道長は邸第を伝領させることもなかった。

なお、明子が産んだ頼宗や能信は、やがて頼通や教通といった「摂関家」と対立し、摂関家出身の女性を生母に持たない尊仁親王（後の後三条天皇）の即位に尽力して、摂関政治を終わらせることになる。

後継者としての頼通選定

明子所生の男子が道長の後継者になり得なかったのは当然として、倫子所生の頼通と教通は、頼通が正暦三年（九九二）生まれの道長一男、教通が長徳二年（九九六）生まれの道長六男という出生順、四年の年齢差という以上に、本人の資質にも大きな差があった。

道長が一男の頼通を当初から嫡子として扱っていたのも、理由のないことではなかったのである。頼通（鶴君《たづぎみ》）は元服前から道長の「愛子《あいし》」とされ（『小右記』）、長保五年（一〇〇三）に十二歳で元服して正五位下に叙され（『権記』）、右少将《うしょうしょう》に任じられた。寛弘三年（一〇〇六）には教通（せ君《ぎみ》）も十一歳で元服して正五位下に叙された。

頼通はこの寛弘三年に十五歳で従三位に叙されて公卿に列し、十八歳で権中納言、二十二歳で権大納言、二十六歳で内大臣に上るなど、破格の昇進を見せた。一方の教通も、寛弘七年（一〇一〇）に十五歳で従三位に叙され、十八歳で権中納言、二十四歳で権大納言、二十六歳で内大臣に上るなど、頼通とほぼ同じ歩みを続けた。

しかし、成長するにつれ、教通の資質が明らかになってきたのであろう。「恵和《けいわ》の心」の持ち主であると称された（『春記《しゅんき》』）頼通に対し、教通は頼通とは随分と異なる所行を残しているのである。寛弘七年に乳母である蔵命婦《くらのみょうぶ》と与同して随身を遣わし、「うわなり打」を行なったり（『御堂関白記』）、長和三年（一〇一四）に検非違使別当《けびいしべっとう》として数々の狼藉《ろうぜき》をはたらいて実資《さねすけ》から「才智も無い」と評されたり（『小右記』）、寛仁元年（一〇一七）に紀伊《きい》国の粉河寺《こかわでら》からの帰途、和泉《いずみ》国の饗応が気に入らないとして、饗饌《きょうせん》を馬で蹴散《けち》らせるなどの濫《らん》行《ぎょう》を演じたり、治安《じあん》元年（一〇二一）の不堪佃田申文《ふかんでんでんもうしぶみ》の儀で、実資の作法を見たかどうかを道長に問われ、見ていないと答えると、道長に怒られたり（『小右記』）ということで、道長が頼通を選んだのも、もっともなことであった（倉本一宏『藤原道長の日常生活』）。

道長死後の頼通と教通

万寿四年（一〇二七）に道長が死去した後、頼通と教通の間には、政権をめぐる確執が生じた。頼通が五十一年間も摂関の座に居坐り続け、その間、頼通は教通の昇進を抑えつけた。教通は内大臣に二十六年間も留められ、ようやく五十二歳で右大臣、六十五歳で左大臣に上った。頼通が七十七歳となった治暦《じりゃく》四年（一〇六八）に、おそらくは彰子の裁定によって七十三歳の教通に関白の座を譲った際にも、将来に自分の嫡男である師実《もろざね》に譲ることを条件としたのである。

特に長暦《ちょうりゃく》三年（一〇三九）に教通が女の生子《せいし》を後朱雀天皇、永承《えいしょう》二年（一〇四七）に歓子《かんし》を後冷泉《ごれいぜい》天皇の後宮に入れたことにより、確執は決定的なものとなった（『春記』）。

当時、頼通は両天皇の後宮に嫄子《げんし》（養女）と寛子を入れていたが、これら四人のキサキはいずれも天皇の皇子を儲けることはなかった。結局は兄弟ともに外戚の地位を得ることができず、摂関の勢力は急速に衰えて、院政への道を開くことになったのである。

後一条天皇の時代の頼通政権

頼通が道長からの譲りで摂政となったのは、姉の彰子所生の後一条天皇の在位二年目であ

高陽院故地

る寛仁元年（一〇一七）のことであった。時に二十六歳と、史上最年少であった。

ただし、この時期には、天皇家の長の地位を彰子が占め、摂関家の長の地位は「大殿」道長が占めていた（『小右記』）。つまり、天皇大権を彰子が母権《ぼけん》によって代行し、摂関の執政権を道長が父権《ふけん》によって代行した形となる。事項によって、頼通が道長の指示を仰いだり、彰子と頼通とで協議したり（『御堂関白記』）、敦明親王が辞退した後の新東宮を道長・彰子・頼通の三者で協議したりしており（『立《りっ》坊部類記《ぼうぶるいき》』所引『権記』）、まさに藤原氏の三者によって構成された権力中枢による国政主導の姿が現われている。

道長は出家後も国政関与を続ける意志を示し、頼通に指示を与えたり、譴責《けんせき》したりして、国政を領導した（『小右記』）。これが太政官の制度を基盤とする摂関政治のあり方をゆがめたという評価もある（大津透『道長と宮廷社会』）。ただ、彰子の発言力は目立って強くなっており、道長に人事の指示を下した例（『小右記』）や、道長・頼通に威子立后を発議した例が見える（『御堂関白記』）。

この間、頼通が万寿元年（一〇二四）に、平安京《へいあんきょう》大内裏の至近に営んだ四町の広大な高陽院《かやいん》に後一条と東宮敦良、彰子の行幸啓を請い、道長はじめ諸公卿を招いて盛大な駒競《こまくらべ》を催した様子は、『駒競行幸絵巻《こまくらべぎょうこうえまき》』に華麗に描かれている。

万寿三年（一〇二六）に出家して上東門院《じょうとうもんいん》の称号を受け、二人目の女院となっていた彰子は、道長の死去後は完全に権力中枢の長の立場に就き、頼通を指令した（『小右記』）。頼通よりも四歳年長であるということが、大きく影響しているのであろう。頼通の方は儀式の次第や政治決定を頻繁に実資に諮問し、実資もよくこれに応えているが（『小右記』）、これが儀式の完成に資したことは、大きなものがあった。

後朱雀天皇の時代の頼通政権

後一条が死去した後を承けて、長元《ちょうげん》九年（一〇三六）に同母弟の後朱雀天皇が二十八歳で即位しても、頼通の政権と彰子の国政関与は続いた（『春記』）。後一条に比べて、後朱雀は政治に対して積極的であったとされるが（赤木志津子「藤原資房とその時代」）、頼通はようやく政治に飽きて、懈怠《けたい》が目立つようになってきた。「事情を天皇に奏上し、御定に随うように」との頼通の命を受けた蔵人頭藤原資房《すけふさ》（実資養子の資平《すけひら》の子）が、「これは恒の御詞である」と憤慨している（『春記』）。

尊仁親王を産んだ禎子内親王の内裏参入を妨害し、強引に養女嫄子を入内させたものの、皇子には恵まれず、天皇家とのミウチ関係の先行きに不安を感じ始めていた頼通の焦燥と諦《てい》観《かん》が根底にあったのであろう。

なお、男子にも恵まれなかった頼通は、道長の指示で寛仁四年（一〇二〇）に村上天皇皇子具平《ともひら》親王二男の源師房を養子として元服させ、後継者として右大臣にまで進ませたが、万寿二年（一〇二五）に通房《みちふさ》、長久《ちょうきゅう》三年（一〇四二）に師実が生まれると、そちらを後継者とした（通房は寛徳《かんとく》元年〔一〇四四〕に死去したので、師実が嫡子となった）。

後冷泉天皇の時代の頼通政権

後朱雀が死去した次には、寛徳二年（一〇四五）に第一皇子で二十一歳の親仁《ちかひと》親王が嗣いだ（後冷泉天皇）。母は後朱雀の東宮時代に妃となっていた道長四女の嬉子である。なお、嬉子は万寿二年（一〇二五）に親仁を産んだ際に死去しており、立后することはなかった。

引き続き頼通が関白に補され、後冷泉は万事を関白任せにしたと言われている（『愚管《ぐかん》抄《しょう》』）。『春記』には頼通の振舞いに対して、「人主《じんしゅ》の如し」とか「天子に擬すか」という評が見える。相変わらず彰子の政治的存在は大きく、局面によっては頼通と共同して国政にあたったことが窺える（『春記』）。

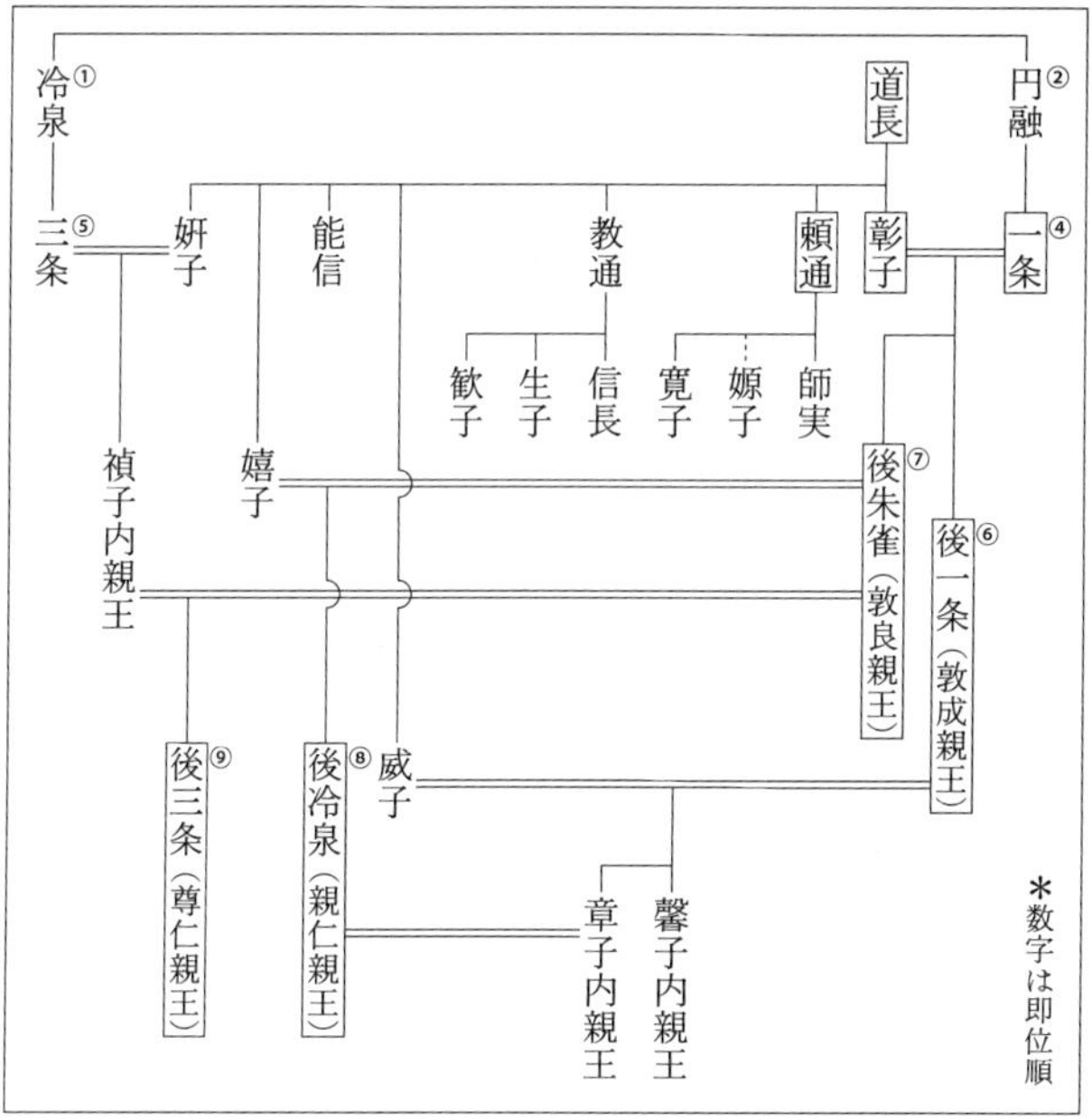

ただし、中宮章子《しょうし》内親王（後一条皇女）・皇后藤原寛子（頼通女）・皇后藤原歓子（教通女）には皇子の誕生はなく、藤原氏と外戚関係を持たない尊仁親王（母は禎子内親王）を皇太弟に立てざるを得なかった。頼通と東宮は当初から確執関係にあったが（『江談《ごうだん》抄《しょう》』）、この尊仁を春宮大夫《とうぐうだいぶ》として支えたのが、明子所生の能信であった。

宇治に隠退

頼通は治暦三年（一〇六七）に准三后《じゅさんごう》となり、治暦四年に関白職を、嫡子の師実に将来譲渡すると約束させたうえで弟の教通に譲り、宇治に隠退した。すでに摂関家と姻戚関係のない後三条が即位しており、摂関家の栄華にはかげりが見えていた。

宇治の平等院《びょうどういん》は、道長から伝領した宇治別業《べつぎょう》を、頼通が末法《まっぽう》入りの永承七年（一〇五二）に仏寺に改めたもので、「極楽《ごくらく》が不審ならば、宇治の御寺を敬え」という童謡が示すように、この世に出現した地上の極楽浄土であった。ただし、当時の平等院は現在の境内の七倍の寺域を持つ広大なもので、しかも阿弥陀堂《あみだどう》（鳳凰堂《ほうおうどう》）は院政期の忠実《ただざね》の時代に瓦葺《かわらぶ》きとなるなど大規模な改修を受けて、現在に至っているものである（杉本宏『宇治遺跡群』）。

頼通の時代

頼通の時代には、これまでの王朝国家の支配体制は行きづまりを見せており、頼通と歴代の天皇は支配体制の転換に腐心していた。公田官物率法《こうでんかんもつりっぽう》の成立、別名制《べつみょうせい》の創始、郡郷《ぐんごう》の再編、一国平均役《いっこくへいきんやく》の公認、そして荘園整理令《しょうえんせいりれい》の発令など、頼通は時代の変換に精一杯、対応していたのである（坂本賞三『藤原頼通の時代』）。

このような時代の転換期に、五十一年間もの超長期政権（日本史においては蘇我馬子《そがのうまこ》に次ぐもの）を担ってきたこと、そしてその権力を次の世代に受け継がせることができなかったことが、頼通のイメージを不当に貶めてきたと言えよう。

そして宇多天皇以来百七十年ぶりに藤原氏を外戚としない後三条の即位とともに、道長が全盛期を現出させた摂関政治は終焉《しゅうえん》を迎えたのである。

第五章　摂関家の成立と院政

ここからは、中世の話になる。どこからが中世なのかは、人によって意見が異なり、道長《みちなが》を「中世最初の王」と呼んだりすることもあるのだが、私は頼通《よりみち》の晩年までは古代で、道長・頼通が古代の集大成と考える方がいいのではないかと思っている。

中央貴族に関して、この問題を考える際に、キーワードとなるのは、「家」という問題であろう。藤原氏が不比等《ふひと》の子の世代から四家に分かれていたことは、すでに見てきたとおりである。しかしそれは、藤原氏全体の地位を高める際に有利となるための措置であった。ここでいう中世的な家（中世史研究者は、しばしば「イエ」と称している）とは、個々の家の地位や役割を固定化するというもので、まったく異なる意味を持つ。

その意味では、摂関という地位が頼通の子孫に固定され、また偶然の所産とはいいながら天皇家の外戚が摂関家以外の家から出るようになるという現象が、その機縁となったことになる。道長の時代に摂関家は天皇家に先んじて中世的な家に転生したという主張（大津透『道長と宮廷社会』）も出される由縁《ゆえん》である。

これから、院政期における藤原氏の有り様について、簡単に触れることにしよう。

一、院政と摂関家の転機

後三条天皇の皇位継承構想

延久《えんきゅう》五年（一〇七三）に後三条院《ごさんじょういん》（四十歳）、承保《じょうほ》元年（一〇七四）二月に頼通（八十三歳）、十月に上東門院彰子《じょうとうもんいんしょうし》（八十七歳）、承保二年（一〇七五）に教通《のりみち》（八十歳）が死去した。摂関期の主役の相次ぐ死は、まさに時代の変換を実感させるものであったに違いない。御堂流《みどうりゅう》摂関家も第三世代が主役となり、白河《しらかわ》上皇が始めた院政に対応することが求められた。以下、その流れを見ていこう。

後三条は、東宮時代に自分を支えた能信《よしのぶ》の養子能長《よしなが》（明子《めいし》所生の頼宗《よりむね》の三男）や村上源氏《むらかみげんじ》、文人貴族の大江匡房《おおえのまさふさ》や藤原実政《さねまさ》（藤原北家日野流《ほっけひのりゅう》で真夏《まなつ》の子孫）などを登用し、関白の教通

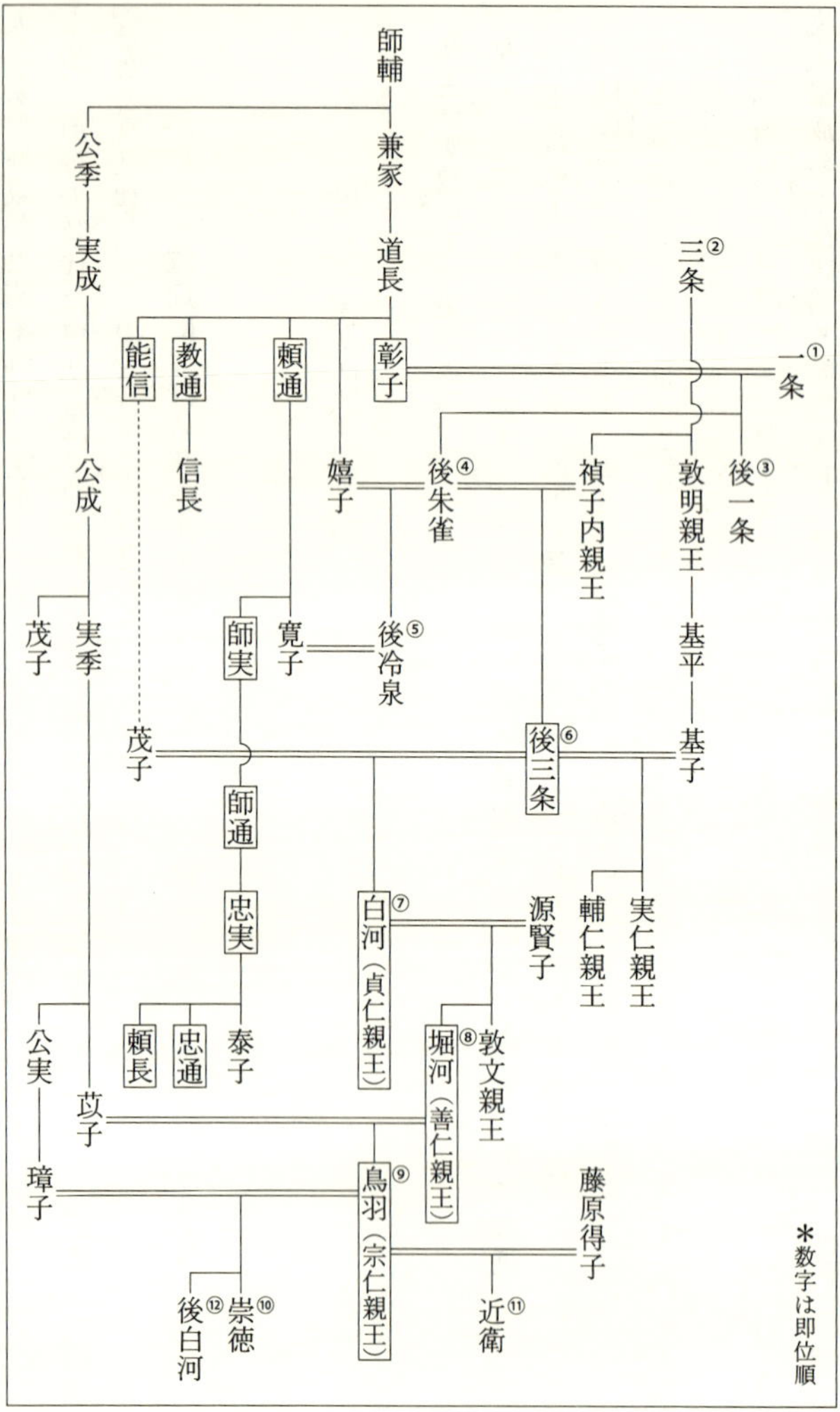
師輔
公季
兼家
実成
道長
三条②
一条①
能信
教通
頼通
彰子
公成
信長
嬉子
後朱雀④
禎子内親王
敦明親王
後一条③
茂子
実季
師実
寛子
後冷泉⑤
基平
茂子
後三条⑥
基子
師通
忠実
白河⑦（貞仁親王）
源賢子
輔仁親王
実仁親王
公実
頼長
忠通
泰子
堀河⑧（善仁親王）
敦文親王
苡子
璋子
鳥羽⑨（宗仁親王）
藤原得子
後白河⑫
崇徳⑩
近衛⑪
＊数字は即位順

を抑えて、新政を推進した。延久の荘園整理令、宣旨枡《せんじます》などが有名である。
後三条は東宮時代に公季《きんすえ》の子孫（閑院流《かんいんりゅう》）で能信の養女となっていた茂子《もし》を妃とし、貞仁《さだひと》親王（後の白河天皇）を儲けていた。この貞仁が東宮に立ったが、即位後、もともとは女房であった源基子《きし》との間に、実仁《さねひと》親王を儲けた（後三条の譲位後に輔仁《すけひと》親王も生まれている）。

多少なりとも藤原氏との関わりを持つ貞仁の後に、道長と対抗した三条《さんじょう》天皇、そして道長によって東宮の地位を追われた敦明《あつあきら》親王の血を引く実仁の立太子を望んだ後三条（後三条という諡も、自ら望んだものとされる）は、延久四年（一〇七二）に東宮貞仁に譲位し、実仁を新東宮に立てた。この後、院政を行なおうとしたかどうかで議論が分かれるが、後三条は翌延久五年に死去してしまう。なお、実仁の立太子は、摂関家との関係を悪化させていた後三条の生母禎子内親王（陽明門院《ようめいもんいん》）が望んだものという推定もある（美川圭『院政』）。

白河に対する影響力を保持しようとした後三条であったが、譲位の翌年に死去する際には、白河に、実仁が即位した後に輔仁を皇太弟とするよう遺言した。

院政の創始と摂関家の権力の失墜

しかし、白河は皇位に坐り続けた。応徳《おうとく》二年（一〇八五）に実仁が死去すると、輔仁の立太子を阻止するため、応徳三年（一〇八六）に村上源氏で師実《もろざね》の養女となっていた源賢子《けんし》との間に生まれていた善仁《たるひと》親王を皇太子に立て、その日のうちに皇太子に譲位した（堀河《ほりかわ》天皇）。なお、賢子との間に生まれていた敦文《あつふみ》親王は、すでに承暦《じょうりゃく》元年（一〇七七）に四歳で死去していた。

そして八歳の堀河の大権を代行するため、白河上皇が院政を始めたのである。幼少の天皇の政事を母方のミウチである摂政が代行する摂関政治に代わって、父方のミウチである院が代行するという政治体制である。

この間、先に述べたように、頼通・彰子・教通が相次いで死去したために、摂関家でこれに対抗する勢力がなかったのみならず、頼通嫡子の師実と教通嫡子の信長《のぶなが》との間で摂関家内部の関白継承争いが起こった。自分の存命中に師実の関白就任を見たいという頼通の最後の願いを、教通が拒絶したのである。教通の死後、師実が関白を継ぎ、承暦四年（一〇八〇）に信長を名誉職の太政大臣に棚上げした人事を行なうことによって、師実の勝利でこの対立が決着した。

その際、師実と結び付いた白河が権力を強め、摂関家の権勢そのものが低下してしまったのである（坂本賞三『藤原頼通の時代』）。白河は、宮廷の儀式・行事の主導権を摂関の手から取り戻そうとし、宮廷社会における主導権を確立した（橋本義彦「貴族政権の政治構造」）。

堀河から鳥羽へ、師通から忠実へ

白河は、堀河の即位後も東宮を定めなかった。輔仁へと継承させることなく、将来、生まれるであろう堀河の皇子に皇位を継承させるための措置と見られる。

嘉保《かほう》元年（一〇九四）に師実の後を継いで関白となった師実一男の師通《もろみち》は剛毅な性格の持ち主で、堀河とともに積極的に政治に関与し、白河に対抗しようとしたが、康和《こうわ》元年（一〇九九）に三十八歳で死去してしまう。

師通一男の忠実《ただざね》は、まだ二十二歳と若く、また権大納言に過ぎなかったので、関白ではなく内覧となった。忠実は様々な懸案に対応できない例が多く、政治は白河の主導で進められた（元木泰雄『藤原忠実』）。白河は忠実の政務関与拒絶を通告したりしている（『中右記』）。長治《ちょうじ》二年（一一〇五）に至って、右大臣忠実はようやく関白に補された。

そして嘉承《かしょう》二年（一一〇七）に堀河が死去すると、白河は閑院流の苡子《いし》が産んだ宗仁《むねひと》親王を即位させた（鳥羽《とば》天皇）。この時、外戚の公実《きんざね》が摂政の地位を求めたという説話すら作られるほど（『愚管抄』）、摂関家は危機を迎えたが、白河の決断で忠実が摂政に補された。

しかし、忠実は白河・堀河・鳥羽のいずれともミウチ関係を持っていなかった（『愚管抄』）。これまでの藤原氏の歴史のなかで、冷泉《れいぜい》の時代の実頼《さねより》以外は、摂政はいずれも天皇の外戚が補されており、これはきわめて異例な事態であった（元木泰雄『藤原忠実』）。摂政の地位さえも、形骸化《けいがいか》が始まったということなのであろう。忠実自身が摂政任命の宣命に「上皇の仰せの由」と載せるよう指示したように（『殿暦《でんりゃく》』）、摂関が上皇の権威を求めることになったのである。

さすがにこれではまずいと思ったのであろう、白河は鳥羽に忠実女の勲子《くんし》（後の泰子《たいし》）を入内させ、公実女で白河の養女となっていた璋子《しょうし》を忠実一男の忠通《ただみち》と結婚させようとした。しかし、忠実がこの結婚を渋ったことに怒った白河は、永久《えいきゅう》五年（一一一七）に璋子を鳥羽の後宮に入内させ、先例を無視して中宮に立てた（閑院流の中宮は初例）。そして鳥羽と忠実が密かに勲子の入内を画策していることを知った白河は、保安《ほうあん》元年（一一二〇）に忠実の内覧を停止して、宇治に蟄居《ちっきょ》させたのである（下向井龍彦『武士の成長と院政』）。

その背景には、荘園を集積し、交通・流通の要衝である宇治に「権門都市《けんもんとし》」を形成したという忠実の動きに対する、白河の警戒があったという推測もある（美川圭『院政』）。

これら一連の動きによって、上皇の権力と権威が高まった一方、摂関のそれは弱体化し、また外戚と完全に分離されることになった。摂関家の形成とともに、藤原氏の歴史にも大きな画期となった時代であった。

忠通と忠実

忠実が失脚した直後、その一男である忠通が内覧、次いで関白に補された。一方、鳥羽は保安四年（一一二三）に第一皇子の顕仁《あきひと》親王（生母は璋子）に譲位したが（崇徳《すとく》天皇）、その後も白河の院政が続いた。なお、忠通は崇徳の摂政になっている。

大治《だいじ》四年（一一二九）になって、忠通の長女である聖子《せいし》が入内し、大治五年（一一三〇）に中宮に立てられた。摂関家からの立后は、頼通女の寛子以来、八十年ぶりのことである。そしてその年、「すでに専政主《せんせいしゅ》である」と評された（『中右記《ちゅうゆうき》』）白河が死去し、鳥羽上皇の院政が始まった。

白河の死によって、忠実は復帰を果たすことができた。長承《ちょうしょう》元年（一一三二）に忠実は内覧の地位に就き、嫡子の関白忠通と対峙《たいじ》した。忠実は長承二年（一一三三）に勲子を鳥羽院に入内させ、翌長承三年（一一三四）には皇后に冊立《さくりつ》している。勲子が三十九歳、鳥羽が三十一歳という年齢よりも、上皇に入内して立后した例がなかったことから、貴族層の反感を買った（『長秋記《ちょうしゅうき》』）。なお、立后にともなって、勲子は泰子と改名している。

関白忠通に男子が生まれないことを案じた忠実は、宇治蟄居中に生まれた頼長《よりなが》を養子にするよう忠通に勧め、天治《てんじ》二年（一一二五）に頼長は忠通の養子となっていた（頼長は忠通より二十三歳年少）。ところが、康治《こうじ》二年（一一四三）に忠通に実子の基実《もとざね》が生まれると、摂関の地位を自らの子孫に継承させようと望んだ忠通は、頼長との縁組を破棄した。この三人の確

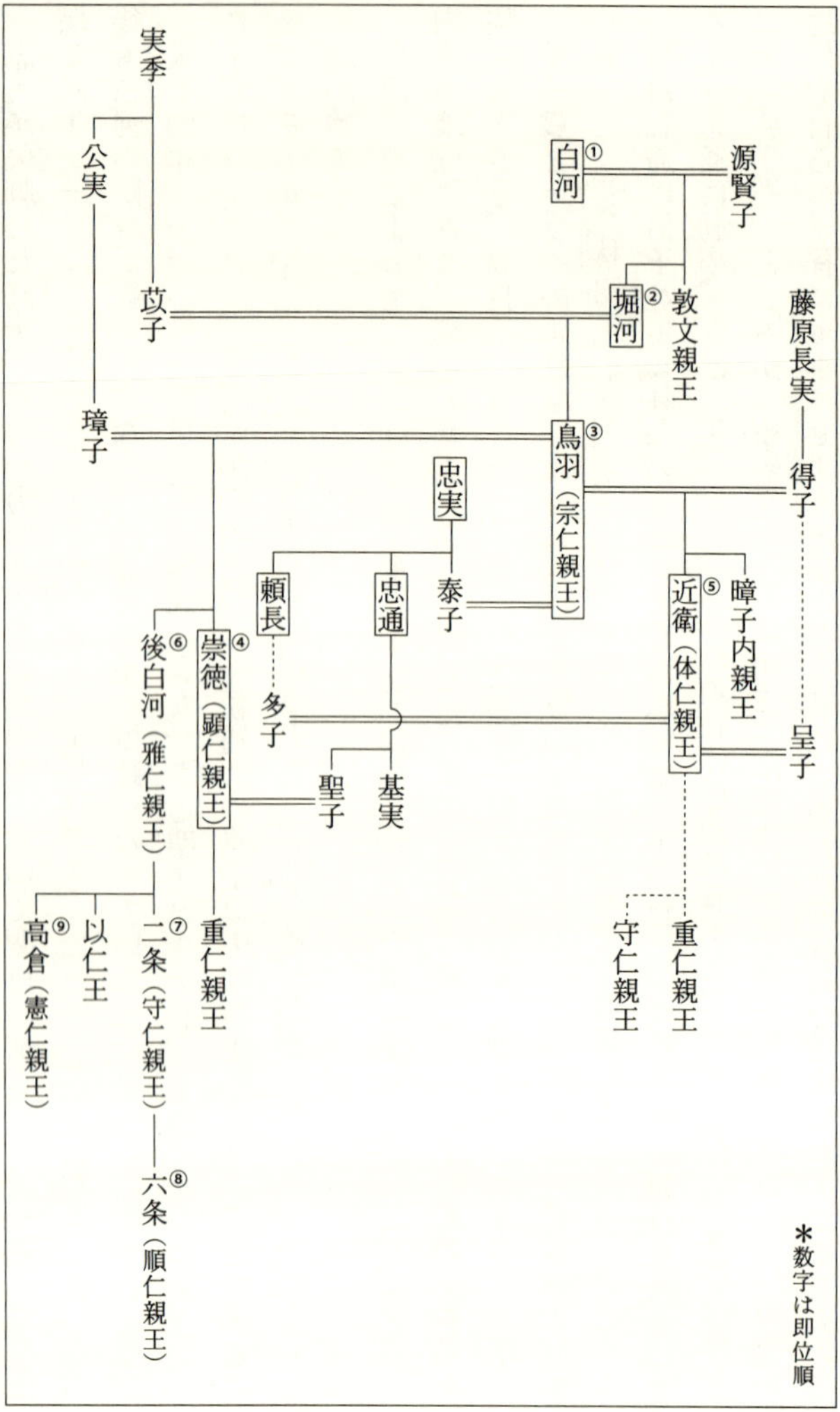

源賢子
白河①
敦文親王
堀河②
藤原長実
得子
鳥羽③（宗仁親王）
実季
公実
苡子
璋子
忠実
泰子
頼長
忠通
多子
近衛⑤（体仁親王）
暲子内親王
呈子
聖子
基実
崇徳④（顕仁親王）
後白河⑥（雅仁親王）
重仁親王
守仁親王
二条⑦（守仁親王）
以仁王
高倉⑨（憲仁親王）
六条⑧（順仁親王）
＊数字は即位順

執は、後に大きな戦乱が起こる原因となっていく。

崇徳と近衛

泰子は鳥羽の皇子女を産むことがなかった一方、鳥羽には藤原得子《とくし》という寵妃《ちょうひ》がいた。こちらは鳥羽よりも十四歳年下である。頼長から「諸大夫《しょたいふ》の女」と揶揄《やゆ》されたように、藤原北家ながら魚名《うおな》の後裔の末茂流《すえしげりゅう》の生まれであるが、父の長実は白河院政期の近臣《きんしん》であった。得子が保延《ほうえん》五年（一一三九）に体仁《なりひと》親王（後の近衛《このえ》天皇）を産むと、鳥羽は生後三箇月で皇太弟とし、白河が定めた崇徳の直系を否定し、近衛を直系としたのである。永治《えいじ》元年（一一四一）に鳥羽は崇徳に退位を迫り、三歳の体仁親王が即位した（近衛天皇）。院政を行なえない上皇となった崇徳は深く鳥羽を怨《うら》み、これも次の大乱の原因となった。

さらに鳥羽は、崇徳第一皇子の重仁《しげひと》親王（母は源行宗《ゆきむね》養女で法印信縁《ほういんしんえん》〔小野宮流《おののみやりゅう》季実《すえざね》の子〕の女）と、崇徳同母弟の雅仁《まさひと》親王（後の後白河《ごしらかわ》天皇）第一皇子の守仁《もりひと》親王（後の二条《にじょう》天皇、母は源有仁《ありひと》の養女で大炊御門経実《おおいみかどつねざね》の女懿子《いし》）を近衛の猶子《ゆうし》とした。近衛が皇子を得られない場合でも、近衛を嫡流としようとする意図によるものである。

忠通と頼長

久安《きゅうあん》六年（一一五〇）、頼長は養女の多子《たし》（父は閑院流公能《きんよし》）を近衛に入内させ、皇后とすることに成功した。一方の忠通も得子（美福門院《びふくもんいん》）が養女としていた呈子《ていし》（父は藤原伊通《これみち》）を近衛に入内させ、中宮に立てた。近衛の後宮をめぐって、兄弟の争いが激化したのである。

この年、忠実は忠通に対し、将来、忠通の子に返すことを条件に、頼長に摂政を譲ることを命じた。しかし、忠通はこれを拒絶し、鳥羽も傍観を続けた（『台記《たいき》』）。忠実は忠通を義絶《ぎぜつ》して頼長を氏長者《うじのちょうじゃ》とし、摂関家の家産と武力を与えた（元木泰雄『藤原忠実』）。

忠通は摂政を辞して鳥羽の裁定を待ったが、鳥羽は忠通を再び関白に補した。その一方で、翌仁平《にんぴょう》元年（一一五一）には頼長を内覧の座に就けるなど、鳥羽の決定は一貫性を欠くものであった。執政の臣が二人並び立つという異例の状況のなか、峻厳《しゅんげん》な政治基調を旨とする頼長は、貴族社会から孤立していった（橋本義彦『藤原頼長』、元木泰雄『藤原忠実』）。

後白河の即位

そうしたなか、久寿《きゅうじゅ》二年（一一五五）に近衛が十七歳で死去してしまった。新天皇には、崇徳皇子重仁、雅仁皇子守仁、そして近衛の姉の暲子《しょうし》内親王（後の八条院《はちじょういん》）が候補に上ったが、結局、鳥羽と忠通が選んだのは、雅仁であった（後白河天皇）。こうして今様《いまよう》に熱中する新天皇が誕生し、その下で日本は武家社会へと転換していくことになるのである。一方では重仁即位の可能性が消え、崇徳父子は皇統から外された。頼長の内覧も停止され、失脚が決定的となった。その過程で、崇徳が実は白河と璋子の密通の子であるという噂（『古事《こじ》談《だん》』）が忠通によって流布されたという推測（美川圭『院政』）は、的を射ているものと思われる。

摂関家、天皇家（王家）、そして院近臣の各グループと、各政治勢力の内部で深い確執を抱えながら、新時代が始まった。それぞれの確執は武力を背景にしており、一触即発の危機を抱えていたが、鳥羽の存命中は、かろうじてバランスを保っていた。しかし、鳥羽の終焉は、意外に近く迫っていたのである。

二、家格と家業の形成

摂関家の成立

ここで摂関家の成立について、改めて考えてみよう。もともと、摂政や関白の権力は天皇の外戚という立場と不可分のものであった。第一の大臣として摂関の地位に就いても外戚関係を持たない摂関は、「揚名関白」という言葉が象徴するように政治権力は弱いものであったし、逆に道長のように強固なミウチ関係を築いた者は、摂政や関白という地位に関わりなく強い権力を保持した（道長はついに関白にはなっていない）。

しかし、その道長の子である頼通と教通が、いずれも入内させた女子が皇子を産むことなく、天皇家の外戚となることができなかったため、摂政や関白という地位と外戚という役割が分離してしまったのである（橋本義彦「貴族政権の政治構造」）。

摂関家から見れば、外戚関係に左右されずに摂関の地位に就くことを意味したし、外戚家、具体的には藤原公季を祖とする閑院流や、源師房《もろふさ》を祖とする村上源氏は、外戚の立場を手に入れても、摂関の地位に就くことができないということになったのである。彼らは名誉職的な地位として太政大臣に任じられ、清華家《せいがけ》という家格を持つことになる。

大臣に任じられる家も、ほぼ固定化されるようになった。小野宮家《おののみやけ》の実資《さねすけ》が死去した永承元年（一〇四六）から平清盛《たいらのきよもり》が内大臣に任じられる仁安《にんあん》元年（一一六六）までの間に、大臣に任じられた二十五人の者は、輔仁親王男の源有仁《ありひと》と閑院流の実行《さねゆき》・実能《さねよし》・公教《きんのり》・公能《きんよし》の五人を除けば、すべて道長の子孫（御堂流）と村上源氏（久我《こが》源氏）の出身であった（阿部秋生『源氏物語研究序説』）。

道長以降の摂関家の妻からは、受領・諸大夫（四位・五位の地下人《じげにん》）の女を閉め出すようになり、摂関家と天皇家の一体化がはかられていった。かつて摂関や大臣を出していた御堂流嫡流以外の藤原氏の門流の女性は、後宮はもちろん、摂関の妻にもなれず、摂関家の子女の女房となっていったのである（阿部秋生『源氏物語研究序説』）。これも名門の子女を集めて彰子や妍子《けんし》の女房とした道長の影響であろうか。

家格と家業の形成

こうして家によって任じられる官職の限度が定まってくると、極官《ごっかん》と文武官の別による家毎の性格付けと格付けが行なわれるようになった。それぞれの呼称やそこに含まれる家の範囲が固定化するのはさらに後世のことではあり、具体的には後に述べることになるが、摂関家、清華家、大臣家《だいじんけ》、羽林家《うりんけ》、名家《めいけ》、半家《はんけ》といったものである。

また、十から十一世紀の間に、全官庁機構の再編成が進められ、特定の氏族が特定官職に世襲的に補任され、さらに特定の氏族が特定官庁を世襲的に運営する傾向が生まれた。職と家の結合であり、官職・官庁の世襲請負であって、これを官司請負制《かんしうけおいせい》と称する（佐藤進一『日本の中世国家』）。

太政官弁官局《だいじょうかんべんかんきょく》の大少史《だいしょうし》における小槻《おづき》氏（「官務家《かんむけ》」）、太政官外記局《げききょく》における中原《なかはら》・清原《きよはら》両氏、検非違使庁《けびいしちょう》の明法《みょうぼう》官人における惟宗《これむね》・中原・坂上《さかのうえ》氏、算道《さんどう》における三善《みよし》氏、陰陽《おんみょう》道《どう》における安倍《あべ》氏、暦道《れきどう》における賀茂《かも》氏などが、その主な例である。もちろん、各氏族に代々、その職務に相応しい人材が輩出するとは限らず、異姓の者でも有能な者がいれば養子とし、家の技能と家を継承していった（大津透『道長と宮廷社会』）。これは家業《かぎょう》の成立ということになる。

かつて律令官制が完成した時代、藤原氏には官人が不比等《ふひと》しかいなかったことによって、各官職は様々な氏族出身の官人によって分担されていたが、藤原氏の官人が増加するにつれて、各官職に藤原氏官人が補任される例が増え、旧氏族は徐々に律令官制から排除されていった。同じように、中世以降、五位程度の藤原氏官人が膨大な数にのぼり、藤原氏の諸家もそれぞれ、様々な分野の家業を受け継いでいくことになったのである。

摂政・関白に補されることを家業とした摂関家は別として、清華家では和歌・筆道《ひつどう》・装《しょう》束《ぞく》・笛・琵琶・笙《しょう》・和琴《わごん》、大臣家では有職故実《ゆうそくこじつ》・和歌・香道《こうどう》、羽林家では有職故実・歌道・筆道・神楽《かぐら》・箏《そう》・笙・琵琶・能楽《のうがく》・和琴・茶道、名家では紀伝道《きでんどう》・儒道《じゅどう》・文筆・和歌・歌道・笛、半家では有職故実・装束・和歌・俳諧《はいかい》など、まことに種々多様な家業でもって、宮廷社会で生き延びていったのである。

それは北家のみにとどまらず、大学頭《だいがくのかみ》・文章博士《もんじょうはかせ》を伝えた藤原実範《さねのり》以来の博士家（南《なん》家《け》）のように、南家であっても見られる現象である。それぞれに先祖の栄光の歴史を語り継ぎながら、家業の継承に務めたことであろう。

三、主流から外れた諸家

ここで摂関家のような嫡流から外れてしまった藤原氏の諸家について触れておこう。もちろん、膨大な数にのぼる藤原氏諸家のすべてを論じるのは、とうてい不可能なことであるので、いくつかの門流について、摂関家に血筋の近い家から、簡単に述べることとする（主に『尊卑分脈』による）。なお、武士となった藤原氏については、後に別に述べることとする。

中御門流

道長の次男ではあるが源明子所生で、後三条天皇即位に尽力し、右大臣に上った頼宗を祖とする。その子右大臣俊家《としいえ》の子孫が、それぞれ家を興して独立した。俊家嫡男の宗俊《むねとし》が中御《なかみ》門家《かどけ》を号し、その子の宗忠《むねただ》が右大臣（『中右記』の記主《きしゅ》）、宗輔《むねすけ》が太政大臣に上り、宗俊の孫の宗能《むねよし》も内大臣となって、子孫は中御門流の本宗家となった。俊家四男の基頼《もとより》の子通基《みちもと》は持《じ》明院家《みょういんけ》を号し、子孫も公卿に列した。俊家五男の宗通《むねみち》は坊門家《ぼうもんけ》を号し、その子伊通《これみち》は太政

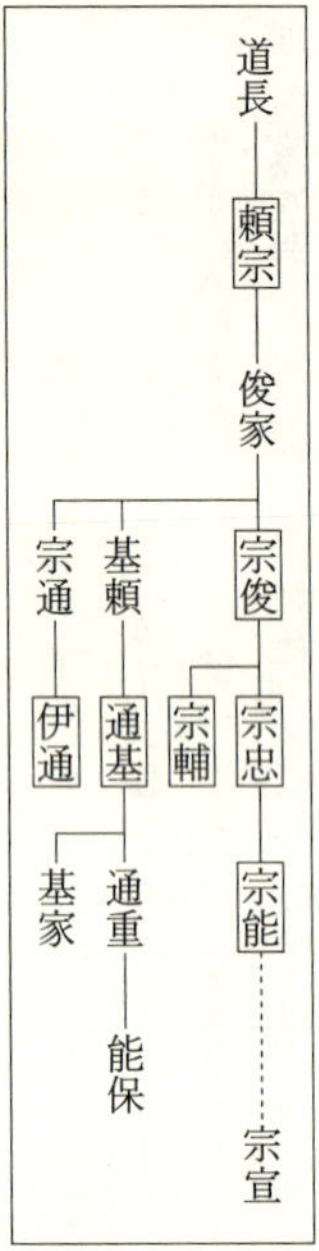

大臣に上った。

後世、中御門家は室町中期の宗宣《むねのぶ》以来、松木《まつのき》と号した。持明院家では能保《よしやす》が源頼朝《よりとも》に接近したが失脚し、子孫も絶えた。通重《みちしげ》の弟基家《もといえ》が持明院家を相続し、子孫は園《その》・壬生《みぶ》・高野《たかの》・石野《いわの》・東園《ひがしその》・石山《いしやま》・六角《ろっかく》など多くの分家を派生した。いずれも羽林家としての家格を保ち、多くの大臣を輩出した。

中関白家

道長の子孫が、たとえ明子所生であっても高い地位を保つのは当然として、道長によって政権の座から追われた中関白家《なかのかんぱくけ》の子孫はどうなったのであろうか。これについては、かつて論じたことがあるので（倉本一宏『藤原伊周・隆家』）、ここで少し詳しく述べてみよう（以下、伊周《これちか》・隆家《たかいえ》の子孫については、春名宏昭「平城天皇の血脈、その後」参照）。

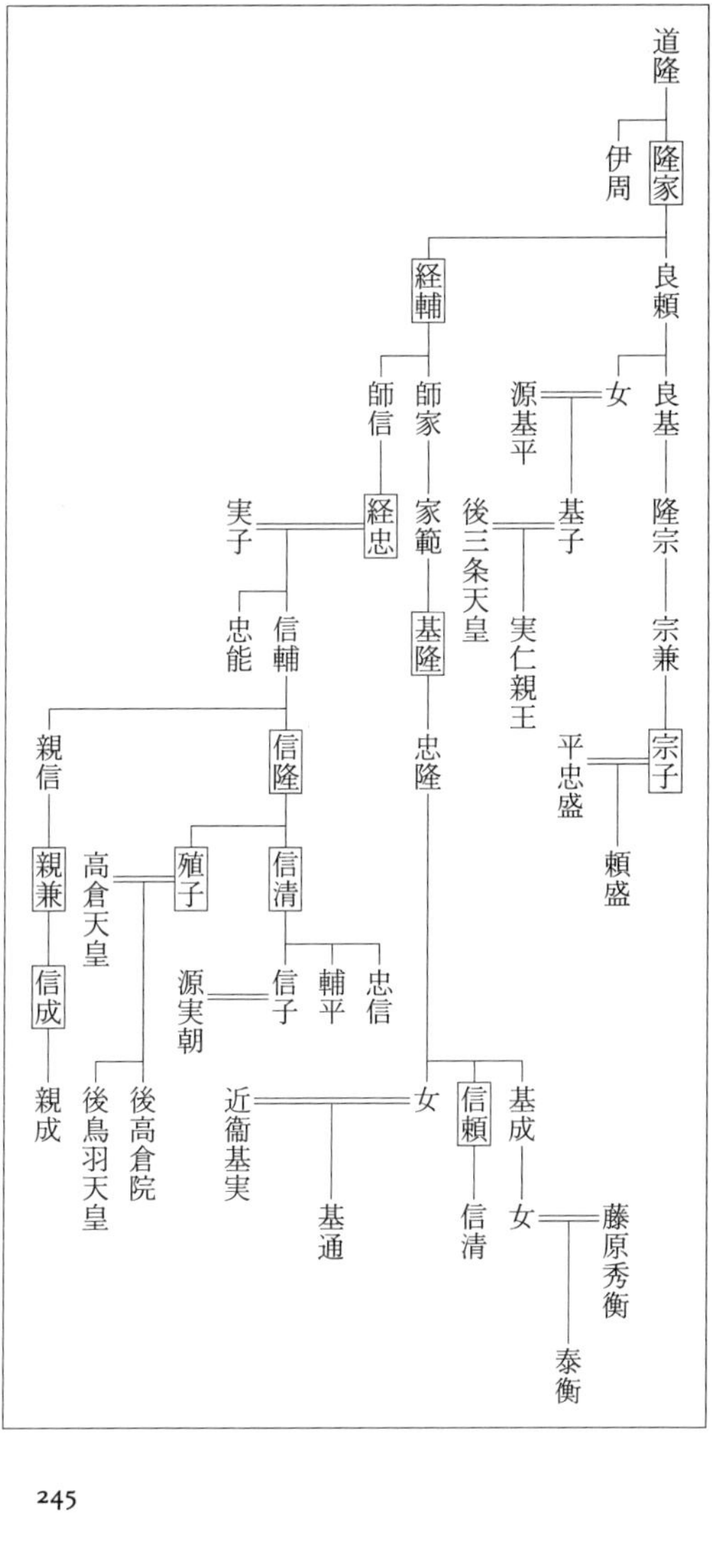

伊周の子孫が絶え、中関白家の嫡流は隆家の子孫に移った。隆家一男の良頼《よしより》は隆家の死後四年目の永承三年（一〇四八）に死去してしまった。ただ、良頼の女が源基平《もとひら》との間に産ん

だ基子が後三条天皇との間に実仁親王を産み、一時は白河天皇の皇太弟に立って一族が希望を持った時期もあった。さらには、良基《よしもと》の曾孫が宗子《そうし》（池禅尼《いけのぜんに》）である。彼女は平忠盛《ただもり》の正室となって家盛《いえもり》や頼盛《よりもり》を産むが、清盛の継母《けいぼ》として平治《へいじ》の乱の後に源頼朝の助命《じょめい》を清盛に請うた。

隆家二男の経輔《つねすけ》の方が隆家の嫡流を継いだが、経輔一男師家《もろいえ》の孫の基隆《もとたか》が、院近臣として勢力を振るった。基隆男の忠隆《ただたか》の女は関白近衛《このえ》基実の妻となって基通《もとみち》を産み、その兄弟の信《のぶ》頼《より》は後白河院の寵臣《ちょうしん》として権中納言に上り、平治の乱の首謀者となった。信頼の兄基成《もとなり》の女は奥州藤原氏《おうしゅうふじわらし》の秀衡《ひでひら》の妻となって、泰衡《やすひら》を産んでいる。

経輔の四男である師信《もろのぶ》男の経忠《つねただ》は、妻の実子《じっし》（藤原公実女で、鳥羽天皇中宮で崇徳・後白河天皇を生んだ待賢門院《たいけんもんいん》璋子の妹）が鳥羽院の乳母であった関係で白河院や鳥羽院に近侍《きんじ》し、院《いん》司《じ》として活躍して、中納言にまで上った。

実子が産んだ経忠一男の忠能《ただよし》は参議に上り、二男の信輔《のぶすけ》は鳥羽院の近臣として仕え、その男の信隆《のぶたか》も鳥羽院、次いで後白河院近臣として活動した。信隆の女の殖子《しょくし》は高倉《たかくら》天皇の寵愛を得て、守貞《もりさだ》親王（後高倉《ごたかくら》院）と後鳥羽《ごとば》天皇を産んだ。

信隆男の信清《のぶきよ》は後鳥羽の近臣として内大臣にまで至った。その女には源実朝《さねとも》の嫡妻となった信子《しんし》（本覚尼《ほんがくに》）がおり、男の権大納言忠信《ただのぶ》・左中将輔平《さちゅうじょうすけひら》、また親信《ちかのぶ》の子孫である親兼《ちかかね》と信成《のぶなり》も後鳥羽に寵臣として仕えた。彼らはいずれも、有力な受領を歴任して富裕を誇り、乳母関係をはじめとする様々な人間関係によって院に取り入り、財力で院に奉仕したのである。

閑院流

師輔《もろすけ》の末子（十一男）である公季（母は康子《こうし》内親王）から出た閑院流は、これまでも述べて

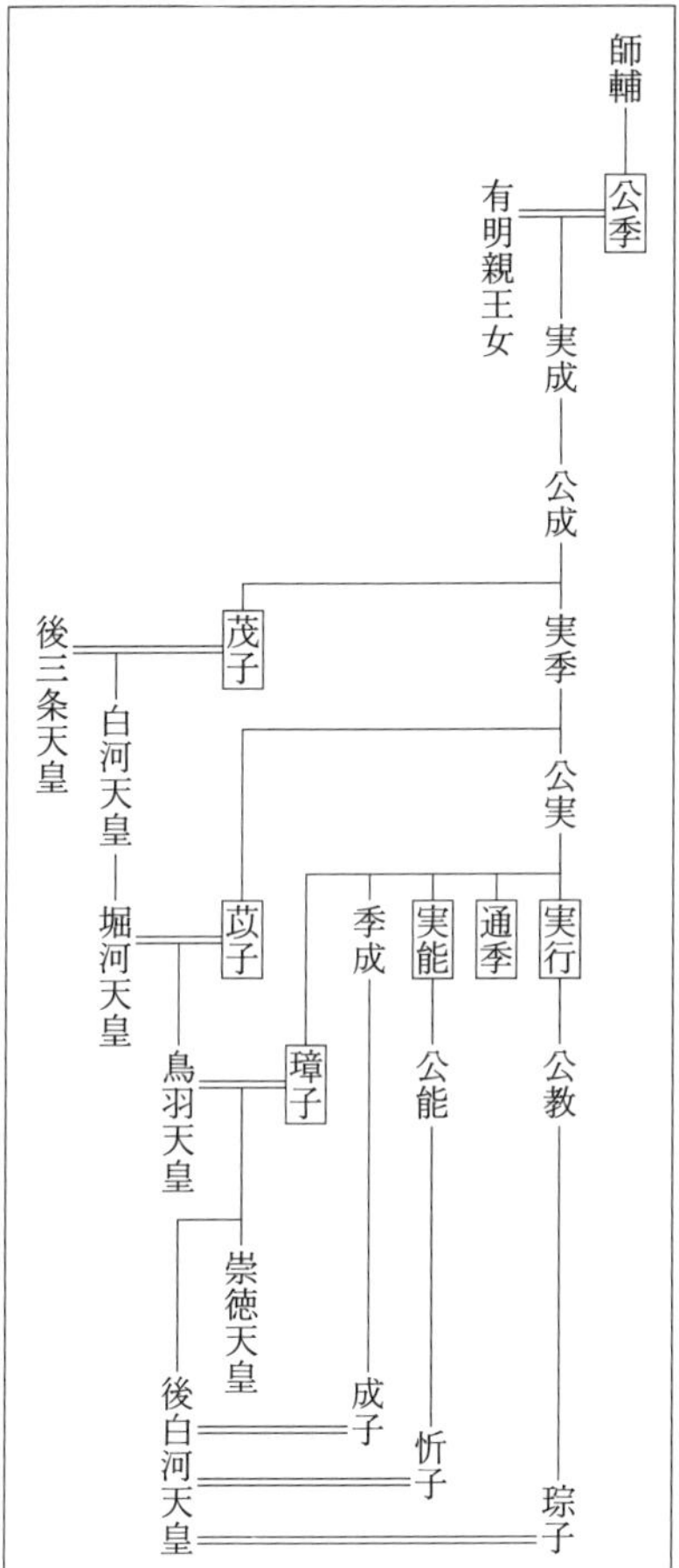

きたように、院政期の天皇家の外戚となり、清華家として宮廷社会で重きをなした。西園寺《さいおんじ》家《け》は後に関東申次《かんとうもうしつぎ》という地位を世襲し、朝幕間の連絡に努めている。

公実の子である実行・通季《みちすえ》・実能は、それぞれ三条《さんじょう》・西園寺・徳大寺家《とくだいじけ》を立てた。中世以降、さらに多くの諸家に分かれ、三条家から出た滋野井《しげのい》・正親町三条《おおぎまちさんじょう》・姉小路《あねこうじ》・三条西《さんじょうにし》家《け》、西園寺家から出た洞院《とういん》・今出川《いまでがわ》（菊亭《きくてい》）・正親町家《おおぎまちけ》など、清華家が四家、大臣家が二家、平堂上家《ひらとうしょうけ》が二十三家に及ぶ。

かつて私は、道長の権勢に圧されながらも誇りと矜持《きょうじ》を失わずに「悦気《えっき》」を湛《たた》え、道長から重きを置かれた「良き敗者"a good loser"」としての公季について考えたことがあるが（倉本一宏「「内府悦気有り」」）、子孫の繁栄（繁茂）という点からいうと、公季は道長に決して負けてはいなかったのである。

小野宮流

かつて藤原北家の嫡流であり、摂政や関白に補されて太政大臣に任じられた実頼や頼忠《よりただ》を出した門流は、文徳《もんとく》天皇皇子惟喬《これたか》親王の邸第であった小野宮に居住したため、小野宮流と称された。

実頼以来の日記を蓄積し、儀式次第の権威として道長や頼通に重んじられた実資や公任《きんとう》の代までは、その富裕も相まって、実頼の弟師輔を祖とする九条流《くじょうりゅう》に対抗したが、その後は次第に家勢が衰え、鎌倉《かまくら》時代には公卿を出すこともなくなった。

実頼をはじめ、実資・公任・資仲《すけなか》・通俊《みちとし》など、故実に通暁《つうぎょう》した人材を輩出したため、有《ゆう》職道《そくどう》の名家として、後世に至るまで永く尊重された。資仲は後三条の許で宣旨枡の制定を執行し、通俊は「近古の名臣」と讃えられた人物である（『古事談』）。

実頼は父忠平《ただひら》の「口伝《くでん》」および「教命《きょうみょう》」を伝え、また自身の『清慎公記』を記録して、小野宮流故実を創始した。それは養子実資に伝えられ、実資も日記『小右記』を記録するかたわら『小野宮年中行事《おののみやねんちゅうぎょうじ》』を作成し、故実を大成した。なお、資房《すけふさ》も『春記』を記録し、小野宮流は「日記の家」としての地位を確立した。

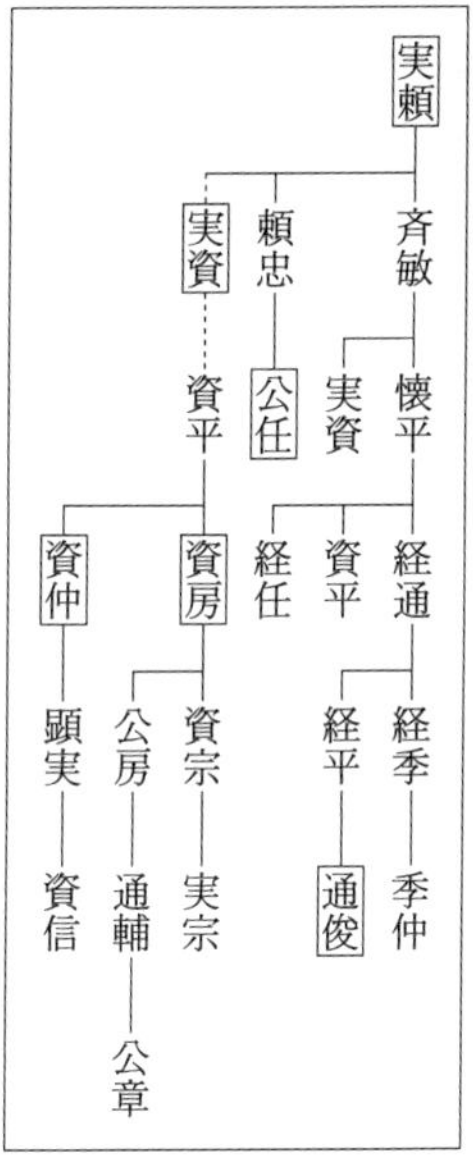

勧修寺氷池園

一方、公任は儀式書『北山抄《ほくざんしょう》』を編纂したが、その過程で実資から借り出した『清慎公記』を部類《ぶるい》分けするために切り継ぎしたため、『清慎公記』は早くに散逸《さんいつ》してしまった。『北山抄』の編纂が、公任の婿となった道長男の教通に儀式を教えるために始められたことは、まことに皮肉な結末であった。

勧修寺流

女の胤子《いんし》の結婚相手である源定省《さだみ》が皇籍に復帰して即位し（宇多《うだ》天皇）、さらに所生の源維城《これざね》も即位して（醍醐《だいご》天皇）外祖父となったことが機縁となり、晩年に内大臣の地位を手に入れた高藤《たかふじ》を祖とする。高藤男の定方《さだかた》が山科《やましな》に勧修寺《かんじゅじ》を建てて氏寺としたことにより、勧修寺流《かじゅうじりゅう》と称された。

定国《さだくに》は大納言、定方は右大臣に任じられたものの、その後は振るわなかったが（宣孝《のぶたか》は紫式部《むらさきしきぶ》の夫）、院政期に為房《ためふさ》・顕隆《あきたか》父子が白河院の近臣として権勢を振るってから繁栄した。弁官を歴任して蔵人頭に補され、上皇や摂関に近仕して実務を執る家柄を形成した。特に顕隆は白河法皇《ほうおう》の寵愛を受けて政策の決定にも関わり、「天下の政は、この人の言に有る」（『中右記』）と非難され、後世には「夜の関白」と称されたともいう（『今鏡《いまかがみ》』）。為隆《ためたか》・顕隆（葉室家《はむろけ》の祖）の二流はその後も栄え、為隆孫の経房《つねふさ》が源頼朝の信任を得て活躍して以来、その子孫が繁栄して数家に分かれ、吉田《よしだ》・甘露寺《かんろじ》・坊城《ぼうじょう》・万里小路《までのこうじ》などを称した。また、南北朝時代の内大臣経顕《つねあき》以来、嫡流は勧修寺家を称した。

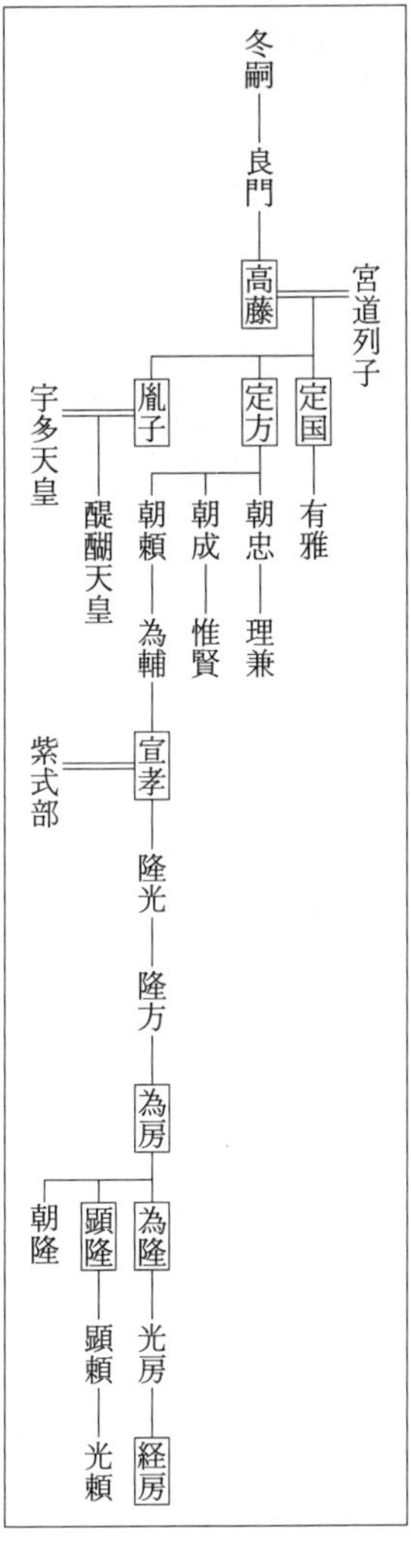

法界寺阿弥陀堂

また、『葉黄記《ようこうき》』（葉室定嗣《さだつぐ》）、『吉記《きっき》』（吉田経房）、『親長卿記《ちかながきょうき》』（甘露寺親長《ちかなが》）、『宣胤卿記《のぶたねきょうき》』（中御門宣胤《のぶたね》）、『晴豊公記《はれとよこうき》』（勧修寺晴豊《はれとよ》）などを記録する「日記の家」でもあった。

日野家

北家冬嗣《ふゆつぐ》の兄である参議真夏を祖とする。真夏孫の家宗《いえむね》の代に山城《やましろ》国宇治郡日野《ひの》（現京都市伏見区日野）の地に法界寺《ほうかいじ》を創建したと伝える。実質的には資業《すけなり》が永承六年（一〇五一）に法界寺薬師堂《やくしどう》を建立し、日野を家名とした。

兼家《かねいえ》の側近となった有国《ありくに》や摂関期に活躍した広業《ひろなり》をはじめ、儒道と歌道で朝廷に仕え、鎌倉時代の俊光《としみつ》以降は権大納言に上り、大臣に任じられることもあった。資朝《すけとも》や俊基《としもと》など、鎌倉時代末期から南北朝時代の政治史に積極的に関わ

って処刑された者も輩出した。

室町時代には業子《ぎょうし》が足利義満《あしかがよしみつ》の室となってから、九代義尚《よしひさ》まで、日野家の女子が将軍の室となった。八代義政《よしまさ》の室となった富子《とみこ》は有名である。

支流は広橋《ひろはし》・柳原《やなぎわら》・烏丸《からすまる》・外山《とやま》・日野西《ひのにし》・勘解由小路《かでのこうじ》・裏松《うらまつ》・北小路家《きたこうじけ》などに分かれた。

なお、浄土真宗《じょうどしんしゅう》開祖の親鸞《しんらん》は、有範《ありのり》の子であると伝わり、日野には出生の地がある。

魚名流

左大臣に上りながら延暦元年（七八二）に左降された魚名の子のうち、鷲取《わしとり》の子孫は山蔭《やまかげ》男中正《なかまさ》の女に時姫《ときひめ》が出て兼家の室となり、道隆《みちたか》や道長を産んだことから、それなりに高位高官に上った。山蔭は吉田《よしだ》神社を創始したほか、四条流庖丁式《しじょうりゅうほうちょうしき》の創始者に擬せられている。

また、藤成《ふじなり》の子孫からは秀郷《ひでさと》が出て平将門《たいらのまさかど》の乱を平定し、その子孫は多くの武家を輩出したが、これについては後に述べる。

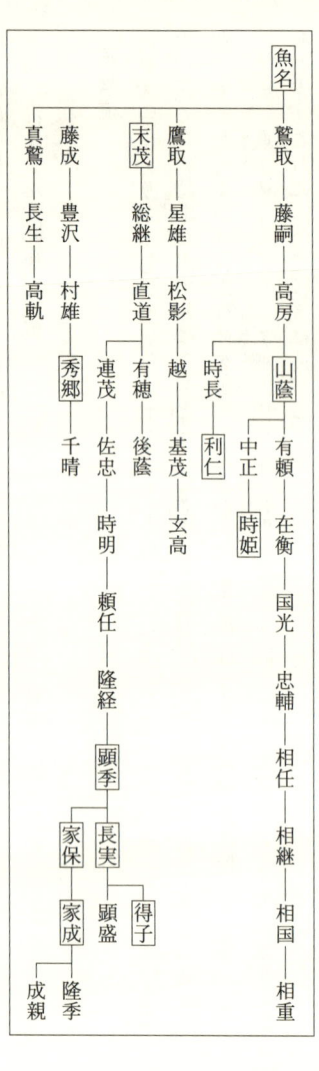

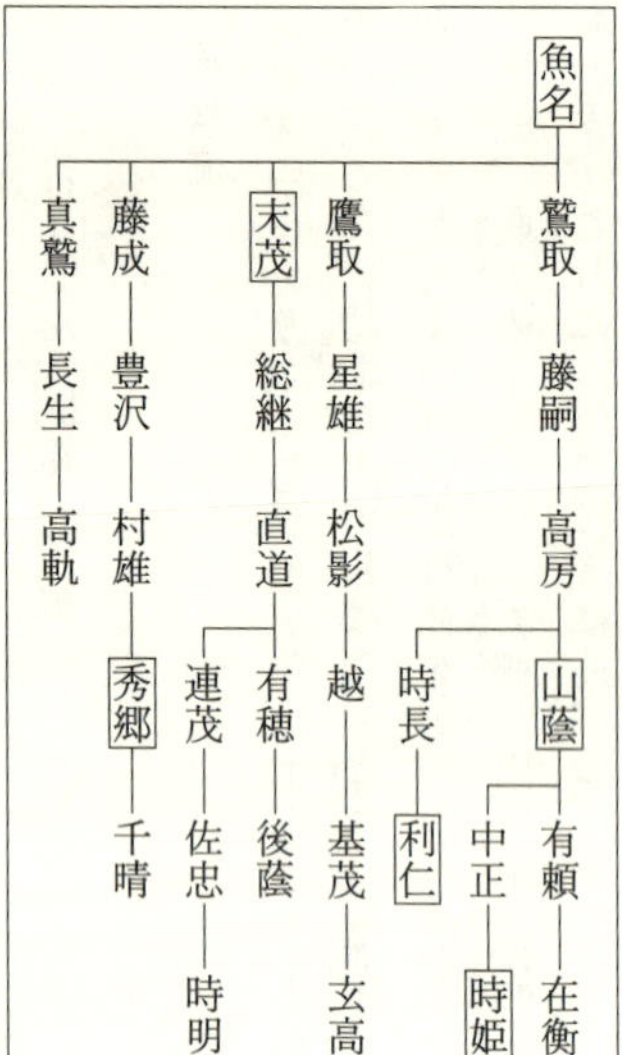

延暦元年に氷上川継《ひかみのかわつぐ》事件に連坐して土佐介に左遷された末茂の子孫は、平安時代に入っても、地方官を歴任する中級貴族となったが、末裔である顕季《あきすえ》やその男たちが院政期に院近臣となって急速に勢力を伸ばし、再び公卿に任じられるようになった。

受領として蓄えた富を院に寄進したほか、顕季は院の乳母子《めのとご》として近臣となった。さらに長実の女得子は鳥羽院の寵愛を受けて皇后となり、近衛天皇や暲子（後の八条院）を産み、得子も美福門院となった。家保《いえやす》や家成《いえなり》も院近臣となり、「天下の事は挙げて一向、家成に帰す」（『長秋記』）と称された権力を手に入れた。彼らは院の御願寺《ごがんじ》を次々と造営したかたわら、院領・御願寺領荘園《しょうえん》の形成に力を尽くし、権力を強めていったのである（美川圭『院政』）。

彼らの子孫は善勝寺流《ぜんしょうじりゅう》と称され、嫡流の四条家《しじょうけ》をはじめとして、多数の堂上家《とうしょうけ》を輩出した。

南　家

藤原氏の嫡流であった南家は、武智麻呂《むちまろ》五男の巨勢麻呂《こせまろ》の子孫が中下級貴族として生き残った。巨勢麻呂二男の黒麻呂《くろまろ》の後裔の元方《もとかた》や懐忠《かねただ》、巨勢麻呂十男の貞嗣《さだつぐ》の曾孫の道明《みちあき》が大納言に上っている。また、実範以来、大学頭を継承する学問の家としても知られ、院政期には平清盛と結んで勢威を得た院近臣通憲《みちのり》（信西《しんぜい》）も出した。

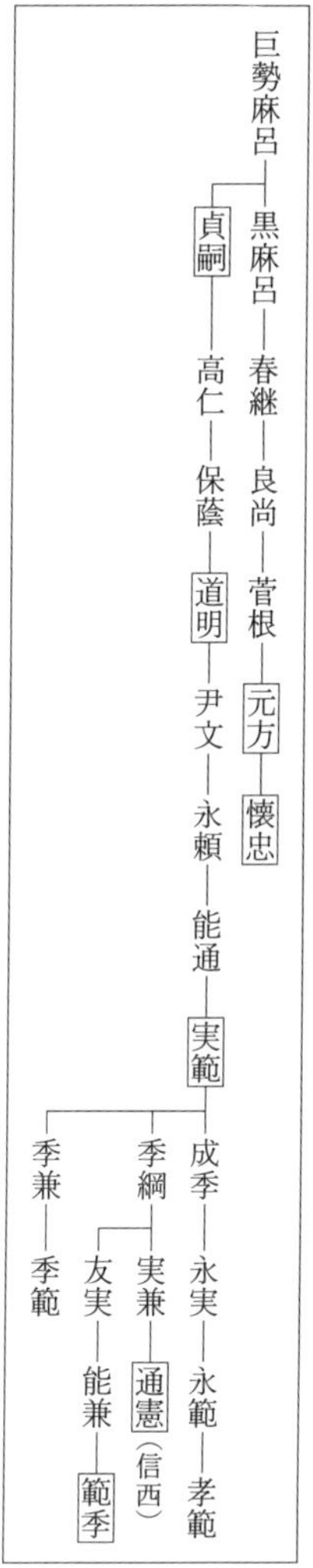

また、後白河法皇の近臣で、後に女の重子《じゅうし》が後鳥羽天皇妃となり、順徳《じゅんとく》天皇の外祖父となった範季《のりすえ》の子孫から、堂上家である高倉家《たかくらけ》（後に藪家《やぶけ》）が出た。

式家

平安時代初期に権勢を誇った式家《しきけ》も、純友《すみとも》の乱の鎮定にあたった忠文《ただふみ》（百川の子孫）や、阿衡の紛議に関与した佐世《すけよ》（種継の子孫）、『本朝文粋』を著わした明衡《あきひら》の他は、目立った活躍を見せることはなくなった。宇合《うまかい》九男の蔵下麻呂《くらじまろ》、その子の縄主《ただぬし》の系統が学者を輩出している。

なお、鎌倉時代に入ると、長倫《ながとも》が貞永《じょうえい》元年（一二三二）に従三位に叙され、その子孫もしばしば非参議公卿《ひさんぎくぎょう》を輩出している。その後は堂上家を残すこともなく、完全に没落した。

蔵下麻呂―縄主―貞本―正峯―在興―正倫―合茂―敦信―明衡―敦光―有光―有季
　　　　　　　　　　　　　　　　　　　　　　　　　　　　　　　├永光―光輔
　　　　　　　　　　　　　　　　　　　　　　　　　　　　　　　└成光―安成

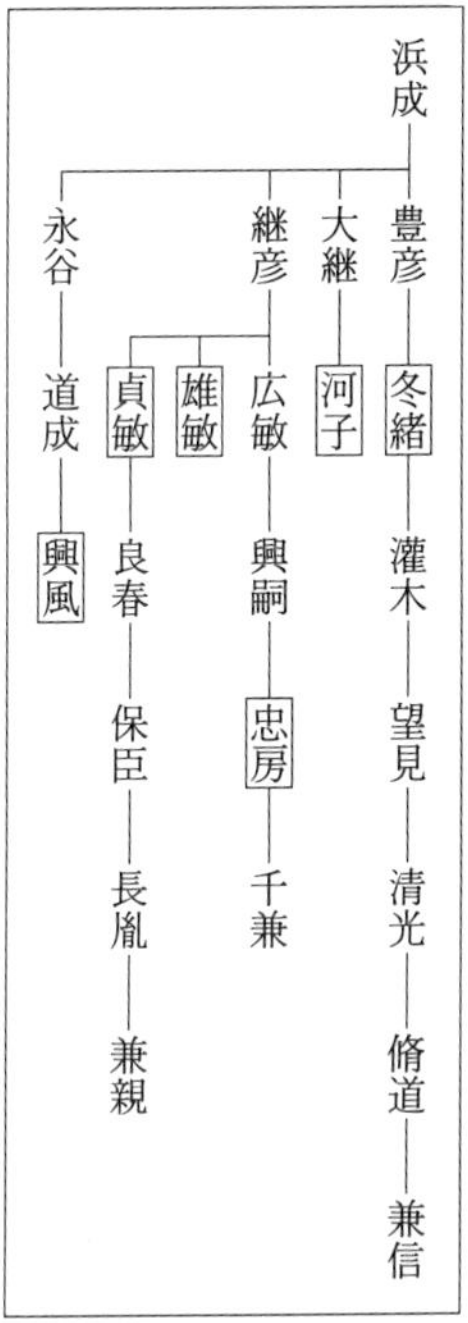

京　家

当初から振るわなかった京家《きょうけ》は、幾多の文化人を輩出したものの、公卿としては大納言に上った儒者の冬緒《ふゆお》で終わっている。ただ、『令義解』撰者となった雄敏《おとし》、琵琶の祖となった貞敏《さだとし》、和歌の興風《おきかぜ》、和歌・舞楽の忠房《ただふさ》など、平安文化の興隆に特異な光芒《こうぼう》を放った人物を輩出している。これも祖である麻呂《まろ》の遺徳《いとく》と称すべきであろう。

なお、河子《かし》は桓武《かんむ》天皇の宮人《きゅうじん》に召され、仲野《なかの》親王の母となった。仲野親王の女に、光孝《こうこう》天皇女御で宇多天皇の母となった班子《はんし》女王がいることから、京家の血脈は女系で天皇家に入り込み、現在に至っている。

藤原氏の諸家

いくつかの家の中世以降の様子を見てきた。もちろん、このようにして中世以降にも歴史に名を刻んだ家以外にも、膨大な数の藤原氏官人が存在したことは、言うまでもない。受領の地位を手に入れることのできた者はまだしも、そのほとんどはそれ以下の身分となって京都で没落したり、諸国に散らばったりしていったのであろう。

そして、先にも述べたように、官人の数は世代を追って等比級数的に増加していくのに対して、公卿をはじめとする上級官職の数は、基本的には変わることはなかった（院政期にはだいぶん増えているが）。藤原氏官人には、とんでもなく苛烈《かれつ》な競争が待ち受けていたのであった。

ちょっとしたきっかけでいったん没落すると、再起は難しく、しかも現代と違って、彼らにとっては、職業が官人しかなかったのである。天慶の乱を起こした純友などは、血縁では摂政となった実頼や師輔とは又従兄弟にあたる、北家の嫡流に近い家系であった。しかし、祖父が右大弁、父が大宰少弐で終わると、純友は伊予掾《いよのじょう》として海賊と接触したのであった（海賊の頭目になれる能力の持ち主ではあったのだが）。

地方に土着して武士になれた者もごく一部であった。武士は武士で、後に述べるように武士としての出自が必要とされたのであり、なかなか大変なのであった。

　しかしそれにしても、北家嫡流、後には摂関家以外の官人が、平安末期や中世になっても、これだけ公卿を出しているというのは、ある意味では驚くべきことである。様々な伝手《つて》や手練手管《れんてくだ》を駆使してその時々の権力に取り入り、一家の地位を再び押し上げていく中世の貴族たち。その姿は、感動的でさえある。もちろん、その背後には、膨大な数の没落貴族が存在したのであるが。

第六章　武家政権の成立と五摂家の分立

一、武家政権の成立と摂関家

保元の乱と藤原氏

保元《ほうげん》元年（一一五六）七月二日、二十八年にもわたって院政を行なってきた鳥羽《とば》院が死去した。院近臣の中心であった信西《しんぜい》（藤原通憲《みちのり》）によって、クーデター計画の噂を流された崇《す》徳《とく》院と頼長《よりなが》は追いつめられ、白河北殿《しらかわきたどの》（白河殿）に籠った。信西の突き上げに、十一日、やむなく関白忠通《ただみち》は夜襲の攻撃命令を下した。保元の乱の始まりである。頼長は奈良《なら》に逃れていた忠実《ただざね》にも対面を拒絶され、三十七歳で敗死した。

この戦乱は、後に忠通の子の慈円《じえん》が『愚管抄』に「鳥羽院が亡くなられて後、日本国の乱逆と云うことが起こって後、ムサ（武者）の世になったのである」と記したように、国家権力の掌握をめぐる権力闘争が武士同士の合戦によって決せられたはじめての出来事であった

（下向井龍彦『武士の成長と院政』）。

しかし、藤原氏の動向に焦点を当てて考えると、まずは摂関家の権力が決定的な打撃を受けたことに注目しなければならない。後白河《ごしらかわ》天皇は、それまで摂関家内部で相続されてきた氏長者の地位を、忠通に受け継がせるなど、その主導権を奪った（下向井龍彦『武士の成長と院政』）。さらには、謀叛《むほん》人の財産処分を介して摂関家領に対して公権力が介入するようになったのである（元木泰雄『藤原忠実』）。

また、乱の後に権力を掌握したのは、信西（南家《なんけ》）をはじめ、藤原信頼《のぶより》（中関白家《なかのかんぱくけ》末裔）・惟方《これかた》（勧修寺流《かじゅうじりゅう》）ら、鳥羽院の近臣であった（美川圭『院政』）。こうした摂関家からは血縁の遠い門流の中下級官人に、中世は再興のきっかけを作ったのである。

平治の乱

信西を打倒しようとした信頼は、後白河院近臣の藤原成親《なりちか》（魚名流《うおなりゅう》）や源義朝《よしとも》と組んで平《へい》治《じ》元年（一一五九）にクーデターを決行した。信西を倒すことには成功したものの、熊野《くまの》詣《もうで》から帰還した平清盛《たいらのきよもり》によって、信頼や義朝は倒された。これが平治の乱である。信頼の専横に反撥した内大臣藤原公教《きんのり》（閑院流《かんいんりゅう》）が信頼に与《くみ》しなかったことが、帰趨《きすう》を決したとされる（美川圭『院政』）。

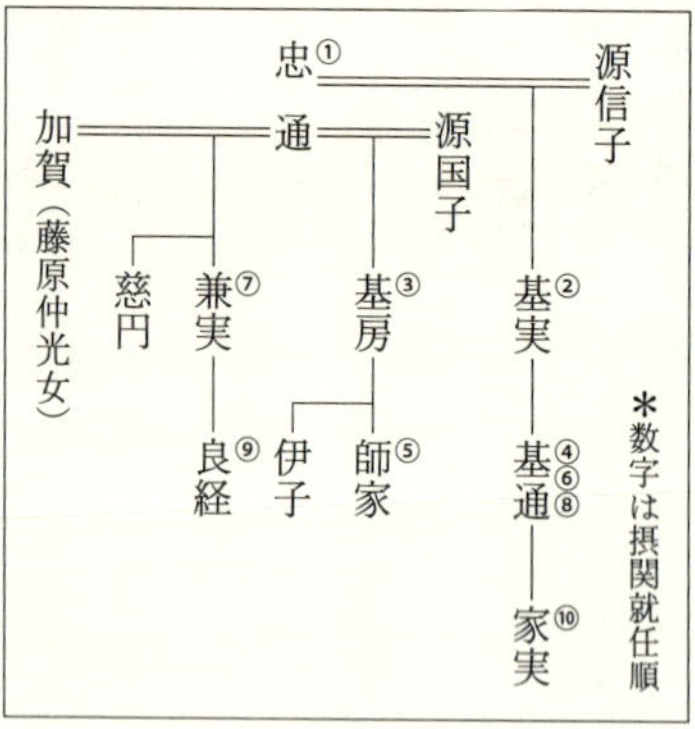

摂関家の動向

摂関家では、保元三年（一一五八）に忠通嫡男の基実《もとざね》が十六歳で二条《にじょう》天皇の関白、永万《えいまん》元年（一一六五）に六条《ろくじょう》天皇の摂政に補されたが、仁安《にんあん》元年（一一六六）に二十四歳で死去してしまった。基実は清盛の女盛子《せいし》を室とするなど、平氏と強い関係を持っており、清盛は基実を通じて摂関を傀儡化しようとしていたとされる（下向井龍彦『武士の成長と院政』）。

しかし、院政を開始した後白河院は、基実の異母弟である基房《もとふさ》を摂政とした。基房は仁安三年（一一六八）に高倉《たかくら》天皇の摂政にも補され、承安《じょうあん》二年（一一七二）には関白に転じた。ところが、治承《じしょう》三年（一一七九）のクーデターで後白河院の院政が停止されると、清盛は基房を解任して大宰権帥に左遷した。そして基実男の基通《もとみち》を、非参議から一挙に内大臣に任じ、内覧、そして関白に補した。翌治承四年（一一八〇）には清盛の外孫である安徳《あんとく》天皇の摂政となっている。

摂関の地位を、武家である清盛が左右するようになっているのである。このような強硬手段は、「天下大乱」と称され（『玉葉《ぎょくよう》』）、ほとんどの貴族層から平家を遊離させ、反対勢力を生み出す原因となった（五味文彦『平清盛』）。

公卿経験のない基通は無能との評が高く、叔父の兼実《かねざね》は後白河院と基通の関係を「法皇が摂政を艶するのは、その愛念による」と記して関係を疑い（『玉葉』）、慈円は基通・家実《いえざね》父子を「無能な人物」と指弾《しだん》している（『愚管抄』）。もちろん、自己の家の不遇によるものである（兼実と慈円の二人は生母の身分が低く、本来は日の当たらない立場であった）。

なお、承安二年に清盛は平時子《じし》（高倉の生母である平滋子《じし》の異母姉）との間に生まれた女の徳子《とくし》を高倉の中宮とした。徳子は治承二年（一一七八）に言仁《ときひと》親王（後の安徳天皇）を産んだが、言仁は生後一箇月で皇太子に立てられ、治承四年二月に三歳で即位している。武家政権とはいっても、自己の権力を強化するためにとった後宮政策は、藤原氏と何ら選ぶところはないのであった。

治承・寿永の乱と摂関家

治承四年（一一八〇）四月に、以仁王《もちひと》（後白河院第三皇子）の挙兵に触発された治承・寿永《じゅえい》の乱が始まる。各地の源氏や平家家人、それに藤原氏の氏寺である興福寺まで蜂起《ほうき》し、富士《ふじ》川《がわ》の戦いをはじめとする各地で敗戦が続くなか、養和《ようわ》元年（一一八一）閏二月に清盛は死去した。

信濃《しなの》で挙兵した源義仲《よしなか》が入京すると、平家は後白河院を逃がしたまま、寿永二年（一一八三）に都落ちした。後白河院は義仲の要求を退けて後鳥羽《ごとば》天皇を即位させ、院政を続けた。

その間、前関白の基房は女の伊子《いし》を義仲の正室として、関係を強めた。そして摂政基通を退け、男の師家《もろいえ》を内大臣・摂政の座に就けることに成功した。しかし、翌元暦《げんりゃく》元年（一一八四）に義仲が源義経《よしつね》によって討たれると、師家は停任《ちょうにん》され、基通が摂政に復帰した。

そして文治《ぶんじ》元年（一一八五）に平家は壇《だん》ノ浦《うら》で滅亡し、日本は新しい時代を迎えることになったのである。もはや摂関家も、政治の中心という立場からは離れてしまっていた。

二、鎌倉幕府の成立と五摂家の分立

頼朝と朝廷

「軍中では将軍の令を聞き、天子の詔を聞かない」（『吾妻鏡《あづまかがみ》』）として、文治五年（一一八九）に奥州藤原氏《おうしゅうふじわらし》を滅ぼした源頼朝《よりとも》は、建久《けんきゅう》元年（一一九〇）に満を持して上洛《じょうらく》した。この上洛の意図は、権大納言・右大将《うだいしょう》への任官もさることながら、女の大姫《おおひめ》の後鳥羽天皇への入内工作であったとされている（美川圭『院政』）。「藤原氏的なるもの」は、こうして脈々と受け継がれていったのである。なお、この年、兼実の女の任子《にんし》が中宮に立てられている。

これに先立ち、頼朝は朝廷の改革を要求していた。文治元年（一一八五）には議奏公卿《ぎそうくぎょう》十名（九条《くじょう》兼実・徳大寺《とくだいじ》実定《さねさだ》・三条《さんじょう》実房《さねふさ》・中御門《なかみかど》宗家《むねいえ》・中山《なかやま》忠親《ただちか》・藤原実家《さねいえ》・土御門《つちみかど》通親《みちちか》・吉田《よしだ》経房《つねふさ》・藤原雅長《まさなが》・日野《ひの》兼光《かねみつ》）による朝政の運営を行ない、兼実に内覧宣旨を下すことを命じた（『吾妻鏡』『玉葉』）。基通が平家や後白河と親しいことを、頼朝が嫌ったのである。

文治二年（一一八六）には兼実が摂政に補された。兼実は頼朝から朝廷政治の主導権を握ることを期待されていたのであったが、傍流と考えていた後白河院とは反りが合わず（自分も摂関家の傍流なのだが）、関東と密通していると疑われるのではないかと怯《おび》えている（『玉葉』）。議奏に指名された公卿も頼朝との面識はなく、やがて議奏はその機能を停止した。

近衛家と九条家

建久三年（一一九二）に後白河院が死去すると、兼実は政務に積極的に関与した。しかし、後鳥羽に仕えていた源在子《ざいし》が建久六年（一一九五）に為仁《ためひと》親王（後の土御門《つちみかど》天皇）を産むと、在子の養父である源通親が政変を起こし（橋本義彦『源通親』）、建久七年（一一九六）に兼実は関白の地位を追われ、任子は内裏を退去させられた。後任の関白には近衛《このえ》基通が補された。

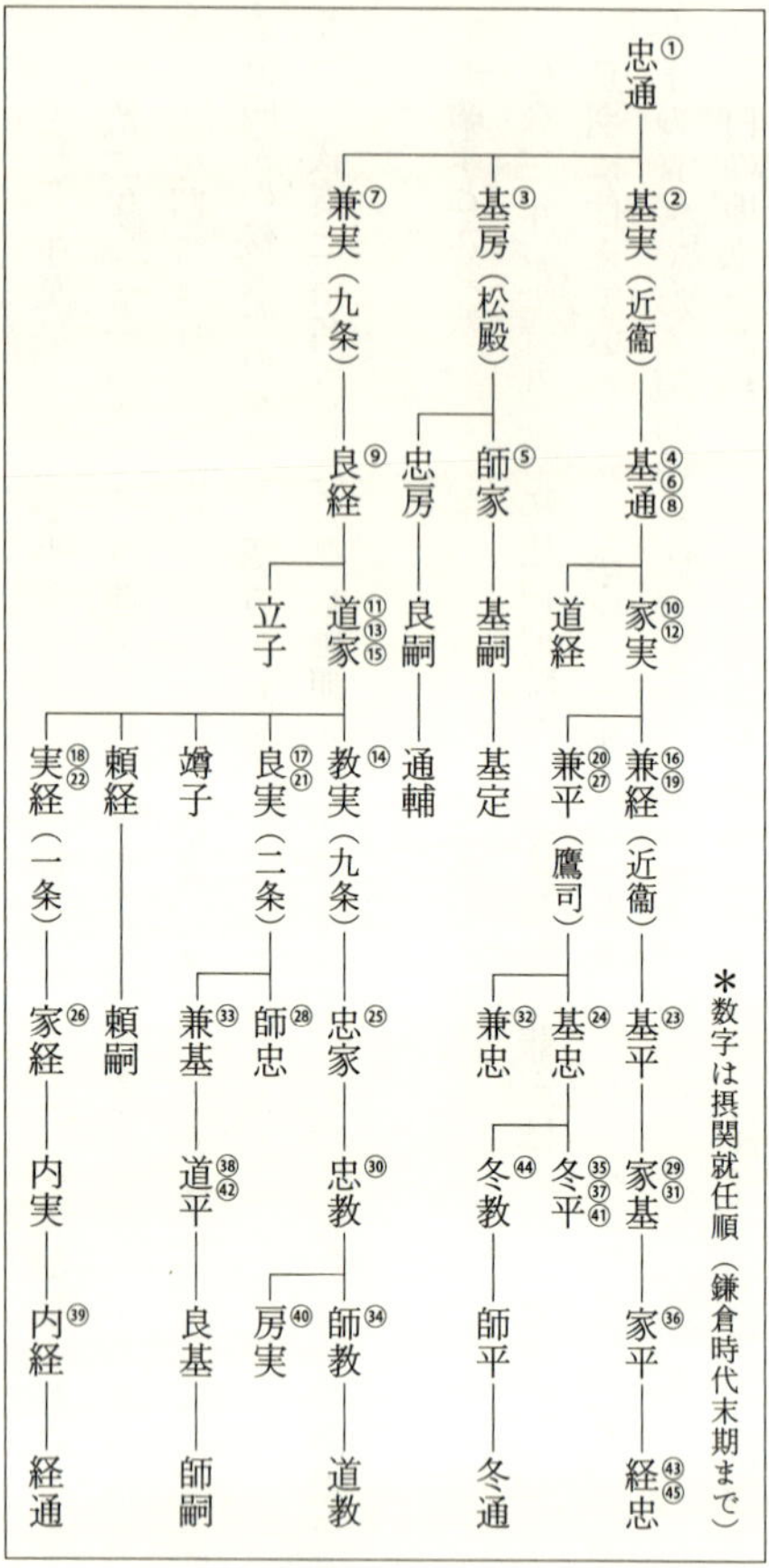

こうして摂関家は、基実に始まる近衛家《このえけ》と、兼実に始まる九条家《くじょうけ》とに分かれ、摂関の地位を争って幕末に至った。なお、基房の松殿家《まつどのけ》は、師家の後は摂関を出すことはなく、せいぜい権大納言止まりの家として続き、戦国時代には断絶《だんぜつ》している。

近衛家の名は、基通が近衛大路《このえおおじ》の北、室町小路《むろまちこうじ》の東の邸第を近衛殿《このえどの》と称したことによる。

大内裏の宮門の一つである陽明門《ようめいもん》が近衛大路に面し、近衛御門《このえみかど》と呼ばれたことから、近衛家は陽明家《ようめいけ》とも称された。

　後の五摂家の嫡流を認じ、江戸時代初期に近衛信尹《のぶただ》は継嗣を欠いたため、妹の前子《ぜんし》が後陽《ごよう》成《ぜい》天皇との間に産んだ四之宮を養嗣子に迎え、近衛信尋《のぶひろ》とした。それ以降、近衛家は皇別摂《こうべつせっ》

近衛殿故地

九条第故地

家《け》とも称されるなど、最高の格を誇った。

九条家は、兼実が九条の地に邸第の九条第《くじょうてい》を構えていたことによって九条右大臣と称されたことにより、子孫に至るまで九条家と称した。陶化家《とうかけ》とも称された。道家《みちいえ》の代には、摂《せっ》家将軍《けしょうぐん》である頼経《よりつね》・頼嗣《よりつぐ》の父祖として鎌倉幕府と結び、朝廷でも権勢を振るったが、摂家将軍廃絶後は権勢を失った。

摂家将軍

承久《じょうきゅう》元年（一二一九）に将軍実朝《さねとも》が殺されて源氏の将軍が絶えると、幕府はそれに代えて、まず後鳥羽院の皇子である頼仁《よりひと》親王の将軍招請を画策した。そしてそれが拒否されると、今度は九条道家の三男である二歳の三寅《みとら》（後の頼経）が将軍として下向することとなった。

承久三年（一二二一）に起こった承久の乱の結果、多くの公卿が処刑された。日本では前代未聞のことである。後鳥羽院や天皇懐成《かねなり》（九条廃帝《くじょうはいてい》。一八七〇年〔明治三〕に仲恭《ちゅうきょう》天皇という諡号が贈られた）は廃位され、すでに出家していた後鳥羽の同母兄の守貞《もりさだ》親王が後高倉《ごたかくら》院となり、その皇子の茂仁《とよひと》親王が即位した（後堀河《ごほりかわ》天皇）。

懐成は九条道家の姉である立子《りっし》から生まれていたので、摂関家は後冷泉《ごれいぜい》天皇の時の頼通《よりみち》以来、百七十六年ぶりに外戚（外舅）の地位を手に入れたが、もはやそれはほとんど意味のないことであった。道家もすぐに摂政を解かれ、近衛家実に譲らされている。

なお、安貞《あんてい》二年（一二二八）に道家は関白に復帰し、家実女の中宮長子《ちょうし》が廃され、道家女の竴子《しゅんし》が入内して中宮となった。寛喜《かんぎ》三年（一二三一）に産んだ秀仁《みつひと》親王が貞永元年（一二三二）に即位して（四条《しじょう》天皇）、道家一男の教実《のりざね》が摂政となった。しかし、教実は文暦《ぶんりゃく》二年（一二三五）に死去したため、道家が再び摂政となった。実に道長《みちなが》以来の外祖父摂政であるが、これも権力とは関係のない話となっていた。

仁治《にんじ》三年（一二四二）に四条が死去すると、道家は次期天皇について幕府に問い合わせ、執権北条 泰時《しっけんほうじょうやすとき》に推戴《すいたい》された土御門天皇皇子の邦仁《くにひと》王が即位することになった（後嵯峨《ごさが》天皇）。皇位の選定が幕府に委ねられたという、画期的な事件であった。

摂家将軍頼経は、その両親ともに、源頼朝の同母妹で一条能保《いちじょうよしやす》室となった坊門姫《ぼうもんひめ》の孫にあたり、源氏将軍とは血縁関係にあった。源頼家《よりいえ》女の竹御所《たけのごしょ》を妻とし、摂関家と鎌倉将軍《かまくらしょうぐん》家《け》をつなぐ存在であった。しかし、成人して独自の政治意思を持つようになると、執権北条得宗家《とくそうけ》との対立が見られるようになり、二十七歳になった寛元《かんげん》二年（一二四四）に将軍職を嫡男で六歳で元服させられた頼嗣に譲らされ、寛元四年（一二四六）に京都に送還された。道家も失脚し、実経《さねつね》も後深草《ごふかくさ》天皇の摂政を罷免されている（宮騒動《みやそうどう》）。

なお、五代将軍となった頼嗣も、建長《けんちょう》四年（一二五二）に十四歳で将軍職を解かれ、京に追放された。新将軍には後嵯峨院の皇子宗尊《むねたか》親王が選ばれた。これで摂関家が幕府の威光を背景に朝廷で重きを置く可能性が消滅したとされる（美川圭『院政』）。そして康元《こうげん》元年（一二五六）、頼経・頼嗣は相次いで死去している。

五摂家の分立

この間、道家失脚後の摂関の選定も、幕府の意向に左右された。実経の次の摂政は、宝治《ほうじ》元年（一二四七）に幕府の意向によって近衛兼経《かねつね》に譲らざるを得なかったが、翌宝治二年（一二四八）に兼経が摂政を弟の鷹司兼平《たかつかさかねひら》に譲ろうとしても、幕府はこれを認めなかった。すでに白河院政期から、摂関の選定は院政を行なう上皇（治天《ちてん》の君）によって左右されていたが、ここに至って、院政からも選定権は奪われたのである（美川圭『院政』）。

道家の三子である九条教実《のりざね》・二条良実《にじょうよしざね》・一条実経は、ともに摂関に補され、この三家の子孫も摂関となった。一方、近衛家の方も、家実の子の近衛兼経と鷹司兼平、およびそれぞれの子孫が摂関となった。こうして鎌倉《かまくら》時代中期には、近衛・九条の二つの摂関家は、さらに鷹司・二条・一条家が分かれて五家となり、ここにいわゆる五摂《ごせっけ》家が分立した。以後、摂関の地位は幕末に至るまで、基本的には五摂家が交代で就くこととなった（例外は豊臣《とよとみ》朝臣秀次《ひでつぐ》のみ。秀吉《ひでよし》は近衛前久《さきひさ》の猶子となり、藤原朝臣秀吉として関白となっている）。

鷹司家の家名は、鷹司室町《たかつかさむろまち》に邸第があったことによる。楊梅家《ようばいけ》とも称された。天文《てんぶん》十五年（一五四六）に断絶したが、天正《てんしょう》七年（一五七九）に二条信房《のぶふさ》に継がせて再興された。

一条家の家名は、道家男の実経が一条坊門《いちじょうぼうもん》に所在する一条殿《いちじょうどの》を与えられたことによる。桃華家《とうかけ》とも称された。なお、鎌倉時代には一条家が九条流の嫡流とされていたが（『尊卑分脈』）、貞治《じょうじ》四年（一三六五）に、九条家と一条家は嫡流として同格であるという綸旨《りんじ》が下った。なお、十五世紀には、「菅原道真《すがわらのみちざね》以上の学者」と自称した兼良《かねよし》が出ている。また、江戸時代初期の昭良《あきよし》の実父は後陽成天皇であり、一条家も近衛家同様、皇別摂家ということになる。

二条富小路第故地

二条家の家名は、二条富小路《にじょうとみこうじ》の邸第による。九条道家男の良実は道家から義絶されたが、二条家として独立した。銅駝家《どうだけ》とも称された。鎌倉時代末期に後醍醐《ごだいご》天皇に荷担して断絶の危機に陥ったが、朝儀・和歌・連歌に通じ、北朝に仕えた良基《よしもと》によって復活した。

しかし、五摂家が分立する頃には、摂関家の勢力はすでに衰えており、摂関の地位も形骸化していた。摂関の交代も、すでに政治的事件としての重要性を失っていたのである（美川圭『院政』）。

三、武家としての藤原氏

武家としての魚名流

平安時代に入ると、膨大な数の藤原氏官人は、中央での栄達が見込めず、地方に地盤を移す者も出てきた（ほとんどはうまくいかなかったであろうが）。その中で、北家《ほっけ》魚名流（の一部）は、武家として確立した事例である。

先に述べたように、魚名の後裔は地方官などを歴任する中級貴族となったが、末茂《すえしげ》の末裔である藤原顕季《あきすえ》やその男たちが院政期に院近臣となり、再び公卿の地位を占めるようになった。顕季の子孫は、嫡流の四条家《しじょうけ》をはじめとして多数の堂上家を輩出した。

一方、武士となった者としては、古くは十世紀初頭に活躍した利仁将軍《りじんしょうぐん》こと藤原利仁《としひと》がいる。これは鷲取《わしとり》の子孫で、時長《ときなが》（中納言藤原山蔭《やまかげ》の同母弟）の子である。鎮守府将軍《ちんじゅふしょうぐん》に任じられ、『今昔物語集』の「芋粥《いもがゆ》」説話や「新羅征伐《しんらせいばつ》」説話でも有名である。富裕の背景には日本海交易があったとする説もある（保立道久『物語の中世』）。

利仁の後裔を称する氏族は多く、加賀斎藤《かがさいとう》氏・越前斎藤《えちぜんさいとう》氏の祖と称され、加賀斎藤氏から堀《ほり》氏、弘岡斎藤《ひろおかさいとう》氏から富樫《とがし》氏・林《はやし》氏が出た。為時《ためとき》の家系から吉田《よしだ》氏・前田《まえだ》氏、尚忠《ひさただ》から吉《よし》原斎藤《はらさいとう》氏・河合斎藤《かわいさいとう》氏・美濃斎藤《みのさいとう》氏が出たほか、重光《しげみつ》から加藤《かとう》氏・遠山《とおやま》氏、公則《きんのり》から後藤《ごとう》氏などが出ている。なお、以後もそうであるが、特に武家の家系は後世の僭《せん》称《しょう》が多く、実際に血縁を継いだかどうかは、定かではない。

秀郷流の武家

十世紀前半に起こった承平・天慶の乱の鎮圧にあたった藤原秀郷《ひでさと》・平貞盛《さだもり》・源経基《つねもと》の子孫は、中央における軍事貴族としての地位を独占した。

その中で、秀郷の子である千晴《ちはる》は中央で活躍していたものと思われるが、安和二年（九六九）に起こった安和の変に連坐して失脚した。弟の千常《ちつね》が中央軍事貴族の地位を保持して鎮守府将軍に任じられたとされるが、もはや清和源氏《せいわげんじ》に対抗できる立場にはなかった（元木泰雄『武士の成立』）。

一方、地元の下野《しもつけ》においては、秀郷の祖父の豊沢《とよさわ》以来、子孫は下野押領使《しもつけおうりょうし》を世襲し、公的な軍事警察権を代々担当していた（『吾妻鏡』）。こうして秀郷の子孫は下野における「兵《つわもの》の家」として、国衙《こくが》に地歩を築くとともに辺境軍事貴族としての立場を保持していた（元木

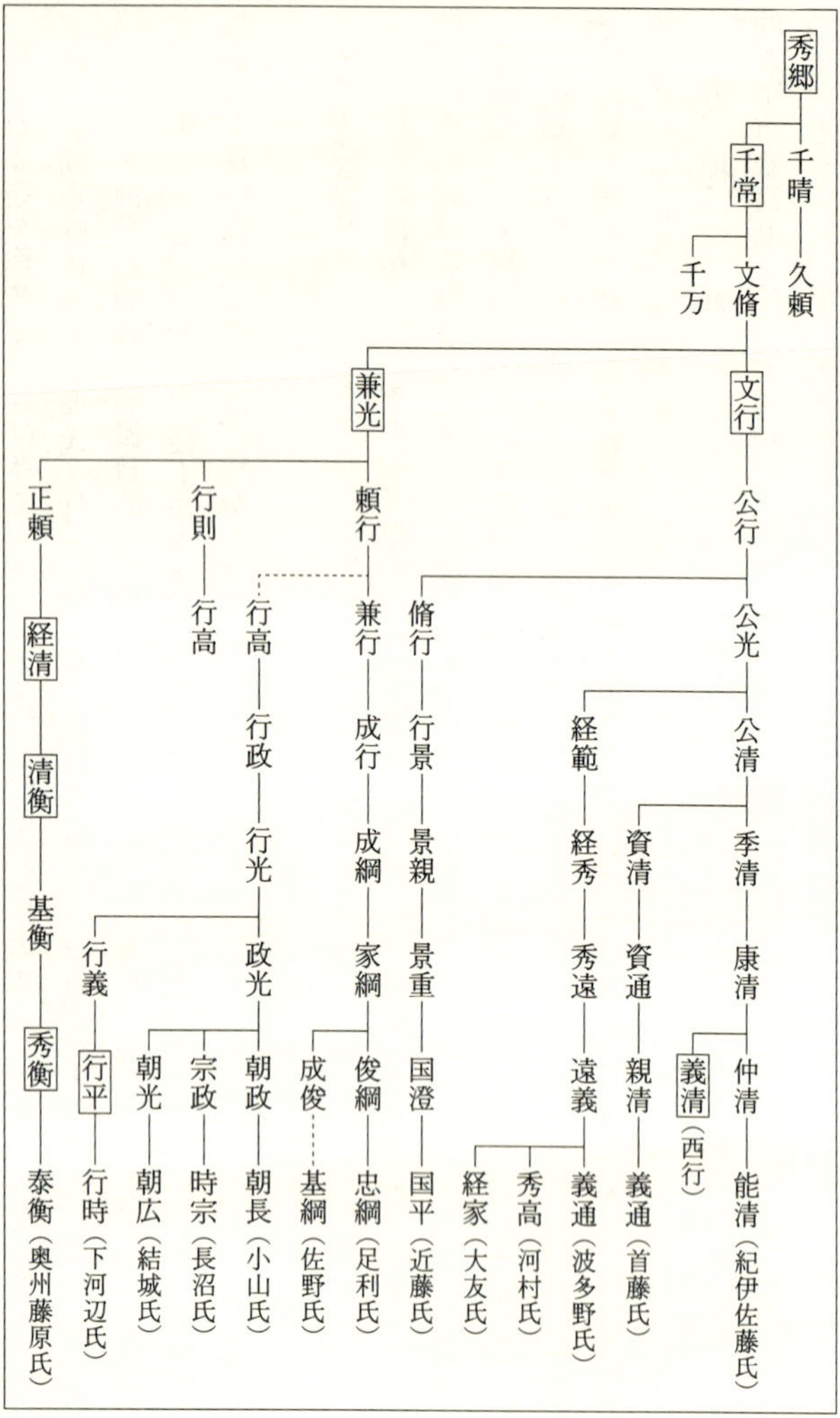
秀郷
千晴
久頼
千常
文脩
千万
文行
兼光
公行
公光
脩行
公清
経範
季清
資清
康清
資通
仲清
義清
(西行)
能清(紀伊佐藤氏)
親清
義通(首藤氏)
経秀
秀遠
遠義
義通(波多野氏)
秀高(河村氏)
経家(大友氏)
行景
景親
景重
国澄
国平(近藤氏)
頼行
兼行
成行
成綱
家綱
俊綱
忠綱(足利氏)
成俊
基綱(佐野氏)
行高
行政
行光
政光
朝政
朝長(小山氏)
宗政
時宗(長沼氏)
朝光
朝広(結城氏)
行義
行平
行時(下河辺氏)
行則
行高
正頼
経清
清衡
基衡
秀衡
泰衡(奥州藤原氏)

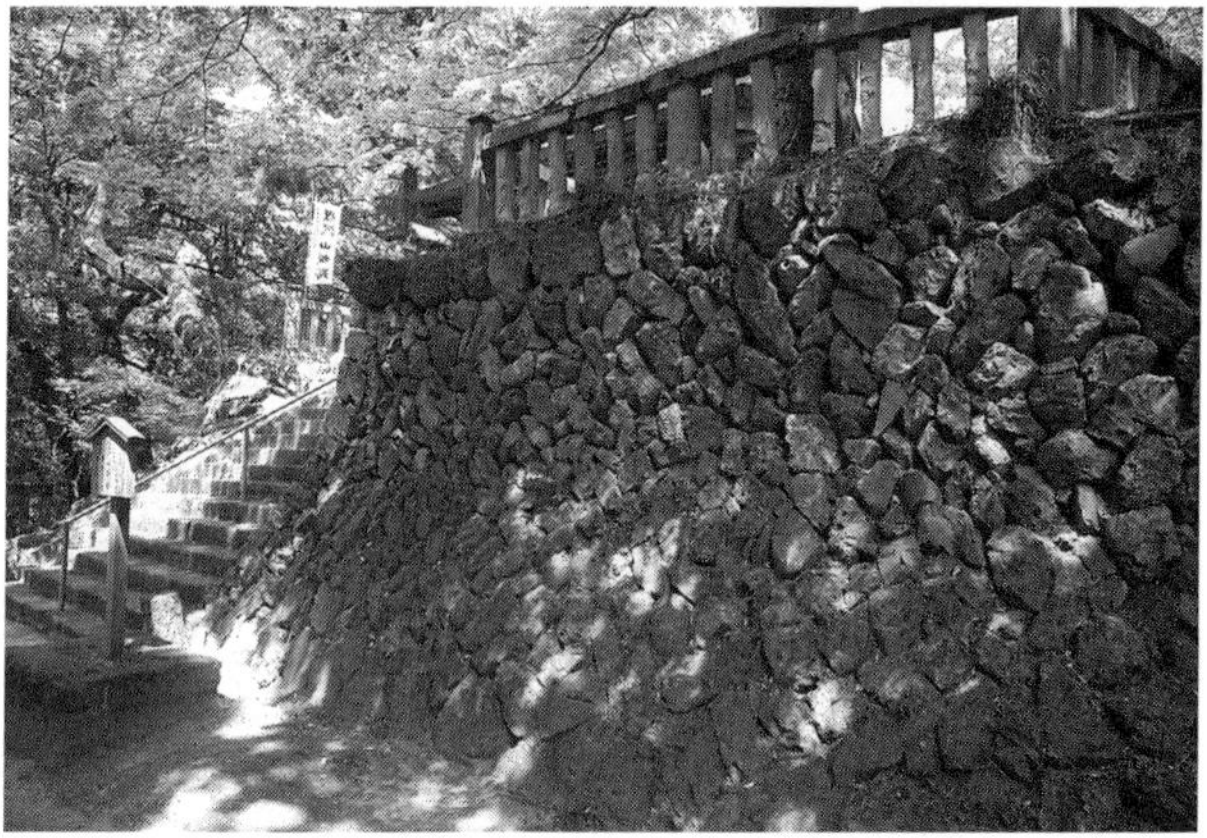

唐沢山城（現栃木県佐野市）

泰雄『武士の成立』）。千常以下の秀郷流も、十一世紀前半に北坂東に土着し（野口実『坂東武士団の成立と発展』）、十二世紀初頭以降、秀郷流の豪族も一族の分化が顕著となり、それぞれの地名を冠して分立するようになる（元木泰雄『武士の成立』）。国衙に進出し、大掾《だいじょう》・少掾《しょうじょう》などの在庁官人《ざいちょうかんじん》として組織されていったのである。

以上、秀郷流は、中央にも一定の地歩を保ち、東国における最高の軍事的公権力である鎮守府将軍を十一世紀はじめまで歴任し、本流の兼光《かねみつ》系のように中央軍事氏族の地位を捨てて北坂東に帰住《きじゅう》した門流と、文行《ふみゆき》系のように摂関家の家人《けにん》として「都の武者」の立場を維持し続けた門流に分かれていったのである（野口実『伝説の将軍 藤原秀郷』）。

秀郷の末裔を称する家を列挙すると、東国では、下野国に佐野《さの》氏・足利《あしかが》氏（藤原姓）・小《お》山《やま》氏・長沼《ながぬま》氏・皆川《みながわ》氏・薬師寺《やくしじ》氏・田沼《たぬま》氏・下野小野寺《しもつけおのでら》氏・榎本《えのもと》氏、武蔵国に比企《ひき》氏・吉見《よしみ》氏、常陸《ひたち》国に那珂《なか》氏・安島《あじま》氏・小野崎《おのさき》氏・小貫《おぬき》氏・内桶《うちおけ》氏・茅根《ちのね》氏・根本《ねもと》氏・助川《すけがわ》氏・川野《かわの》辺《べ》氏・佐藤《さとう》氏・水谷《みずたに》氏・江戸《えど》氏・綿引《わたびき》氏、下総《しもうさ》国に結城《ゆうき》氏・下河辺《しもこうべ》氏・伊藤《いとう》氏、上野《こうずけ》国に赤《あか》堀《ほり》氏・岩櫃斎藤《いわびつさいとう》氏・桐生《きりゅう》氏・佐貫《さぬき》氏・大胡《おおご》氏・山上《やまがみ》氏・園田《そのだ》氏、相模《さがみ》国に山内首藤《やまのうちすどう》氏・波《は》多《た》野《の》氏・沼田《ぬまた》氏といったところである。

彼らは鎌倉時代以降も、西行《さいぎょう》や下河辺行平《ゆきひら》などが、流鏑馬《やぶさめ》をはじめとする武芸の故実を、「秀郷朝臣以来九代の嫡家相承の兵法」「秀郷朝臣の秘決」として伝えていった（『吾妻鏡』）。西行（文行系）は平泉《ひらいずみ》の藤原秀衡《ひでひら》（兼光系）の許に東大寺《とうだいじ》再建のための貢金《こうきん》の勧進《かんじん》に向かう途中で、わざわざ弓馬の芸の粋を競う流鏑馬の行なわれる日を選んで鎌倉を訪れ、旧知の御《ご》家人《けにん》の目に付きやすいところで徘徊《はいかい》していたという（目崎徳衛『西行』）。

また、都の近くに地歩を持ち、後に地方に分散していった末裔としては、紀伊《きい》に佐藤氏・尾藤《びとう》氏・伊賀《いが》氏、近江《おうみ》に近藤《こんどう》氏・蒲生《がもう》氏・今井《いまい》氏、伊勢《いせ》に伊藤氏、信濃《しなの》に大石《おおいし》氏、陸奥《むつ》に奥州藤原氏などがいた。

これらのうち、紀伊佐藤氏から北面《ほくめん》の武士出身の佐藤義清《のりきよ》（後の西行）が出、陸奥に下った藤原経清《つねきよ》（亘理権大夫《わたりのごんのたいふ》）の子が、奥州藤原氏の初代清衡《きよひら》となる。

その他、大友《おおとも》氏・少弐《しょうに》氏・龍造寺《りゅうぞうじ》氏・立花《たちばな》氏など、秀郷の末裔を名のる戦国大名は数多い。「日本六十余州に弓矢をとって藤原と名乗る家に、おそらくは秀郷の後胤でないものはないということになった」（『俵藤太物語《たわらとうたものがたり》』）と称された由縁である。もちろん、ほとんどは後世の仮冒《かぼう》であり、実際の血縁とは別の話である。

北家以外の武家

北家以外でも、南家では、乙麻呂《おとまろ》の系統で平安中期に武人として頭角を顕《あらわ》した藤原為憲《ためのり》（平将門に追放された常陸介藤原維幾《これちか》の子）は木工助《もくのすけ》に任じられて工藤大夫《くどうたいふ》を名乗り、その子孫は地方に下って武家となり、工藤《くどう》氏・伊東《いとう》氏・伊藤氏・河津《かわづ》氏・二階堂《にかいどう》氏・相良《さがら》氏・吉川《きっかわ》氏・天野《あまの》氏・原《はら》氏・橋爪《はしづめ》氏・原田《はらだ》氏・久野《くの》氏・孕石《はらみいし》氏・小沢《おざわ》氏などを出したと伝える。曾《そ》我《が》兄弟の仇討ちで有名な工藤祐経《すけつね》や伊東祐親《すけちか》は、この門流の末裔を称する。

式家《しきけ》でも、摂津渡辺党《せっつわたなべとう》の一つである遠藤《えんどう》氏や大和《やまと》国の土豪である井戸《いど》氏は、将門の乱の際に征東大将軍、純友《すみとも》の乱の際に征西大将軍に任じられた式家の藤原忠文《ただふみ》の末裔を称した。遠藤氏は渡辺党において嵯峨源氏《さがげんじ》渡辺氏と拮抗《きっこう》する勢力であり、後に遠藤盛遠《もりとお》（文覚《もんがく》）が出た。

後世においては、越後《えちご》の直江《なおえ》氏が、京家《きょうけ》の麻呂《まろ》を遠祖《えんそ》と仰ぎ、越後国頸城《くびき》郡直江荘を領して直江氏を名乗ったが、ここまで来ると史実とはまったく別の世界である。

おわりに――日本史と藤原氏

摂関家の辛苦

五摂家による摂関就任にまつわる政治抗争は、羽柴秀吉《はしばひでよし》の関白就任をめぐる「関白相論《かんぱくそうろん》」をはじめ、幕末まで続いた。それはもはや、日本の歴史全体にとっては宮中内の「コップの中の嵐」に過ぎなかったが、彼らにとっては真剣な政治的営為だったのである。

その間の歴史の中で、摂関家といえども種々の苦労を強いられることとなった。いくつかの例を挙げておくと、室町《むろまち》時代に一代の碩学《せきがく》であり、摂政・関白・太政大臣にまで上った一《いち》条兼良《じょうかねよし》は、家領の越前《えちぜん》国足羽御厨《あすはのみくりや》の回復を期し、十五世紀後半に自ら一乗谷《いちじょうだに》（現福井市城戸ノ内町）に下って朝倉孝景《あさくらたかかげ》と直談判したが、失敗に終わり、「言語道断である」と憤慨《ふんがい》している（『桃華蘂葉《とうかずいよう》』）。

日根荘故地（八重治池）

応仁《おうにん》元年（一四六七）に始まった応仁の乱では、兼良長子で前関白の教房《のりふさ》は弟の興福寺大乗院門主尋尊《だいじょういんもんしゅじんそん》を頼って奈良《なら》に避難したが、兼良に奈良の避難所を譲って、一条家領のあった土《と》佐《さ》国幡多荘《はたのしょう》（現高知県四万十市・宿毛市・土佐清水市など）に下向し、土佐で死去した。その次男の房家《ふさいえ》は土佐に土着して大名化し、土佐《とさ》一条家《いちじょうけ》となった。

あるいは関白・左大臣であった九条政基《くじょうまさもと》も、文亀《ぶんき》元年（一五〇一）三月から永正《えいしょう》元年（一五〇四）十二月までの間、守護《しゅご》方に横領《おうりょう》されつつあった家領の和泉《いずみ》国日根荘《ひねのしょう》（現大阪府泉佐野市）に下り、荘園の直務支配に従事せざるを得なかった（『政《まさ》基公旅引付《もとこうたびひきつけ》』）。それ以前には日根荘が勝手に借金の担保にされたりしていて、摂関家も大変なのであった。

様々な家格

先にも少し触れたが、中世以降の藤原氏は種々の家に分かれ、それぞれ家格が定められて、その家業に従事した。それらをまとめて整理してみよう。

西大寺愛染堂（旧近衛邸政所御殿）

摂関家は御堂流《みどうりゅう》の嫡流で、摂政・関白、太政大臣になる近衛家《このえけ》・九条家・二条家《にじょうけ》・一条家・鷹司家《たかつかさけ》の五家を指す。五摂家の成立については、先に述べたとおりである。なお、いわゆる「明治維新」によって、関白は廃止されたが、摂政の方は、現皇室典範《こうしつてんぱん》でも存続している（藤原氏が就くわけではないが）。

清華家は、大臣と近衛大将を兼ね、太政大臣に上ることのできる家を指す。閑院《かんいん》・花山院《かざんいん》・中院《なかのいん》（後の久我《こが》）三家の大臣家が清華であると言われていたが（『康富記《やすとみき》』）、久我・三条《さんじょう》・西園寺《さいおんじ》・徳大寺《とくだいじ》・花山院・大炊御門《おおいみかど》・今出川《いまでがわ》の七家に分かれた。三条・西園寺・徳大寺家は閑院流、花山院・大炊御門家は御堂流の藤原師実《もろざね》の子孫、久我家は源師房《もろふさ》を祖とする村上源氏《むらかみげんじ》嫡流である。

京都御苑・九條池と拾翠亭（九条邸故地）

大臣家は清華家の庶流から生まれた諸家で、近衛大将を経ず大臣に上ることのできる家を指す（『康富記』）。正親町三条《おおぎまちさんじょう》（嵯峨《さが》）・三条西《さんじょうにし》家が閑院流三条家の庶流、中院家が村上源氏の流れである。

羽林家は近衛中少将を経て大中納言に至るのを官途《かんと》とする家柄である。河鰭《かわばた》・滋野井《しげのい》・姉小路《あねこうじ》・正親町《おおぎまち》（以上、閑院庶流）、中山《なかやま》・難波《なにわ》・飛鳥井《あすかい》（以上、花山院庶流）、松木《まつのき》・持明院《じみょういん》・園《その》（以上、中御門流《なかみかどりゅう》）、四条《しじょう》・山科《やましな》・油小路《あぶらこうじ》（以上、四条流）、水無瀬《みなせ》・冷泉《れいぜい》などの藤原氏諸家、六条《ろくじょう》・千種《ちぐさ》・久世《くぜ》（以上、久我庶流）、庭田《にわた》・綾小路《あやのこうじ》などの源氏諸家がこれに属する。和歌の家として有名な冷泉家は、道長《みちなが》の末子である長家《ながいえ》の子孫である。藪《やぶ》・中園《なかぞの》・高丘家《たかおかけ》は藤原南家《なんけ》の高倉流《たかくらりゅう》に属する。

冷泉家

名家は、弁官・蔵人を経て大納言に至る家柄である。代々、故実を伝承し、才識を以て名を得ている家との意である（『倭訓栞《わくんのしおり》』）。摂関家に仕えて家政を取り仕切り、院政期以降は院中の庶務を掌った権臣を輩出した。日野《ひの》・広橋《ひろはし》・柳原《やなぎわら》・烏丸《からすまる》・竹屋《たけや》・日野西《ひのにし》・勘解由小路《かでのこうじ》・裏《うら》松《まつ》・外山《とやま》・豊岡《とよおか》・三室戸《みむろど》・北小路家《きたこうじけ》（以上、藤原北家《ほっけ》日野流《ひのりゅう》）、甘露寺《かんろじ》・葉室《はむろ》・勧修寺《かじゅうじ》・万里《までの》小路《こうじ》・清閑寺《せいかんじ》・中御門・坊城《ぼうじょう》・芝山《しばやま》・池尻《いけじり》・梅小路《うめこうじ》・岡崎《おかざき》・穂波《ほなみ》・堤家《つつみけ》（以上、藤原北家勧《か》修寺流《じゅうじりゅう》）、平松《ひらまつ》・長谷《ながたに》・交野家《かたのけ》（以上、桓武平《かんむへい》氏《し》高棟王流《たかむねおうりゅう》）などが属する。

半家は鎌倉《かまくら》時代以降に成立した堂上家の中でも最下位の貴族である。衣紋道《えもんどう》、紀伝道、陰陽道、神道《しんとう》などの家業にたずさわる高倉家《たかくらけ》（藤原北家高倉流）、富小路家《とみのこうじけ》（藤原北家二条流）、五《いっ》

辻家《つじけ》（宇多源氏《うだげんじ》）、竹内家《たけうちけ》（清和源氏《せいわ》）、白川家《しらかわけ》（花山源氏《かざん》）、西洞院《にしのとういん》・石井家《いしいけ》（以上、桓武平氏高棟王流）、高辻《たかつじ》・五条《ごじょう》・唐橋《からはし》・東坊城《ひがしぼうじょう》・清岡《きよおか》・桑原家《くわばらけ》（菅原氏《すがわら》）、舟橋家《ふなはしけ》（清原氏《きよはら》）、藤波家《ふじなみけ》（大中臣氏《おおなかとみ》）、吉田《よしだ》・萩原《はぎわら》・錦織《にしごり》・藤井家《ふじいけ》（卜部氏《うらべ》）、土御門家《つちみかどけ》（安倍氏《あべ》）、錦小路家《にしきこうじけ》（丹波氏《たんば》）、北小路家《きたこうじけ》（大江氏《おおえ》）などの家の総称である。

日本と藤原氏

こうして藤原氏は、近世、いや近代に至っても、生き残り続け、この国の中枢を支えてきたのである。皇室はもちろん、数々の大名家とも相互に婚姻を続け、一方では全国各地に武士として散らばっていた。たとえば談山《たんざん》神社が組織した「談《かたらひ》の会」が発行する『藤原氏族一覧』には三四五二の苗字が記載されており、中には「倉本」なんてものまである。

天皇家でいうと、昭和《しょうわ》天皇の生母である貞明《ていめい》皇后は旧名が九条節子《さだこ》であり、この代までは皇室以外では摂関家から皇后を出すのが慣例であった（昭和天皇の皇后は久邇宮家《くにのみやけ》出身）。

また、昭和初期に政界の中枢に躍り出た近衛文麿《ふみまろ》は「昭和の鎌足《かまたり》」と呼ばれたし、平成《へいせい》に入って自民党単独政権から政権交代を行なった「さきがけ日本新党」内閣の細川護熙《ほそかわもりひろ》首相は、熊本《くまもと》藩主の末裔とはいえ、「熙」字でわかるように近衛家の血を引く方であることもマスコミを賑《にぎ》わせたことは、記憶に新しい（母親が文麿女の温子《よしこ》）。

『白氏文集《はくしもんじゅう》』の中に、「紫藤《しどう》の詩」と題された詩が載せられている。身近な樹木に絡みついて美しく咲く紫藤の花を例にとって佞臣《ねいしん》・妖婦《ようふ》の害を述べ、その実体をいち早く見抜いて微細なうちに取り除かなければならないことを戒めた詩である。

藤というものは自ら単独では生きられず、他の樹に絡みつき、その樹を枯らしてしまう。君の権勢を恃《たの》む諛佞《ゆねい》の徒、あるいは妖婦人のごときものである。早く除去するに越したことはない、というのである。鎌足の臨終に際して、天智《てんじ》はこの功臣の家に「藤原」の姓を賜わった。白居易《はくきょい》が生まれたのはその百年以上も後のことであるが、天智は鎌足の子孫たちが天皇家、および日本古代国家とどのような関わりを持つことになるか、すでに見通していたのであろうか。しかし、白居易が警鐘《けいしょう》を鳴らした藤とは異なり、藤原氏と天皇家は、ともに後の時代を生き残り、はるか後世まで、その中枢に存続したのである。

なお、藤原氏と藤といえば、春日大社の「砂ずりの藤」が有名であるが、それは権力中枢に咲き誇る藤原氏摂関家を象徴するものである。私はむしろ、地方の山中に咲く山藤にこそ、魅力を感じる。私の通勤路であるJR紀勢本線の一身田《いしんでん》―亀山間や、近鉄大阪線の青山近辺など、四月下旬から五月上旬にかけて線路の両側の山中に咲き誇る山藤は、この世のものとも思えぬ美しさである。それはあたかも、地方に根を下ろして地盤を形成した傍流の武家藤原氏を象徴するかのような風景である。

略年表

大王／天皇	年次	西暦	藤原氏関連事項	参考事項
推古	二十二	六一四	中臣鎌子（後の鎌足）誕生	
皇極	三	六四四	鎌子、三島別業に帰去（舒明朝のことか）	
	四	六四五	中大兄王子・鎌足、入鹿を誅殺、蝦夷自尽	皇極譲位
孝徳	大化元	六四五	鎌足、内臣就任	古人大兄王子を討滅
斉明	五	六五九	史（後の不比等）誕生	
	六	六六〇		百済滅亡
天智	二	六六三		百済の役・白村江の戦
	八	六六九	鎌足死去、大織冠・内大臣・藤原姓を賜わる	
天武	元	六七二	右大臣中臣金斬刑	壬申の乱
	七	六七八	この頃、藤原不比等、石川娼子と結婚	
	十三	六八四	中臣氏、八色の姓で朝臣賜姓	

持統	三	六八九	史、判事就任	
	五	六九一	祖等の墓記上進を命じられる	
	八	六九四		藤原宮に遷御
文武	元	六九七	宮子娘、文武夫人となる	
	二	六九八	不比等子孫のみを藤原朝臣とする	
	大宝元	七〇一	不比等、中納言から大納言に昇任 安宿媛（光明子）誕生	大宝律令制定 首皇子（聖武）誕生
元明	和銅元	七〇八	不比等、右大臣に昇任	
	三	七一〇	興福寺創建	平城遷都
	六	七一三		広成皇子皇籍剥奪
元正	養老元	七一七	房前、朝政参議	
	四	七二〇	不比等死去	
	五	七二一	房前、内臣	
聖武	神亀元	七二四		聖武即位
	天平元	七二九	光明子立后	長屋王の変
	六	七三四	武智麻呂、右大臣に昇任	
	九	七三七	藤原四子、死去	
	十二	七四〇	藤原広嗣の乱	

大王／天皇	年次	西暦	藤原氏関連事項	参考事項
孝謙	天平勝宝元	七四九	仲麻呂、大納言に昇任	孝謙即位
	天平宝字元	七五七	仲麻呂、内相就任	橘奈良麻呂の変
淳仁	八	七六四	恵美押勝（藤原仲麻呂）の乱	
称徳	神護景雲二	七六八	春日大社創祀	
光仁	宝亀元	七七〇	百川・永手・良継、光仁擁立	
桓武	天応元	七八一		桓武即位
	延暦四	七八五	種継、長岡京で射殺	早良廃太子
	十二	七九三	藤原氏、女王を娶ることを許される	
	十三	七九四		平安遷都
嵯峨	弘仁元	八一〇		薬子（平城上皇）の変
	十二	八二一	冬嗣、勧学院設置	
仁明	承和九	八四二		承和の変
文徳	天安元	八五七	良房、太政大臣に昇任	
清和	二	八五八	良房、実質上の摂政を行なう	清和即位
	貞観八	八六六	良房、摂政就任	応天門の変
陽成	十八	八七六	基経、摂政就任	陽成即位
光孝	元慶八	八八四	基経、関白就任	陽成退位、光孝即位

宇多	仁和三	八八七	基経、関白就任	阿衡の紛議
醍醐	延喜元	九〇一		菅原道真、大宰権帥に左遷
朱雀	延長八	九三〇	忠平、摂政就任	
冷泉	安和二	九六九	実頼、摂政就任	安和の変
一条	寛和二	九八六	兼家、摂政就任	花山退位、一条即位
	正暦元	九九〇	道隆、摂政就任	
	長徳元	九九五	道長、内覧就任	
後一条	長和五	一〇一六	道長、摂政就任	後一条即位
	寛仁元	一〇一七	頼通、摂政就任	
	二	一〇一八	威子立后、「一家三后」	
後三条	治暦四	一〇六八	教通、摂政就任	
白河	承保二	一〇七五	師実、関白就任	
堀河	応徳三	一〇八六		堀河即位、院政開始
	長治二	一一〇五	忠実、関白就任	
鳥羽	嘉承二	一一〇七	忠実、摂政就任	
	保安元	一一二〇	忠実失脚	
	二	一一二一	忠通関白就任	
後白河	久寿二	一一五五	頼長失脚	後白河即位

大王／天皇	年次	西暦	藤原氏関連事項	参考事項
	保元元	一一五六	頼長敗死	保元の乱
	平治元	一一五九	信西敗死、信頼処刑	平治の乱
安徳	治承四	一一八〇		治承・寿永の乱始まる
後鳥羽	寿永二	一一八三		平氏敗走、後鳥羽即位
	文治元	一一八五	議奏公卿制開始	平氏滅亡
	二	一一八六	九条兼実、摂政就任	
	建久三	一一九二		源頼朝、征夷大将軍任命
	七	一一九六	九条兼実失脚、近衛基通関白就任	
仲恭	承久三	一二二一	多くの公卿、処刑される	承久の乱
後堀河	嘉禄二	一二二六	九条頼経、鎌倉将軍就任	
後嵯峨	寛元二	一二四四	九条頼嗣、鎌倉将軍就任	
後深草	建長四	一二五二	九条頼嗣追放	宗尊親王、鎌倉将軍就任

参考文献

【はじめに】
倉本一宏『蘇我氏　古代豪族の興亡』中央公論新社　二〇一五年
奈良国立文化財研究所・朝日新聞大阪本社企画部編『「平城京展」図録』朝日新聞大阪本社企画部　一九八九年
奈良文化財研究所・朝日新聞社事業本部大阪企画事業部編『飛鳥・藤原京展　古代律令国家の創造』朝日新聞社　二〇〇二年
村井康彦編『よみがえる平安京』淡交社　一九九五年
【序章　鎌足の「功業」と藤原氏の成立】
石母田正『石母田正著作集　第三巻　日本の古代国家』岩波書店　一九八九年（初版一九七一年）
猪熊兼勝「阿武山古墳は鎌足墓」高槻市教育委員会編『藤原鎌足と阿武山古墳』吉川弘文館　二〇一五年
今西康宏「実録・阿武山古墳」高槻市教育委員会編『藤原鎌足と阿武山古墳』前掲
倉本一宏「内大臣沿革考」『摂関政治と王朝貴族』吉川弘文館　二〇〇〇年（初出一九九一年）
倉本一宏『戦争の日本古代史　好太王碑、白村江から刀伊の入寇まで』講談社　二〇一七年
吉川真司「安祥寺以前―山階寺に関する試論」第一四研究会「王権とモニュメント」編『安祥寺の研究I―京都市山科区所在の平安時代初期の山林寺院』京都大学大学院文学研究科二一世紀COEプログラム『グローバル化時代の多元的人文学の拠点形成』成果報告書　二〇〇四年

【第一章　不比等の覇権と律令体制】

阿部武彦「古代族長継承の問題について」『日本古代の氏族と祭祀』吉川弘文館　一九八四年（初出一九五四年）

上田正昭『藤原不比等』朝日新聞社　一九八六年

岸　俊男『藤原仲麻呂』吉川弘文館　一九六九年

倉本一宏「天武天皇殯宮に誄した官人」『日本古代国家成立期の政権構造』吉川弘文館　一九九七年（初出一九八四年）

倉本一宏「議政官組織の構成原理」『日本古代国家成立期の政権構造』前掲（初出一九八七年）

倉本一宏「律令制成立期の「皇親政治」」『日本古代国家成立期の政権構造』前掲

倉本一宏「律令国家の権力中枢」『日本古代国家成立期の政権構造』前掲

倉本一宏『奈良朝の政変劇　皇親たちの悲劇』吉川弘文館　一九九八年

倉本一宏「多胡碑の官名記載・人名記載について」平野邦雄監修・あたらしい古代史の会編『東国石文の古代史』吉川弘文館　一九九九年

倉本一宏『壬申の乱』吉川弘文館　二〇〇七年

倉本一宏『持統女帝と皇位継承』吉川弘文館　二〇〇九年

竹内理三「八世紀における大伴的と藤原的　大土地所有の進展をめぐって」『竹内理三著作集　第四巻　律令制と貴族』角川書店　二〇〇〇年

土橋　寛『持統天皇と藤原不比等』中央公論社　一九九四年

角田文衞「不比等の娘たち」『角田文衞著作集　第五巻　平安人物志　上』法藏館　一九八四年（初出一九六四年）

角田文衞「首皇子の立太子」『角田文衞著作集　第三巻　律令国家の展開』法藏館　一九八五年（初出一九六五年）

遠山美都男『古代の皇位継承　天武系皇統は実在したか』吉川弘文館　二〇〇七年

長山泰孝「古代貴族の終焉」『古代国家と王権』吉川弘文館　一九九二年（初出一九八一年）

春名宏昭「太上天皇制の成立」『史学雑誌』九九―二　一九九〇年

黛　弘道「藤原不比等」『人物日本の歴史　一　飛鳥の悲歌』小学館　一九七四年

義江明子「古代の氏と家について」『歴史と地理』三二二　一九八二年

【第二章　奈良朝の政変劇】
勝浦令子『孝謙・称徳天皇　出家しても政を行ふに豈障らず』ミネルヴァ書房　二〇一四年
木本好信『藤原仲麻呂　率性は聡く敏くして』ミネルヴァ書房　二〇一一年
木本好信『藤原種継　都を長岡に遷さむとす』ミネルヴァ書房　二〇一五年
倉本一宏「律令貴族論をめぐって」『日本古代国家成立期の政権構造』前掲（初出一九八七年）
倉本一宏『平安朝　皇位継承の闇』角川学芸出版　二〇一五年
笹山晴生「奈良朝政治の推移」『奈良の都　その光と影』吉川弘文館　一九九二年（初出一九六二年）
佐藤　信「長岡京から平安京へ」笹山晴生編『古代を考える　平安の都』吉川弘文館　一九九一年
佐藤　信「『家伝』と藤原仲麻呂」沖森卓也・佐藤信・矢嶋泉『藤氏家伝　鎌足・貞慧・武智麻呂伝　注釈と研究』吉川弘文館　一九九九年
角田文衞「宝亀三年の廃后廃太子事件」『角田文衞著作集　第三巻　律令国家の展開』前掲（初出一九六五年）

【第三章　藤原北家と政権抗争】
倉本一宏「摂関期の政権構造」『摂関政治と王朝貴族』前掲（初出一九九一年）
河内祥輔『古代政治史における天皇制の論理』吉川弘文館　一九八六年
今　正秀『藤原良房　天皇制を安定に導いた摂関政治』山川出版社　二〇一二年
坂上康俊『日本の歴史05　律令国家の転換と「日本」』講談社　二〇〇一年
佐々木恵介『日本古代の歴史4　平安京の時代』吉川弘文館　二〇一四年
瀧浪貞子「陽成天皇廃位の真相」朧谷壽・山中章編『平安京とその時代』思文閣出版　二〇〇九年
瀧浪貞子『藤原良房・基経　藤氏のはじめて摂政・関白したまう』ミネルヴァ書房　二〇一七年
角田文衞「陽成天皇の退位」『王朝の映像』東京堂出版　一九七〇年（初出一九六八年）
春名宏昭『平城天皇』吉川弘文館　二〇〇九年
橋本義彦「〝薬子の変〟私考」『平安貴族』平凡社　一九八六年（初出一九八四年）
目崎徳衛「平城朝の政治史的考察」『平安文化史論』吉

川弘文館　一九六八年（初出一九六二年）
目崎徳衛「阿衡問題の周辺」『貴族社会と古典文化』吉川弘文館　一九九五年（初出一九六五年）
義江明子「春日祭祝詞と藤原氏」『日本古代の氏の構造』吉川弘文館　一九八六年（初出一九八五年）
米田雄介『藤原摂関家の誕生　平安時代史の扉』吉川弘文館　二〇〇二年

【第四章　摂関政治の時代】

赤木志津子「藤原資房とその時代」林陸朗編『論集日本歴史3　平安王朝』有精堂出版　一九七六年（初出一九五八年）
大津透『日本の歴史06　道長と宮廷社会』講談社　二〇〇一年
倉本一宏「藤原兼通の政権獲得過程」笹山晴生編『日本律令制の展開』吉川弘文館　二〇〇三年
倉本一宏『一条天皇』吉川弘文館　二〇〇三年
倉本一宏『三条天皇　心にもあらでうき世に長らへば』ミネルヴァ書房　二〇一〇年
倉本一宏『藤原道長の日常生活』講談社　二〇一三年
倉本一宏『藤原道長の権力と欲望　「御堂関白記」を読む』文藝春秋　二〇一三年
倉本一宏『藤原道長「御堂関白記」を読む』講談社　二〇一三年
倉本一宏『藤原伊周・隆家　禍福は糾へる纏のごとし』ミネルヴァ書房　二〇一七年
黒板伸夫「藤原忠平政権に対する一考察」『摂関時代史論集』吉川弘文館　一九八〇年（初出一九六九年）
坂上康俊「関白の成立過程」笹山晴生先生還暦記念会編『日本律令制論集　下巻』吉川弘文館　一九九三年
坂上康俊『日本古代の歴史5　摂関政治と地方社会』吉川弘文館　二〇一五年
坂本賞三『藤原頼通の時代　摂関政治から院政へ』平凡社　一九九一年
沢田和久「円融朝政治史の一試論」『日本歴史』六四八　二〇〇二年
杉本宏『宇治遺跡群』同成社　二〇〇六年
林陸朗「所謂「延喜天暦聖代」説の成立」『上代政治社会の研究』吉川弘文館　一九六九年（初出一九六九年）
藤木邦彦「藤原穏子とその時代」『平安王朝の政治と制度』吉川弘文館　一九九一年（初出一九六四年）
村井康彦『平安貴族の世界』徳間書店　一九六八年
目崎徳衛「宇多上皇の院と国政」『貴族社会と古典文

化』吉川弘文館　一九九五年（初出一九六九年）

【第五章　摂関家の成立と院政】
阿部秋生『源氏物語研究序説』東京大學出版會　一九五九年
倉本一宏「「内府悦気有り」」『『御堂関白記』の研究』思文閣出版　二〇一八年刊行予定（初出二〇〇一年）
佐藤進一『日本の中世国家』岩波書店　一九八三年
下向井龍彦『日本の歴史07　武士の成長と院政』講談社　二〇〇一年
橋本義彦『藤原頼長』吉川弘文館　一九六四年
橋本義彦「貴族政権の政治構造」『平安貴族』平凡社　一九八六年（初出一九七六年）
春名宏昭「平城天皇の血脈、その後」『本郷』七九　二〇〇九年
樋口健太郎『中世摂関家の家と権力』校倉書房　二〇一一年
美川　圭『院政　もうひとつの天皇制』中央公論新社　二〇〇六年
元木泰雄『藤原忠実』吉川弘文館　二〇〇〇年

【第六章　武家政権の成立と五摂家の分立】
五味文彦『平清盛』吉川弘文館　一九九九年
野口　実『坂東武士団の成立と発展』弘生書林　一九八二年
野口　実『伝説の将軍　藤原秀郷』吉川弘文館　二〇〇一年
橋本義彦『源通親』吉川弘文館　一九九二年
保立道久『物語の中世　神話・説話・民話の歴史学』東京大学出版会　一九九八年
目崎徳衛『西行』吉川弘文館　一九八〇年
元木泰雄『武士の成立』吉川弘文館　一九九四年

【おわりに】
談の会編『藤原氏族一覧　談山神社御祭神藤原鎌足公御裔』二〇〇八年

倉本一宏（くらもと・かずひろ）

1958年（昭和33年），三重県津市に生まれる．東京大学大学院人文科学研究科国史学専門課程博士課程単位修得退学．現在，国際日本文化研究センター教授．博士（文学，東京大学）．専門は日本古代政治史，古記録学．
著書『蘇我氏――古代豪族の興亡』（中公新書，2015）
『人物叢書　一条天皇』（吉川弘文館，2003）
『戦争の日本史2　壬申の乱』（吉川弘文館，2007）
『藤原道長「御堂関白記」全現代語訳』（講談社学術文庫，2009）
『藤原行成「権記」全現代語訳』（講談社学術文庫，2011-12）
『藤原道長の日常生活』（講談社現代新書，2013）
『藤原道長の権力と欲望』（文春新書，2013）
『平安朝 皇位継承の闇』（角川選書，2014）
『「旅」の誕生』（河出ブックス，2015）
『藤原伊周・隆家』（ミネルヴァ日本評伝選，2017）
『戦争の日本古代史』（講談社現代新書，2017）
ほか

藤原氏《ふじわらし》―権力《けんりょく》中枢《ちゅうすう》の一族《いちぞく》
中公新書 *2464*

2017年12月25日発行

著　者　倉本一宏
発行者　大橋善光

本文印刷　暁印刷
カバー印刷　大熊整美堂
製　本　小泉製本

発行所　中央公論新社
〒100-8152
東京都千代田区大手町1-7-1
電話　販売　03-5299-1730
　　　編集　03-5299-1830
URL http://www.chuko.co.jp/

Published by CHUOKORON-SHINSHA, INC.
Printed in Japan　ISBN978-4-12-102464-0 C1221

中公新書

日本史

d1

- 2189 歴史の愉しみ方 磯田道史
- 2455 日本史の内幕 磯田道史
- 2295 天災から日本史を読みなおす 磯田道史
- 2389 通貨の日本史 高木久史
- 2321 道路の日本史 武部健一
- 2299 日本史の森をゆく 東京大学史料編纂所編
- 1617 歴代天皇総覧 笠原英彦
- 2302 日本人にとって聖なるものとは何か 上野誠
- 1928 物語 京都の歴史 脇田修 脇田晴子
- 2345 京都の神社と祭り 本多健一
- 482 倭国 岡田英弘
- 147 騎馬民族国家（改版） 江上波夫
- 2164 魏志倭人伝の謎を解く 渡邉義浩
- 1085 古代朝鮮と倭族 鳥越憲三郎
- 2462 大嘗祭―天皇制と日本文化の源流 工藤隆
- 1878 古事記の起源 工藤隆
- 2157 古事記誕生 工藤隆
- 2095 『古事記』神話の謎を解く 西條勉
- 804 蝦夷（えみし） 高橋崇
- 1041 蝦夷《えみし》の末裔 高橋崇
- 1622 奥州藤原氏 高橋崇
- 1293 壬申の乱 遠山美都男
- 1568 天皇誕生 遠山美都男
- 1779 伊勢神宮―東アジアのアマテラス 千田稔
- 1607 飛鳥―水の王朝 千田稔
- 2371 カラー版 古代飛鳥を歩く 千田稔
- 2168 飛鳥の木簡―古代史の新たな解明 市大樹
- 2353 蘇我氏―古代豪族の興亡 倉本一宏
- 291 神々の体系 上山春平
- 2362 六国史《りっこくし》―日本書紀に始まる古代の「正史」 遠藤慶太
- 1502 日本書紀の謎を解く 森博達
- 1802 古代出雲への旅 関和彦
- 2457 光明皇后 瀧浪貞子
- 1967 正倉院 杉本一樹
- 2054 正倉院文書の世界 丸山裕美子
- 2452 斎宮―伊勢斎王たちの生きた古代史 榎村寛之
- 2441 大伴家持 藤井一二
- 1240 平安朝の女と男 服藤早苗
- 1867 院政 美川圭
- 2281 怨霊とは何か 山田雄司
- 608 613 中世の風景（上下） 阿部謹也・網野善彦・石井進・樺山紘一
- 1503 古文書返却の旅 網野善彦
- 1392 中世都市鎌倉を歩く 松尾剛次
- 2127 河内源氏 元木泰雄
- 2336 源頼政と木曽義仲 永井晋
- 2461 蒙古襲来と神風 服部英雄
- 2464 藤原氏―権力中枢の一族 倉本一宏